Konzepte der Humanwissenschaften

Joseph Sandler, Christopher Dare
und Alex Holder

Die Grundbegriffe der psychoanalytischen Therapie

Siebte, von Joseph Sandler
und Anna Ursula Dreher
erweiterte und überarbeitete Auflage

Aus dem Englischen
von Horst Vogel

Klett-Cotta

Klett-Cotta
Die Originalausgabe erschien unter dem Titel
„The Patient and the Analyst. The Basis of the Psychoanalytic Process"
© 1971 by George Allen & Unwin, Ltd., London
Für die deutsche Ausgabe
© J. G. Cotta'sche Buchhandlung Nachfolger GmbH, gegr. 1659,
Stuttgart 1973
Fotomechanische Wiedergabe nur mit Genehmigung des Verlages
Printed in Germany
Schutzumschlag: Klett-Cotta-Design
Im Bleisatz gesetzt aus der 10 Punkt Linotype-Baskerville
von Alwin Maisch, Gerlingen
Auf säure- und holzfreiem Werkdruckpapier gedruckt
und gebunden von Gutmann, Talheim
Siebte, erweiterte und überarbeitete Auflage, 1996

Die Deutsche Bibliothek – CIP-Einheitsaufnahme
Sandler, Joseph:
Die Grundbegriffe der psychoanalytischen Therapie /
Joseph Sandler, Christopher Dare und Alex Holder.
Aus dem Engl. übers. von Horst Vogel. –
7., von Joseph Sandler und Anna Ursula Dreher erw. und überarb. Aufl. –
Stuttgart: Klett-Cotta, 1996
(Konzepte der Humanwissenschaften)
Einheitssacht.: The patient and the analyst (dt.)
ISBN 3-608-91713-6
NE. Dare, Christopher:; Holder, Alex:

Die Autoren:
Joseph Sandler ist Freud Memorial Professor an der University of London und Direktor der Abteilung für Psychoanalyse am University College London, wo er auch eine private psychoanalytische Praxis hat.
Christopher Dare absolvierte seine psychoanalytische Ausbildung in London, wo er seit 20 Jahren als Psychoanalytiker niedergelassen ist. Er ist am Institute of Psychiatry an der Universität von London in der Psychotherapieforschung tätig.
Alex Holder machte seine psychoanalytische Ausbildung am Anna Freud Centre in London. Er ist Mitglied der DPV und Direktor der Abteilung für analytische Kinder- und Jugendlichenpsychotherapie am Michael-Balint-Institut in Hamburg.
Anna Ursula Dreher ist Mitglied der DPV und arbeitete zunächst am sozialpsychologischen Forschungszentrum der Universität Saarbrücken, später sechs Jahre am Sigmund Freud Institut in Frankfurt. Sie ist Psychoanalytikerin in privater Praxis in Frankfurt und hat einen Lehrauftrag für Psychoanalyse und Psychologie an der Universität Hannover.

Inhalt

Vorwort zur ersten Auflage ... 7
Vorwort zur Neuausgabe ... 9
1. Einleitung ... 11
2. Die psychoanalytische Behandlungssituation ... 23
3. Das Behandlungsbündnis ... 33
4. Übertragung ... 49
5. Sonderformen von Übertragung ... 75
6. Gegenübertragung ... 97
7. Widerstand ... 116
8. Die negative therapeutische Reaktion ... 139
9. Agieren ... 153
10. Deutungen und andere Interventionen ... 167
11. Einsicht ... 186
12. Durcharbeiten ... 195

Bibliographie ... 207
Register ... 237

Vorwort zur ersten Auflage

VOR ETWA DREI JAHREN begannen wir eine eingehende Untersuchung von Grundbegriffen der Psychoanalyse. Dies schien uns notwendig, weil bei der Unterrichtung intelligenter Psychiatriestudenten, die bereits Examina bestanden hatten, Schwierigkeiten aufgetreten waren und uns deutlich wurde, daß diese Schwierigkeiten zu einem nicht geringen Teil auf mangelhafte Klarheit der Begriffe selbst zurückzuführen waren. Klärung bestimmter Grundvorstellungen war nun glücklicherweise eine Forschungsaufgabe, die in Einklang mit unseren Tätigkeiten am Institut für Psychiatrie stand. Das vorliegende Buch stellt die Ergebnisse unserer Arbeit in einer Form dar, von der wir hoffen, daß sie die Grundbegriffe der psychoanalytischen Therapie in ihrer Bedeutung und Entwicklung klarer erscheinen lassen wird. Wir meinen auch, daß es die Grundlage für sachgemäße und adäquate Anwendung psychoanalytischer Begriffe in benachbarten Bereichen bieten könnte, etwa in der psychoanalytisch orientierten Psychotherapie und im Case-work. Wir hoffen, daß dieses Buch dazu beitragen wird, etwas von der Mystik zu beseitigen, von der die psychoanalytischen Vorstellungen noch immer umgeben sind. Als psychoanalytisch Lernende und Lehrende machten wir im Verlaufe unserer Arbeit die Erfahrung, daß unser eigenes Denken in diesem Bereich wesentlich klarer und in mancherlei Hinsicht modifiziert wurde. Unsere Hoffnung ist, daß dieses Buch besonders für die Kandidaten und Dozenten der psychoanalytischen Ausbildungsinstitute von Nutzen sein wird.

Unser Dank gilt Sir Denis Hill, Professor für Psychiatrie am Londoner Institute of Psychiatry, für seine besonderen Bemühungen, uns Mittel und Möglichkeiten zur Durchführung dieser Arbeit zu verschaffen, und für seine ständige Ermutigung. Dr. Eliot Slater setzte seinen Ruf als Chefherausgeber des *British Journal of Psychiatry* aufs Spiel, als er eine Serie von zehn Arbeiten [*], die

---

[*] Sandler, Dare und Holder, 1970 a, b, c, d, 1971; Sandler, Holder und Dare, 1970 a, b, c, d, e. Einiges weitere Material wurde zwei anderen Arbeiten entnommen (Sandler 1968, 1969).

einen Großteil des Inhalts dieses Buches ausmachte, schon annahm, noch ehe er mehr als zwei davon gesehen hatte; wir möchten ihm dafür und für seine tolerante und wohlwollende Unterstützung danken.

Eine Anzahl von Kollegen, besonders Dr. Max Hernandez, Dr. Robert L. Tyson und Frau Anne-Marie Sandler, lasen wiederholt Teile des Manuskripts und halfen uns mit ihren Anmerkungen. Finanzielle Unterstützung gewährten uns die Forschungsstiftungen des Bethlem Royal Hospital und des Maudsley Hospital, ferner die Foundation for Research in Psychoanalysis, Los Angeles. Von besonderem Wert war uns das persönliche Interesse von Frau Lita Hazen und Dr. Ralph R. Greenson von der genannten Stiftung. Unser Dank gilt schließlich der Sigmund Freud Copyrights Ltd. und dem Institute of Psycho-Analysis, London.

London, im März 1971

Vorwort zur Neuausgabe

VOR MEHR ALS ZWANZIG JAHREN wurden die Arbeiten für die *Grundbegriffe der psychoanalytischen Therapie* zusammengefaßt und veröffentlicht. Seitdem hat es im psychoanalytischen Denken zahlreiche bedeutsame Weiterentwicklungen gegeben, zum Teil als Folge der „wachsenden Reichweite der Psychoanalyse", die in den fünfziger Jahren ihren Anfang nahm. Insbesondere ist man in jüngerer Zeit darauf aufmerksam geworden, wie der Analytiker in der psychoanalytischen Behandlungssituation als Partner einbezogen ist, und entsprechend von der älteren Metapher des „Analytikers als Spiegel" abgekommen. Unser Verständnis von Übertragung und Gegenübertragung wurde verbessert, und in ähnlicher Weise hat jeder einzelne in diesem Buch behandelte Begriff in den letzten beiden Jahrzehnten signifikante Erweiterungen seiner Bedeutung erfahren.

Eine Neuauflage ist deshalb längst fällig, und wir danken den Verfassern für ihr Einverständnis, einen Text zu überarbeiten und zu erweitern, der inzwischen selbst zum Klassiker geworden ist. Wir haben nun den älteren Text auf den heutigen Stand gebracht und substantiell erweitert, um ein zusätzliches Kapitel ergänzt und darüber hinaus weitere 250 bibliographische Angaben eingefügt, so daß sich ein neuer Text ergab, der noch einmal um die Hälfte länger als in der Erstauflage ist. Natürlich hatten wir nicht die Absicht, sämtliche Publikationen über therapiebezogene Begriffe der Psychoanalyse aufzuführen – ein solches Unternehmen wäre nicht zu bewältigen gewesen. Aber wir haben versucht, einen Überblick über den Gesamtbereich zu bieten und so weit wie möglich auch spezifische Hinweise zu geben, damit der interessierte Leser den weiteren Weg durch den Dschungel der neuesten psychoanalytischen Literatur selbst finden kann.

Bei den im Text zitierten Passagen aus anderen Veröffentlichungen haben wir uns erlaubt, nach Möglichkeit einer einheitlichen Schreibweise zu folgen. Wir hoffen, daß unsere Kollegen uns diese literarische Freiheit nachsehen werden.

Unser Dank gilt insbesondere Jane Pettit für ihre sorgfältige Editionsarbeit und ihr gründliches Lesen der Druckfahnen, Paula

Shop, die den Text überprüfte und verarbeitete, außerdem Victoria Hamilton und Bruna Seu, die uns beim Durchforsten zahlreicher Publikationen geholfen haben. Klara King leistete bei der Drucklegung des Buches hervorragende Arbeit, die wir besonders anerkennen möchten. Wir danken ferner dem Edith Ludowyk-Gyomroi-Trust London und der Sigmund-Freud-Stiftung Frankfurt für finanzielle Unterstützung bei den Kosten der Vorbereitung dieser zweiten Auflage. Schließlich möchten wir Alex Holder für seine vielen wertvollen Vorschläge unseren Dank zum Ausdruck bringen.

Joseph Sandler und
Anna Ursula Dreher
London und Frankfurt, August 1991

1. Einleitung

DIESES BUCH befaßt sich mit den Grundbegriffen der psychoanalytischen Therapie und ihren Bedeutungen. Viele Begriffe, die im Rahmen der Psychoanalyse entwickelt wurden, und besonders die in diesem Buch behandelten, sind in ihrer Bedeutung ausgeweitet worden, und es gehört zu den Intentionen dieses Buches, eine Reihe von Grundbegriffen unter dem Gesichtspunkt ihrer Bedeutungs- und Verwendungsveränderungen zu erörtern, die sich im Laufe der Zeit eingestellt haben. Das Buch soll aber nicht eine Art Wörterbuch oder Glossar sein, wenn wir auch meinen, daß unsere Erörterung von Grundbegriffen der psychoanalytischen Therapie zu einem besseren Verständnis der Rolle führen kann, die sie heute in der Psychoanalyse spielen.

Die beiden ersten Kapitel dienen zur Einführung in die Erörterung spezifischer Begriffe. Die philosophischen Implikationen der Bedeutungsveränderung von Begriffen, die aus ihrem ursprünglichen Zusammenhang herausgelöst und in einen anderen hineingebracht worden sind, wurden von mehreren Autoren ausgeführt (etwa Kaplan, 1964; Sandler, 1983; Schafer, 1976; Schon, 1963); die psychoanalytische Theorie wirft hierbei ganz eigene Probleme auf. Sie wird oft als voll integriertes und konsistentes Denksystem angesehen, was überhaupt nicht zutrifft. Psychoanalytische Begriffe sind nicht durchwegs wohldefiniert, und während sich die Psychoanalyse weiterentwickelte und ihre Theorien sich *veränderten*, haben Bedeutungsverschiebungen stattgefunden. Wir wollen einige dieser Veränderungen auf den folgenden Seiten zu verdeutlichen versuchen. Darüber hinaus ist es auch vorgekommen, daß eine bestimmte Bezeichnung zu einem bestimmten Zeitpunkt der Entwicklung der Psychoanalyse mit unterschiedlichen Bedeutungen gebraucht wurde. Ein Musterbeispiel dafür ist die Mehrdeutigkeit von Begriffen wie *Ich* (Hartmann, 1956) oder *Identifizierung* und *Introjektion* (Sandler, 1960 b). Es wird deutlich werden, wie sehr die Probleme der Mehrfachbedeutung auch für die Begriffe gelten, die in diesem Buch behandelt werden. Wir stehen in der Psychoanalyse heute vor der Situation, daß die Bedeutung eines Begriffs nur dann ganz verständlich wird, wenn man den

Kontext heranzieht, innerhalb dessen der Begriff gebraucht wurde. Die Situation wird dadurch noch weiter kompliziert, daß unterschiedliche psychodynamische Schulen vieles von der gleichen Grundterminologie übernommen haben und dann ihren Absichten entsprechend modifizierten. (Zum Beispiel besitzen die Begriffe ‚Ich‘, ‚Selbst‘ und ‚Libido‘ in der Psychologie C. G. Jungs ganz andere Bedeutungen als in der auf Freud aufbauenden psychoanalytischen Literatur.)

Das hauptsächliche Ziel der vorliegenden Arbeit ist die Förderung von Kommunikationsmöglichkeiten, nicht nur innerhalb des Bereichs der psychoanalytischen Therapie selbst, sondern auch dort, wo Situationen anderer Art als bei der klassischen psychoanalytischen Behandlung (etwa Psychotherapie und manche Formen von Case-work) in geeigneten psychodynamischen Begriffen gefaßt werden müssen (vgl. Sandler, 1969). Dies ist um so dringlicher, als die psychotherapeutische Ausbildung innerhalb der allgemeinen psychiatrischen Schulung zunehmend an Bedeutung gewinnt.

In diesem Zusammenhang sollte man sich vor Augen führen, daß Psychoanalyse nicht nur eine besondere Behandlungsmethode ist, sondern auch der Entwurf einer Theorie mit dem Anspruch einer allgemeinen Psychologie. Einige ihrer Begriffe sind überwiegend therapiebezogener oder technischer Art und haben keinen Anteil am allgemeinen psychologischen Modell der Psychoanalyse. Zu den technischen Begriffen gehört beispielsweise der *Widerstand*, der sich auf eine Gruppe therapieeigener Phänomene bezieht, seinerseits jedoch als eine spezifische Äußerungsform der Wirkungsweise psychischer Abwehrmechanismen betrachtet werden kann (die ihrerseits wiederum Teil der allgemeinen psychoanalytischen Psychologie sind und sowohl bei ‚normalen‘ als auch bei gestörten Personen als gegeben postuliert werden). Es lohnt sich, die Unterscheidung zwischen therapiebezogenen (technischen) und theoriebezogenen (psychologischen) Begriffen der Psychoanalyse (Freud nannte die letzteren „metapsychologisch") im Auge zu behalten.

Nun kann man zwar die behandlungstechnischen Begriffe der Psychoanalyse über die Begrenzung auf den Behandlungsraum des Analytikers hinaus erweitern und anscheinend zu einem gewissen Grade auf jede Behandlungssituation anwenden, aber solche Anwendungen verlangen zugleich auch eine neuerliche Überprüfung und möglicherweise eine Neubestimmung dieser Begriffe. Nehmen wir nochmals den Widerstand als Beispiel: In der Psychoanalyse ist er als Widerstand gegenüber der freien Assoziation definiert worden, doch gibt es keinen Zweifel, daß man dem im wesentlichen gleichen Phänomen sogar im Bereich der medikamentösen Behandlung begegnen kann, wenn nämlich ein Patient die verordneten heilungsfördernden Medikamente nicht einnimmt. Auch dies kann ein Widerstandsverhalten sein, das Ähnlichkeit mit dem hat, das der Analytiker beobachtet, aber es läßt sich nicht mehr in Begriffen des freien Assoziierens definieren. Jedem Psychiater und Case Worker ist das Widerstandsphänomen bekannt, wenn es sich auch in anderen Kommunikationsweisen als der freien Assoziation abspielt.

Der Forderung nach genauer Definition eines Begriffs, speziell eines technischen, kann man nicht zufriedenstellend nachkommen, wenn der Begriff in verschiedenartigen therapeutischen Situationen Anwendung finden soll. Das Bemühen um genaue Definitionen, das in zahlreichen Darstellungen psychoanalytischer Begriffe und in einer wachsenden Zahl psychoanalytischer Wörterbücher und Glossarien seinen Ausdruck gefunden hat (z. B. Eidelberg, 1968; Hinshelwood, 1989; Laplanche & Pontalis, 1967; Moore & Fine, 1967, 1990; Rycroft, 1968), führte zu Schwierigkeiten und Ungereimtheiten. Die Vor- und Nachteile solcher Wörterbücher lassen erkennen, daß der historische Zugang unerläßlich für das Verständnis jedes psychoanalytischen Begriffes ist. Wir haben uns daher entschlossen, mehr oder weniger historisch vorzugehen.

Die Psychoanalyse entwickelte sich ganz überwiegend durch das Werk Freuds, doch hat Freud selbst im Laufe ihrer Entfaltung seine Formulierungen mehrfach abgeändert, Begriffe revidiert und dem therapeutischen Verfahren neue Dimensionen hinzugefügt. Auch in der Zeit nach Freud entwickelte sich die Psychoanalyse vergleichbar weiter. Wenn man also von diesem oder jenem Aspekt der Psychoanalyse spricht, muß man ihn gleichsam mit dem Datum versehen; dabei ist es dienlich, die Geschichte der Psychoanalyse in eine Anzahl von Phasen zu gliedern (nach Rapaports Vorschlag, 1959) und mit den frühen Arbeiten Freuds zu beginnen.

Als Freud 1881 sein Medizinstudium in Wien abgeschlossen und danach eine Zeitlang als Physiologe in Meynerts Laboratorium gearbeitet hatte, reiste er nach Frankreich, um bei dem hervorragenden Neurologen Charcot zu studieren. Dort beschäftigte ihn besonders der Vergleich, den Charcot zwischen dem Phänomen hypnotisch hervorgerufener psychischer Dissoziation einerseits und der Dissoziation des Psychischen in einen bewußten und einen unbewußten Teil bei Patienten mit grob hysterischen Symptomen andererseits angestellt hatte. Charcot und andere französische Psychiater, insbesondere Janet, führten diese Dissoziation auf eine angeborene oder erworbene Schwäche des Nervensystems zurück, die gewissermaßen den Zusammenhalt des Psychischen in einem Stück nicht gestattete. Nach Wien zurückgekehrt, begann Freud mit dem Arzt Joseph Breuer zusammenzuarbeiten, der einige Jahre zuvor die Entdeckung gemacht hatte, daß eine Patientin mit hysterischen Symptomen eine Besserung erkennen ließ, wenn sie sich unter Hypnose frei aussprechen konnte. Während der Zusammenarbeit mit Breuer und im Anschluß daran gelangte Freud zu der Überzeugung, daß der Vorgang einer Dissoziation in bewußte und unbewußte Anteile des Psychischen nicht auf die Psychoneurosen beschränkt, sondern bei jedem Menschen anzutreffen sei. Er führte das Auftreten neurotischer Symptome auf einen Durchbruch aufgestauter unbewußter Kräfte zurück, denen adäquate Abfuhr auf anderen Wegen verwehrt war. Freud betrachtete die Dissoziation als einen *aktiven* Vorgang, als einen Abwehrvorgang, mittels dessen das Bewußtsein vor der Überwältigung durch peinliche und bedrohliche Gefühle geschützt wird. Die These vom aktiven Charakter des Dissoziationsvorgangs ist in dieser oder jener Formulierungsweise ein zentraler Gesichtspunkt in der psychoanalytischen Literaur geblieben, wenn auch Freud und andere zu verschiedenen Zeiten unterschiedliche inhaltliche Aspekte des dissoziierten, unbewußten Anteils der Psyche hervorheben. Zu Anfang, besonders in seinen frühen Arbeiten zusammen mit Breuer, war Freud der Ansicht, der abgewehrte unbewußte Inhalt bestehe aus affektbesetzten Erinnerungen an ein reales traumatisches Ereignis. In dem gemeinsam mit Breuer verfaßten Buch – den bekannten *Studien über Hysterie* (1895) – wird die Auffassung vorgetragen, den Symptomen des neurotischen Patienten lägen *reale* traumatische Ereignisse zugrunde. Es wurde eine „Affektladung" postuliert, die durch das traumatische Erlebnis hervorgerufen sei. Diese werde zusammen mit der Erinnerung an das traumatische Ereignis aktiv vom Bewußtsein dissoziiert und könne durch Umwandlung in Symptome ihren Ausdruck finden. Auf dieser Auffassung gründend bestand die Behandlung in unterschiedlichen Versuchen, den vergessenen Erinnerungen die Rückkehr ins Bewußtsein zu bahnen und zugleich eine Affektabfuhr in Form von Katharsis oder Abreaktion herbeizuführen.

Als *erste Phase* der Psychoanalyse kann man den Zeitraum ansetzen, der bei der Zusammenarbeit Freuds mit Breuer beginnt und dessen Ende 1897 durch die Entdeckung Freuds markiert wird, daß viele angebliche Erinnerungen an traumatische Erlebnisse, insbesondere Verführungen, von denen die hysterischen Patienten berichteten, in Wirklichkeit keine Erinnerungen an Realereignisse waren, sondern Schilderungen von Phantasien (Freud, 1887–1902).

Die *zweite Phase* dauerte von dem Zeitpunkt, als Freud die Traumatheorie der Neurose aufgab, bis in die frühen zwanziger Jahre, als er das sogenannte Strukturmodell der Psychoanalyse entwarf (Freud, 1923). Diese zweite Phase ist gekennzeichnet durch die Abkehr vom anfänglichen Interesse für Realereignisse (die traumatische Situation) und durch die Zuwendung zu unbewußten inneren Wünschen, Regungen und Trieben sowie der Form, in der sich diese Impulse an der Oberfläche bemerkbar machen. In dieser Zeit entwickelte sich die Auffassung, daß die unbewußten Wünsche weitgehend sexueller Art seien. Es war dies die Phase, in der sich die Aufmerksamkeit vorwiegend auf das von innen Kommende richtete, danach wie Kindheitsreaktionen sich in der Gegenwart ständig wiederholten, und auf das Studium dessen, was man die Übersetzerarbeit des Analytikers nennen könnte, Übersetzung des vom Patienten bewußt Angebotenen in dessen unbewußte Bedeutung. Ziel der Psychoanalyse war für Freud, „Unbewußtes bewußt zu machen". Wie in Anbetracht der unausweichlichen Pendelbewegung der Theorieentwicklung nicht anders zu erwarten, erfolgte in dieser Phase ein radikaler Übergang von der Untersuchung der Beziehungen zur realen Außenwelt zur

Untersuchung der Beziehungen zu den unbewußten Wünschen und Trieben. Die meisten technischen Begriffe, die wir in diesem Buch detailliert behandeln wollen, haben in dieser zweiten Phase der Psychoanalyse ihre erste Gestalt gewonnen.

Im Jahre 1900 veröffentlichte Freud *Die Traumdeutung*. Seine Untersuchung des Traums veranschaulichte, wie er sich den Weg vorstellte, auf dem unbewußte Wünsche zur Oberfläche dringen. Der Drang solcher Wünsche nach unmittelbarem Ausdruck schafft eine *Konfliktsituation* mit der Realitätsbeurteilung und den Idealen der Person. Dieser Konflikt zwischen Triebkräften einerseits und den auf den Plan gerufenen Verdrängungs- oder Abwehrkräften andererseits führt zu Kompromißbildungen, die Versuche darstellen, den unbewußten Wünschen eine Erfüllung in verborgener Form zu ermöglichen. Der *manifeste Trauminhalt* ließ sich somit als „zensierte" oder entstellte Erfüllung eines unbewußten Wunsches verstehen. Ähnlich konnten auch die freien Einfälle des Analysanden als entstellte Abkömmlinge unbewußter Wünsche betrachtet werden.

Wie in der ersten nahm Freud auch in der zweiten Phase an, daß es im Psychischen – dem „seelischen Apparat" – einen bewußten und einen umfangreichen unbewußten Bereich gibt. Freud unterschied in diesem Zusammenhang zwei Arten des Unbewußten. Die eine Art, repräsentiert als ein „System" – das *Unbewußte (Ubw)* –, enthält die Triebe und Triebwünsche, die dann, wenn ihnen der Zugang zum Bewußtsein gestattet würde, eine Gefahr bildeten, eine Bedrohung, die Angst und andere Unlustgefühle hervorriefe. Die Regungen des *Unbewußten* wurden als ständig nach Abfuhr drängende Kräfte aufgefaßt, denen jedoch nur Ausdruck in zensierter oder entstellter Form gestattet wird. Die andere Art des Unbewußten, das als *vorbewußtes* System *(Ubw)* bezeichnet wurde, enthält Gedanken und Kenntnisse, die zwar nicht dem Bewußtsein angehören, aber nicht den Gegenkräften der Verdrängung unterliegen wie die ins Unbewußte verwiesenen Inhalte. Vorbewußte Inhalte können zur gegebenen Zeit ins Bewußtsein treten; sie können einerseits zu rationalen Aufgaben verwendet werden, andererseits aber auch von Wünschen aus dem Unbewußten bei dem Bestreben, sich einen Zugang zum Bewußtsein zu erzwingen, in Anspruch genommen werden. Das Modell des seelischen Apparates in der zweiten Phase ist allgemein als „topisches" Modell bekannt; die Stellung des Systems *Vorbewußt* lag darin zwischen dem System *Unbewußt* und dem Bewußtsein (der Qualität des Systems *Bewußt*).

Freud betrachtete die Triebe als „Energien", die unterschiedliche seelische Inhalte besetzen konnten. Für die sexuelle Energie der Triebe nahm er den Begriff *Libido*, und obwohl er später der Aggression einen der Sexualität gleichrangigen Status gab, prägte er für die ‚Aggressionsenergie' keinen entsprechenden Begriff. Die hypothetische Triebenergie kann seelische Inhalte der einen oder der anderen Art besetzen. Im *Unbewußten* sind diese Energien als von Inhalt zu Inhalt frei verschiebbar gedacht; sie folgen dabei dem sogenannten *Primärvorgang*. Zwischen den Elementen des *Unbewußten* gibt es keine logischen oder formalen Beziehungen, es gelten lediglich einfache und primitive Assoziationsregeln, und es ist kein Zeitbewußtsein vorhanden. Triebe und Triebwünsche folgen dem „Lustprinzip", will sagen, sie drängen um jeden Preis nach Abfuhr, Befriedigung und Lösung unlustvoller Spannung. Die Systeme Vorbewußt und Bewußt stehen in einem direkten Gegensatz dazu. Hier sind Logik, Vernunft (Sekundärvorgang), Wissen um die äußere Realität und um Ideale und Verhaltensnormen vorherrschend. Im Gegensatz zum *Unbewußten* können die Systeme Vorbewußt und Bewußt der äußeren Realität Rechnung tragen (oder zumindest es versuchen); sie folgen dem, was Freud als das „Realitätsprinzip" bezeichnete. Es ist somit unvermeidlich, daß sich Konfliktsituationen einstellen – etwa zwischen den ins *Unbewußte* verdrängten primitiven sexuellen Wünschen und den ethisch-moralischen Haltungen der Person – und dann nach irgendeiner Lösung gesucht wird, die den beiden gegensätzlichen Kräften Rechnung trägt.

Bisher haben wir Triebe und Triebwünsche so dargestellt, als handle es sich dabei um etwas, das in relativer Isolation gegeben sei. In Freuds Auffassung war dies jedoch keineswegs der Fall. Sie besagte vielmehr, daß sich die Triebe schon von früher Kindheit an auf bedeutsame Figuren in der Welt des Kindes richten – auf „Objekte", wie die unpersönliche und wohl etwas unglückliche Bezeichnung lautet, die Analytiker für diese gefühlsmäßig so bedeutsamen Figuren verwenden. Zu jedem unbewußten Wunsch gehört ein Objekt, und ein und dasselbe Objekt kann auch Gegenstand ganz entgegengerichteter Wünsche sein, wie etwa in dem typischen Falle, wo Liebes- und Haßgefühle sich auf dieselbe Person richten. Dies stellt schon in sich eine wichtige Konfliktquelle dar, nämlich den Konflikt der *Ambivalenz*. Freud war der Ansicht, daß in den späteren Beziehungen der Erwachsenen infantile Bindungen und Konflikte wiederholt werden (häufig auf ganz verborgene Weise) und daß diese Tendenz zur Wiederholung oft an der Wurzel vieler Schwierigkeiten zu finden war, die seine Patienten zu ihm brachten.

Von den frühen Konflikten der Kindheit, die in der Analyse rekonstruiert werden konnten, wurde eine Konstellation als universell betrachtet, der Ödipuskomplex, bei dem das Kind im Alter von etwa vier bis fünf Jahren mit seinen Wünschen und Objektbeziehungen in einen Konflikt intensivster Art gerät. Im wesentlichen geht es um den Wunsch des kleinen Jungen, mit seiner Mutter zu verkehren, sie ganz zu besitzen, und den Vater auf irgendeine Weise aus dem Weg zu räumen, keineswegs selten in Form des Wunsches, daß er sterben möge. Freud zufolge geraten diese Wünsche in Konflikt mit der Liebe zum Vater und weiterhin mit der Angst, daß der Vater ihn abweise oder ihm körperlichen Schaden zufüge – insbesondere mit der Angst, der Vater könne sich rächen, indem er ihn am Genitale schädige, der sogenannten Kastrationsangst. Beim kleinen Mädchen ergibt sich ein ähnliches Bild unter Umkehrung der Rollen der Eltern, doch sind sowohl beim Jungen als auch beim Mädchen beide Konstellationen vorhanden. Wir finden somit auch beim Jungen einen Wunsch, vom Vater in Besitz genommen zu werden und die Mutter zu beseitigen, eine Folge der angeborenen Bisexualität sowohl beim männlichen als auch beim weiblichen Geschlecht.

Diese Auffassungen vom psychischen Geschehen und der infantilen Sexualität waren das Ergebnis der zweiten Phase, einer Zeit intensiver Erforschung des Schicksals der unbewußten Triebe, insbesondere der Sexualtriebe (1905 a) und ihrer Abkömmlinge. Wir haben sie hier etwas ausführlicher geschildert, weil sie von besonderer Bedeutung für die eingehendere Darstellung der technischen Begriffe ist, die in den weiteren Kapiteln erfolgt. Im Kontext des psychischen Modells der zweiten Phase erscheinen diese

Begriffe relativ einfach und unkompliziert. Wie sich aber zeigen wird, haben die Weiterentwicklungen der Gedanken Freuds Komplikationen entstehen lassen.

Die *dritte Phase* begann mit dem Jahr 1923, als eine entscheidende Veränderung in Freuds Konzeptualisierung des seelischen Geschehens stattfand. Unter dem starken Eindruck eines Vorgangs bei seinen Patienten, den er nur als Wirkung eines unbewußten Schuldgefühls verstehen konnte, und wegen einer Reihe von Widersprüchlichkeiten, die sich bei der Verwendung der „topischen" Gliederung des seelischen Apparates in die Systeme Unbewußt, Vorbewußt und Bewußt ergeben hatten, entwickelte er eine Revision des theoretischen Modells. Es ist vielleicht richtiger zu sagen: Er entwickelte einen neuen Gesichtspunkt, denn seine älteren Formulierungen wurden durch die neuen nicht gänzlich ersetzt, sondern blieben daneben weiter bestehen. Eine Situation wie diese hatten wir im Sinn, als wir an früherer Stelle auf die Tatsache hinwiesen, daß wir kein konsistentes, zusammenhängendes und voll integriertes theoretisches Modell in der Psychoanalyse besitzen. Aus den angedeuteten Gründen also entwarf Freud 1923 in *Das Ich und das Es* das „Strukturmodell" – die Dreiteilung des seelischen Apparates in die Instanzen Es, Ich und Über-Ich.

Seine Auffassung vom Es entsprach in mehrfacher Hinsicht dem, was er zuvor mit dem Begriff des *Unbewußten* konzipiert hatte. Es wird als derjenige psychische Bereich betrachtet, der die primitiven Triebe mit all ihren ererbten und konstitutionellen Elementen umfaßt. Es steht unter der Herrschaft des Lustprinzips und folgt dem Primärvorgang. Durch Reifung und Entwicklung und infolge der Interaktion mit der Außenwelt erfährt ein Teil des Es eine Verwandlung und wird zum *Ich*. Hauptfunktion dieser letzteren Instanz ist die Aufgabe der Selbsterhaltung und der Erwerb von Mitteln, durch die eine gleichzeitige Anpassung an die Forderungen des Es und der äußeren Realität ermöglicht wird. Es übernimmt die Funktion des Aufschubs der Triebabfuhr und der Kontrolle der Triebe vermittels einer Anzahl von Mechanismen, darunter die Abwehrmechanismen. Die dritte Instanz, das *Über-Ich*, entwickelt sich als eine Art innerer Vorwegnahme oder Niederschlags der frühen Konflikte und Identifizierungen des Kindes, besonders aus der Beziehung zu den Eltern und anderen Autoritätsfiguren. Es ist Träger des Gewissens, auch des als unbewußt angesehenen Gewissens, denn ein großer Anteil des Über-Ichs wie des Ichs und das gesamte Es wurden als unbewußt aufgefaßt.

Man beachte, daß mit der ‚Strukturtheorie' wiederum eine Akzentverschiebung gegenüber dem stattfand, was die vorangegangene Phase gekennzeichnet hatte. Die Rolle des Ich wird nun als die eines Vermittlers, eines Problemlösers gesehen, der jederzeit und ständig mit den Anforderungen umgehen muß, die vom Es, vom Über-Ich und von der Außenwelt kommen. Um diese oft konflikthaften Anforderungen bewältigen zu können, muß das Ich manchmal die komplizierten Kompromisse eingehen, wobei diese Kompromisse letztlich zu Symptomen führen können, die zwar für die betreffende Person schmerzlich und belastend sein mögen, aber doch die bestmögliche Anpassung darstellen, die sie unter den gegebenen Umständen zu leisten vermag. Solche Kompromisse gehen in die Bildung des Charakters und der Persönlichkeit, in die Wahl des Berufs, der Liebesobjekte und in all jene Dinge ein, die die individuelle Besonderheit einer Person ausmachen.

Diese Entwicklungsphase der Psychoanalyse dauerte bis zu Freuds Tod im Jahr 1939. Diese Festlegung ist etwas willkürlich, denn was wir als *vierte Phase* bezeichnen können, wird durch die Beiträge anderer Analytiker als Freud repräsentiert. Diese hatten schon von der Zeit an, als sich die ersten Kollegen um Freud und sein Werk zusammenfanden und sich mit seinen Auffassungen identifizierten, wichtige Beiträge zur Theorie und Praxis erbracht.

Eine wichtige Entwicklungslinie innerhalb der vierten Phase der psychoanalytischen Theorie zeichnete sich bereits in Freuds Werk ab, gewann aber einen besonderen Auftrieb durch die Veröffentlichung von Anna Freuds *Das Ich und die Abwehrmechanismen* im Jahr 1936 und Heinz Hartmanns *Ich-Psychologie und Anpassungsproblem* im Jahr 1939. Anna Freud machte auf die Rolle der Abwehrmechanismen im normalen seelischen Geschehen aufmerksam und fügte dem Konzept der Abwehr gegen innere Triebregungen das einer Abwehr gegen Gefahren aus der Außenwelt hinzu. Hartmann stellte besonders die vorgeformte Entwicklung dessen heraus, was er als die konfliktfreie Sphäre des Ich bezeichnete. Während Freud stets die klinischen und therapeutischen Phänomene sowie die Art und Weise im Blick hatte, wie sich besondere Fähigkeiten und Fertigkeiten in der Person als Mittel zur Konfliktlösung entwickeln, wies Hartmann darauf hin, daß es viele Bereiche normalen Funktionierens gibt, die eine primär eigene Entwicklung nehmen. Was man „Ich-Psychologie" nennt, spiegelt die Interessen vieler Analytiker wider, die das normale ebenso wie das abnorme Funktionieren des Ich ins Zentrum ihrer Aufmerksamkeit rückten. Die einschlägigen Beiträge von Analytikern neben Freud sollen jedoch in diesem Buch überall dort erörtert werden, wo sie in das jeweilige Thema gehören, so daß es sich erübrigt, sie hier besonders darzustellen. Es muß indessen erwähnt werden, daß ein großer Teil der heutigen analytischen Vorstellungen, speziell derjenige Teil, der sich auf die therapeutische Situation bezieht, noch immer fest in der zweiten Phase der Psychoanalyse verwurzelt ist. So ergibt sich die Situation, daß viele Analytiker zur Beschreibung ihrer Patienten gleichzeitig topische (der zweiten Phase zugehörige) Begriffe und solche aus der Strukturtheorie der dritten Phase verwenden, obwohl einige Autoren (etwa Arlow und Brenner, 1964) besondere Mühe darauf verwandten, die heutige psychoanalytische Theorie gänzlich in den Begriffen der Strukturtheorie darzustellen.

Seit den sechziger Jahren ist die Ich-Psychologie in den Vereinigten Staaten etwas in den Hintergrund getreten zugunsten mehrerer Neuentwicklungen, die in den nachfolgenden Kapiteln erörtert werden. Dazu gehören unter anderen die „Selbst-Psychologie" von Heinz Kohut und der „Objektbeziehungs"-Ansatz von Edith Jacobson, Hans Loewald und Otto Kernberg. Kernbergs Ansätze wurzeln sowohl in der Ich-Psychologie als auch in den Auffassungen Melanie Kleins. Die Kleinsche Richtung gewann in England großen Einfluß, ebenso das Werk der britischen Objektbeziehungs-Theoretiker Ronald Fairbairn, Michael Balint und Donald Winnicott. In jüngerer Zeit haben die Arbeiten von Wilfred Bion viel Beachtung gefunden; für die Diskussion der Psychoanalyse in bestimmten intellektuellen Kreisen haben die umstrittenen Auffassungen von Jacques Lacan eine bedeutende Rolle gespielt. Das Werk der analytischen Entwicklungspsychologen, beginnend bei Margaret Mahler und fortgesetzt von den sogenannten „Baby Watchers" wie Daniel Stern und Robert Emde, wird von vielen Analytikern als ganz entscheidend für das psychoanalytische Verständnis der menschlichen Entwicklung betrachtet.

Die psychoanalytische Theorie des Seelenlebens ist seit Freud beträchtlich erweitert worden, und die Kluft zwischen den psychoanalytischen Theorien und deren Anwendungen hat sich dabei stetig vergrößert. Um so wichtiger und dringlicher ist es daher, die Begriffe der psychoanalytischen Therapie von neuem zu erörtern.

2. Die psychoanalytische Behandlungssiutation

DIE TECHNISCHEN BEGRIFFE, die dazu dienen sollen, den psychoanalytischen Behandlungsprozeß zu beschreiben, zu erklären und zu verstehen, sind zu verschiedenen Zeitpunkten in der Geschichte der Psychoanalyse entstanden. Andere, die ihre ursprüngliche Bedeutung im Zusammenhang mit einer bestimmten Epoche erhielten, wurden in spätere Epochen übernommen; von den Folgen dieser Übernahme haben wir schon kurz gesprochen und wollen sie später erörtern. In diesem Kapitel wollen wir versuchen, die Entwicklung der psychoanalytischen Behandlungssituation in ihrer Beziehung zu den verschiedenen Epochen der Psychoanalyse zu beschreiben (s. Kap. 1).

Die erste Epoche (die im wesentlichen vorpsychoanalytisch war) dauerte bis 1897 und war in erster Linie durch die Anwendung der hypnotischen Methode bei hysterischen Patienten gekennzeichnet. Als dann auch weitere Patienten behandelt wurden, die an anderen Störungen litten (z. B. Zwangskrankheiten), erkannte Freud, daß seine Methoden auf die „Neuropsychosen" anwendbar seien (die von diesem Zeitpunkt an Neurosen genannt werden). Die Behandlungssituation in der ersten Phase glich im wesentlichen derjenigen, die zur Zeit der hypnotischen Behandlung im Sprechzimmer üblich war (d. h. in einer privaten Sphäre, im Unterschied zu den öffentlichen Demonstrationen von Charcot): Der Patient lag auf einer Couch, und der Therapeut führte hinter dem Patienten sitzend einen hypnotischen Zustand herbei. Freud war von den Resultaten der hypnotischen Behandlung enttäuscht (er gestand auch ein, kein guter Hypnotiseur zu sein). Später versuchte er das Wiedererinnern vergessener Ereignisse ohne Hypnose durch verschiedene Methoden zu fördern. Eine davon war das Auflegen der Hand auf die Stirn des Patienten mit der Suggestion, daß sich dadurch Gedanken einstellen würden, wie es im Falle der Frau P. J. beschrieben wurde (1887–1902). Während solche Behandlungsverfahren dann später durch das „freie Assoziieren" des Patienten ersetzt wurde, blieb die

Struktur der Behandlungssituation der ersten Zeit bestehen. Freud schrieb 1925:

> Meine Patienten mußten ja auch all das ‚wissen', was ihnen sonst erst die Hypnose zugänglich machte, und mein Versichern und Antreiben, etwa unterstützt durch Handauflegen, sollte die Macht haben, die vergessenen Tatsachen und Zusammenhänge ins Bewußtsein zu drängen. Das schien freilich mühseliger zu sein als die Versetzung in die Hypnose, aber es war vielleicht sehr lehrreich. Ich gab also die Hypnose auf und behielt von ihr nur die Lagerung des Patienten auf einem Ruhebett bei, hinter dem ich saß, so daß ich ihn sah, aber nicht selbst gesehen wurde.

Im Kapitel 1 haben wir beschrieben, wie Freud 1897 die Traumatheorie der Neurose durch eine andere ersetzte, in der die Rolle des Konfliktes über den Ausdruck unbewußter Triebwünsche von zentraler Bedeutung war. Diese Änderung seiner Auffassung fiel mehr oder weniger mit der technischen Akzentuierung des Enträtselns von Bedeutungen bewußter Mitteilungen des Patienten zusammen, insbesondere seiner Träume, die in den ersten Jahren der zweiten Phase als der wichtigste Teil des Materials des Patienten angesehen wurden. Manche Analytiker betrachten auch heute noch die Träume als ihr wichtigstes Quellenmaterial, und jeder Analytiker mißt ihnen besondere Bedeutung bei. Die analytische Arbeit Freuds war anfangs weitgehend auf die sorgsame Analyse der Träume gerichtet, wobei der Analytiker durch die Assoziationen des Patienten zu verschiedenen Teilen des erinnerten Traumes unterstützt wurde. Die Traumanalyse bildete die Grundlage für Freuds Verständnis seelischer Prozesse im allgemeinen, wenn auch im weiteren Fortgang der zweiten Phase das Verständnis über die unbewußten Bedeutungen der Mitteilungen des Patienten hinaus erweitert wurde auf seine freien Assoziationen im allgemeinen und zugleich die Analyse der Übertragung, insbesondere der Übertragungswiderstände, eine wichtige Rolle in der psychoanalytischen Technik gewann. In der zweiten Phase, die bis 1923 dauerte, wurde die eigentliche psychoanalytische Behandlungssituation und die auf sie bezogenen technischen Begriffe entwickelt. Wenn auch in der dritten und vierten Phase wichtige theoretische Veränderungen auftraten, blieb doch die ‚klassische' psychoanalytische Behandlungssituation im wesentlichen die der zweiten Phase. Als Freud seine Schriften zur Technik der Psychoanalyse verfaßte (1911 e, 1912 b, 1912 e, 1913 c, 1914 g, 1915 a), war die Behandslungstechnik bereits formalisiert. Immerhin wurde damals vom Patienten erwartet, daß er an sechs Tagen der Woche zu je einstündigen Sitzungen erschien.

Etliche Jahre später führte Freud in seiner *Selbstdarstellung* (1925 d) dazu aus:

> Daß dies Verfahren der freien Assoziation unter Einhaltung der *psychoanalytischen Grundregel* leisten sollte, was man von ihm erwartete, nämlich das verdrängte und durch Widerstände ferngehaltene Material dem Bewußtsein zuzuführen, mag befremdend erscheinen. Allein man muß bedenken, daß die freie Assoziation nicht wirklich frei ist. Der Patient bleibt unter dem Einfluß der analytischen Situation, auch wenn er seine Denktätigkeit nicht auf ein bestimmtes Thema richtet. Man hat das Recht anzunehmen, daß ihm nichts anderes einfallen wird, als was zu dieser Situation in Beziehung steht. Sein Widerstand gegen die Reproduktion des Verdrängten wird sich jetzt auf zweierlei Weise äußern. Erstens durch jene kritischen Einwendungen, auf welche die psychoanalytische Grundregel gemünzt ist. Überwindet er aber in Befolgung der Regel diese Abhaltungen, so findet der Widerstand einen anderen Ausdruck. Er wird es durchsetzen, daß dem Analysierten niemals das Verdrängte selbst einfällt, sondern nur etwas, was diesem nach Art einer Anspielung nahe kommt, und je größer der Widerstand ist, desto weiter wird sich der mitzuteilende Ersatzeinfall von dem Eigentlichen, das man sucht, entfernen. Der Analytiker, der in Sammlung, aber ohne Anstrengung zuhört und der durch seine Erfahrung im allgemeinen auf das Kommende vorbereitet ist, kann nun das Material, das der Patient zutage fördert, nach zwei Möglichkeiten verwerten. Entweder es gelingt ihm, bei geringem Widerstand, aus den Andeutungen das Verdrängte selbst zu erraten, oder er kann, bei stärkerem Widerstand, an den Einfällen, die sich vom Thema zu entfernen scheinen, die Beschaffenheit dieses Widerstandes erkennen, den er dann dem Patienten mitteilt. Die Auf-

deckung des Widerstandes ist aber der erste Schritt zu seiner Überwindung. (GW XIV, S. 66)

Das „Grundmodell der Psychoanalyse" (Eissler, 1953) läßt sich folgendermaßen beschreiben: Der Patient besitzt in der Regel verhältnismäßig wenig persönliche Informationen über den Psychoanalytiker. Der Analytiker versucht, diesen Bereich relativer Unkenntnis seitens des Patienten beizubehalten, ermuntert ihn jedoch, so frei wie möglich (freie Assoziation) seine Gedanken zu berichten, wie sie ihm während der täglichen Sitzungen in den Sinn kommen, auch wenn sie ihm unlogisch und anscheinend ohne Zusammenhang mit dem zuvor Geäußerten erscheinen. Stone (1961) hat eine ausgezeichnete und detaillierte Darstellung der analytischen Situation gegeben.

Der Analytiker wendet ferner so weit wie möglich auch die „Abstinenzregel" an, d. h. den

Grundsatz, wonach die psychoanalytische Behandlung so geführt werden soll, daß der Patient die geringstmögliche Ersatzbefriedigung für seine Symptome findet. Für den Analytiker schließt er die Regel ein, dem Patienten die Befriedigung seiner Wünsche zu versagen und tatsächlich die Rolle zu übernehmen, die dieser bestrebt ist, ihm aufzudrängen. In bestimmten Fällen und an bestimmten Punkten der Behandlung gehört es zur Abstinenzregel, das Subjekt auf den Wiederholungscharakter seines Verhaltens hinzuweisen, der die Arbeit des Erinnerns und Durcharbeitens hemmt. (Laplanche & Pontalis, 1967)

Die psychoanalytische Sitzung dauert normalerweise 50 Minuten und findet vier- oder fünfmal in der Woche statt.

Die Beiträge des Psychoanalytikers beschränken sich normalerweise auf Fragen, die zur Erhellung des Materials dienen, und auf *Deutungen, Konfrontationen* und *Rekonstruktionen* (s. Kapitel 10), die die wichtigsten therapeutischen Interventionen darstellen. Im Verlauf seiner Assoziationen beginnt dann der Patient bestimmte Themen zu vermeiden und gegenüber dem Mitteilen bestimmter Gedanken sowie gegenüber der psychoanalytischen Behandlung *Widerstände* (s. Kap. 7) zu zeigen, auch wenn er dies vielleicht selbst gar nicht bemerkt. Der Analytiker erwartet, daß in dem vom Patienten produzierten Material früher oder später offene oder verhüllte Hinweise auf Gedanken und Gefühle über die Person des Analytikers auftauchen, die dann die Qualität einer Realitätsentstellung annehmen, die als *Übertragung* bezeichnet wird (s. Kap. 4 u. 5). Solche Entstellungen sind Ergebnis der Modifizierung gegenwärtiger Wahrnehmungen und Gedanken des Patienten durch die Hinzufügung spezifischer Komponenten, die aus vergangenen Wünschen, Erlebnissen und Beziehungen stammen. Man unterscheidet oft solche Übertragungsphänomene von der Arbeitsbeziehung, die sich zwischen Patient und Analytiker entwickelt und die unter anderem auf dem Wunsch des Patienten nach Heilung und Mitarbeit in der Behandlung begründet ist. Diese Arbeitsbeziehung, das *Behandlungsbündnis* (s. Kap. 3), enthält als wesentlichen Anteil die Motivation des Patienten zur Fortsetzung der Analyse ungeachtet seiner eigenen Widerstände. Manchmal bringt der Patient Gefühle aus Vergangenheit und Gegenwart nicht in Gestalt verbaler Mitteilungen, sondern in Form von Verhaltensweisen und Handlungen, die auch außerhalb des Behandlungszimmers in einer Verschiebung zum Ausdruck kommen können. Gewöhnlich wird dies als Anteil des *Agierens* angesehen (s. Kap. 9).

Zu den Anforderungen des psychoanalytischen Verfahrens an den Analytiker gehören natürlich auch seine bewußten Bemühungen um Verständnis des Materials des Patienten, das er für seine Interventionen benötigt. Zusätzlich ist er mit der Notwendigkeit konfrontiert, seine eigenen Reaktionen auf den Patienten zu prüfen, um zu versuchen, seine eigenen Verständigungsschwierigkeiten gegenüber der Bedeutung dessen, was der Patient mitteilt, zu erkennen. Dieses Selbstprüfen versetzt ihn auch in die Lage, mittels Reflexion der eigenen emotionellen Reaktionen auf den Patienten weitere Einsichten in das zu gewinnen, was im Patienten vor sich geht. Diese Aspekte der Reaktionen des Analytikers werden als *Gegenübertragung* (s. Kap. 6) aufgefaßt. Wenn der Patient in der Lage ist, eine Erkenntnis der Zusammenhänge zwischen seinen bewußten und unbewußten Tendenzen und zwischen Gegenwart und Vergangenheit zu gewinnen und beizubehalten, bezeichnet man dies als Erwerb einer bestimmten *Einsicht* (s. Kap. 11).

Die Deutungen des Analytikers sind auch dann, wenn sie für die

Einsicht des Patienten förderlich erscheinen, nicht immer unmittelbar so wirksam, daß sie eine signifikante Veränderung im Patienten hervorrufen. Es ist eine Zeit für das *Durcharbeiten* (s. Kap. 12) notwendig, in deren Verlauf die Ausfächerung der Deutungen und des von ihnen angesprochenen Materials erkundet und erweitert wird. Gelegentlich kommt es vor, daß ein Patient, der anscheinend sichtliche Fortschritte gemacht hat, so etwas wie einen paradoxen Rückfall haben kann. Dies kann Ausdruck einer *negativen therapeutischen Reaktion* (s. Kap. 8) sein, die meist auf die Wirkung eines unbewußten Schuldgefühls zurückgeführt wird (Freud, 1923b) und sich auf die Bedeutung bezieht, die die Wahrnehmung von Besserung für den Patienten besitzt.

Es ist offensichtlich, daß die ‚Modellsituation', wie sie hier beschrieben ist, nicht für jede psychoanalytische Behandlung gilt und daß gelegentlich besondere Veränderungen des technischen Verfahrens eingeführt werden. Man hat diese als „technische Parameter" (Eissler, 1953) bezeichnet, doch die Einführung solcher ‚Parameter' wird vom Gesichtspunkt des Grundmodells der Psychoanalyse aus als eine vorübergehende Maßnahme betrachtet. In dieser Hinsicht grenzen sich die psychoanalytischen Methoden von anderen Formen der Psychotherapie ab, bei denen solche Parameter ausgiebig und regelmäßig verwendet werden. Abwandlungen der psychoanalytischen Technik mit dem Ziel, sie auch auf andere Störungsarten anwendbar zu machen, sind während der vierten Phase der Psychoanalyse zunehmend hervorgetreten.

Die knappe und vereinfachte Darstellung, die in den ersten beiden Kapiteln gegeben wurde, ist als Einführung zu der detaillierteren Untersuchung einiger technisch-therapeutischer Begriffe gedacht, die bereits genannt wurden. In den nun folgenden Kapiteln behandeln wir die historischen Schicksale eines jeden Begriffes innerhalb des therapeutischen Bezugsrahmens der Psychoanalyse. Wir wollen auch die Doppel- und Mehrfachbedeutungen innerhalb dieses Rahmens prüfen und untersuchen, bis zu welchem Grade solche Begriffe zur Verwendung in Situationen geeignet sind, die von der klassischen psychoanalytischen Behandlung abweichen.

Ein Merkmal des psychoanalytischen Prozesses, das besondere Erwähnung verdient, ist das Auftreten des Phänomens der Regression. Während der Begriff „Regression" in der psychoanalytischen Theorie in mehrfachem Sinne verwendet worden ist, geht es uns in diesem Buch um eine spezielle Bedeutung des Begriffs, nämlich das Auftauchen vergangener, oft infantiler Tendenzen in Zusammenhängen, in denen solche Tendenzen ein Wiederauftreten von Funktionsweisen repräsentieren, die aufgegeben oder modifiziert worden waren. Regression dieser Art scheint ein charakteristischer Teil des analytischen Prozesses zu sein, aber die gleichen Phänomene sind auch außerhalb der Analyse zu beobachten. Wir brauchen nur daran zu erinnern, wie ein Kleinkind die erworbene Sauberkeit in Belastungssituationen, etwa nach der Geburt eines Geschwisters, wieder aufgibt oder wie Kinder oder auch Erwachsene sich anklammern und Ansprüche stellen, wenn sie hospitalisiert werden. Solche Regressionen, die jeden Teil der Person und ihrer Funktionen ergreifen können, mögen vorübergehend oder eher dauerhaft, leicht oder schwer sein. Regressionen dieser Art sind in kritischen Phasen der persönlichen Entwicklung zu erwarten, und wenn sie nicht ungewöhnlich lange andauern oder schwerwiegender Art sind, müssen sie als normal betrachtet werden (Anna Freud, 1965/1968).

In der psychoanalytischen Behandlung besteht eine Funktion der Situation darin, daß sie die Regression gestattet oder erleichtert. Regressive Tendenzen sieht man am deutlichsten dann, wenn sich Übertragungsphänomene entwickeln durch das Wiederauftauchen von Kindheitswünschen, Gefühlen, Beziehungsformen, Phantasien und Verhaltensweisen gegenüber der Person des Analytikers. Die Regression ist zwar einerseits ein wichtiges Mittel, bedeutsame Daten und Funktionsweisen der Vergangenheit auf überzeugende und sinnvolle Weise zutage zu fördern, doch manchmal nimmt sie auch einen hinderlichen und störenden Charakter an. Dies ist besonders dort der Fall, wo sie so intensiv oder andauernd wird, daß der Patient nicht mehr in der Lage ist, die Fähigkeit zur Selbstbeobachtung wiederzuerlangen, die ja einen notwendigen Teil des Behandlungsbündnisses darstellt (s. Kap. 3 und 11).

Zum Beispiel kommt es im Verlaufe einer Analyse recht häufig vor, daß der Patient zu einem bestimmten Zeitpunkt in zunehmendem Maße vom Analytiker Beweise von Liebe, Zuneigung und

Wertschätzung verlangt; ebenso können auch feindselige Gefühle gegenüber dem Analytiker aufkommen. Die Art und Weise, wie dies geschieht, kann zu einer wichtigen Quelle für das Verständnis der frühen Beziehung zwischen dem Patienten und beispielsweise seiner Mutter werden, die als versagend oder unzugänglich, liebevoll oder verwöhnend erlebt wurde. Solche Informationen können ein wesentliches Material für das Verständnis der derzeitigen Schwierigkeiten und Probleme des Patienten darstellen. Wenn jedoch eine solche Anspruchshaltung oder Feindseligkeit zum Mittelpunkt der Mitteilungen des Patienten an den Analytiker wird und dieser nicht in der Lage ist, diese Tendenz durch geeignete Deutungen oder andere Interventionen umzukehren, dann kann die Chance zur Fortsetzung der analytischen Arbeit gemindert und in manchen Fällen sogar vertan werden. Dies zeigt sich in bestimmten Sonderformen der Übertragung (s. Kap. 5).

Mehrere Autoren haben auf den Wert der Fähigkeit hingewiesen, innerhalb und außerhalb der analytischen Situation zu regredieren. Kris (1952) zum Beispiel erörterte die Fähigkeit zu kontrollierter und temporärer Regression im Bereich künstlerischer Kreativität. Balint (1934, 1949, 1965, 1968) und Winnicott (1954) haben die Bedeutung der Regression des Patienten als Mittel hervorgehoben, einen Zugang zu sonst nicht zugänglichem Material zu gewinnen. Winnicotts Konzept einer „haltbietenden Umwelt" (holding environment) und seine Darstellung der Übergangsphänomene (1951) hat zu Überlegungen veranlaßt, daß die analytische Situation eine Art von „Übergangs-Raum" böte, in welchem der Patient in seiner Beziehung zum Analytiker regredieren, mit neuen Ideen experimentieren und neue Lösungen seiner inneren Probleme ausprobieren könne (vgl. Adler, 1989; Giovacchini, 1987 a). Balint nannte dies „Regression im Dienste der Progression". Der Begriff „Regression" besaß zwar in Freuds Schriften mehrere Bedeutungen, doch geht es uns in diesem Kapitel um das, was er *formale* Regression nannte, „wenn primitive Ausdrucks- und Darstellungsweisen die gewohnten ersetzen", und um *zeitliche* Regression, d. h. um „ein Zurückgreifen auf ältere psychische Bildungen" (Freud, in einem Zusatz von 1914 zur *Traumdeutung*, 1900 a; GW II/III, S. 554). Regression muß aber nicht unbedingt nur eine „Rückkehr in die Vergangenheit" sein; sie kann auch als eine Art von „Abfuhr"-Phänomen aufgefaßt werden, bei dem aktuelle unbewußte Tendenzen unter den besonderen Umständen der analytischen Situation manifest werden. Dazu gehören verschiedene Formen von „Externalisierung" innerer Vorgänge und Beziehungen, die auf Projektion und projektiven Identifizierungen beruhen (s. Kap. 4, 5 und 6).

Regression kann durchaus ein Weg sein, auf dem sich nützliches und angemessenes analytisches Material entwickelt, das sich in der Analyse verarbeiten läßt, doch sollte man sich darauf nicht als ein eigenständiges therapeutisches Agens verlassen, ebensowenig wie auf die Vorstellung, sie könne Aspekte der ganz frühen Mutter-Kind-Beziehung zur Oberfläche bringen, die dem Analytiker sonst unzugänglich blieben. Aus der Sicht Balints trägt Regression zur Entwicklung eines „Neubeginns" bei, doch sind auch viele Analytiker der Meinung, daß die Rolle der Regression als therapeutisches Agens überschätzt worden sei (s. z. B. Anna Freud, 1969). Modell (1989) drückt es treffend so aus: „Ich stelle die Gültigkeit der klinischen Beobachtungen, die Balint und Winnicott dargestellt haben, keineswegs in Frage. Es läßt sich nicht bezweifeln, daß Aspekte einer frühen Mutter-Kind-Beziehung in der Übertragung neu erstehen können. Der Fehler liegt vielmehr darin, daß die Regression als Erklärung für die therapeutische Wirkung des analytischen Settings verwendet wird."

In Kapitel 3 wird die Rolle des Behandlungsbündnisses in der Analyse erörtert, und einige Aspekte der Beiträge des Analytikers zum analytischen Verfahren kommen zur Sprache. Zu diesem müssen wir auch die „Haltefunktion" (holding function) des Analytikers und der analytischen Situation zählen, d. h. die Funktion, eine Atmosphäre zu bieten, in der sich der Patient sicher und „aufgehoben" fühlen kann, selbst wenn es zu einer schweren Regression gekommen ist (z. B. Balint, 1968; Khan, 1972; Modell, 1984; Spitz, 1956; Winnicott, 1954, 1965, 1971).

In der bisherigen Beschreibung der analytischen Situation wurden die Anforderungen an den Patienten behandelt; dem Analytiker kam dabei die Rolle dessen zu, der versucht, die unbewußten Vorgänge im Patienten zu verstehen und ihm dieses Verständnis zu vermitteln. In den letzten Jahren ist man jedoch zunehmend darauf aufmerksam geworden, daß die zwischenmenschlichen

Aspekte des analytischen Prozesses von ganz überragender Bedeutung sind (z. B. Bleger, 1967, 1981; Kohut, 1977; McLaughlin, 1983; Modell, 1988, 1989; Spruiell, 1983); insbesondere die analytische *Beziehung* fand Beachtung. Entsprechend ist die Vorstellung von der „Neutralität" zunehmend in Frage gestellt worden (s. Leider, 1984). Modell (1988) bemerkt dazu: „Wir müssen uns darüber klar sein, daß der Abwehr- und Widerstandsvorgang nicht nur innerpsychisch stattfindet, sondern auch im Kontext einer Zwei-Personen-Beziehung. Aus diesem Grunde müssen der Kommunikationsvorgang und der Prozeß des Aufeinander-Bezogenseins beachtet werden."

Ganz besonders wichtig ist es, daß der Analytiker eine angemessene Atmosphäre herstellt. Die psychoanalytische Behandlung ist nicht lediglich ein Unternehmen, in dem Unbewußtes bewußt gemacht oder das Ich des Patienten mehr an Stärke und Selbständigkeit gewinnt. Es ist besonders wichtig, daß der Analytiker ein Setting schafft, in dem der analytische Prozeß sich vollziehen kann und Verbindungen zu abgespaltenen Selbstaspekten, die abgewehrt worden sind, wieder hergestellt werden können. Rycroft (1985) hat die Tatsache hervorgehoben, daß die Fähigkeit des Analytikers zur Herstellung eines solchen Settings nicht nur davon abhängt, mit welchem Geschick er „richtige" Deutungen zu geben vermag, sondern auch, wie befähigt er ist, ein stetiges Interesse an seinen Patienten und den Beziehungen zu ihnen aufrechtzuerhalten.

3. Das Behandlungsbündnis

WIE SCHON IN KAPITEL 2 erwähnt, haben in den vergangenen Jahren die Psychiatrie und andere Fachgebiete in steigendem Maße ihre Aufmerksamkeit auf die Beziehung zwischen Patient und Arzt gerichtet, und man hat psychoanalytische Begriffe dazu verwendet, um verschiedene Aspekte dieser Beziehung zu beschreiben. Ein Begriff, der recht häufig aus seinem ursprünglichen Zusammenhang herausgelöst und an anderer Stelle verwendet wurde, ist die *Übertragung*. Er wird häufig in einer Vielzahl von Bedeutungen unpräzise verwendet und tauchte sogar als Synonym für ‚Beziehung' in einem allgemeinen Sinne auf. Wir werden den Begriff Übertragung in den Kapiteln 4 und 5 behandeln.

In der psychoanalytischen Theorie der Technik wurde immer zwischen der „eigentlichen Übertragung" und einem anderen Aspekt der Beziehung des Patienten zu dem Arzt unterschieden, der in den letzten Jahren als das „therapeutische Bündnis", „Arbeitsbündnis" oder „Behandlungsbündnis" – d. h. ein Bündnis zwischen Patient und Analytiker, das erforderlich ist, um die therapeutische Arbeit wirksam durchzuführen (z. B. Curtis, 1979; Eagle & Wolitzky, 1989; Friedman, 1969; Gitelson, 1962; Greenson, 1965 a, 1967; Gutheil & Havens, 1979; Kanzer, 1981; Loewald, 1960; Stone, 1961, 1967; Tarachow, 1963; Zetzel, 1956) bezeichnet wurde. Auch für „Bündnis" wurden andere Bezeichnungen gewählt. So spricht Fenichel (1941) von „rationaler Übertragung", Stone (1961) von „reifer Übertragung" und Greenacre (1968) von „Basisübertragung"; Kohut nennt es „realistisches Bündnis (bond)". Zetzel (1958) drückt es so aus: „Es wird auch allgemein erkannt, daß eine erfolgreiche Analyse über die Übertragungsneurose hinaus als Kern eine beständige, stabile Beziehung erforderlich macht, die den Patienten befähigt, eine im wesentlichen positive Haltung gegenüber der analytischen Aufgabe auch dann einzunehmen, wenn die in der Übertragungsneurose neu belebten Konflikte beunruhigende Wünsche und Phantasien nahe an die Oberfläche des Bewußtseins bringen."

Der Begriff wird im Zusammenhang mit der psychoanalytischen Behandlungssituation verwendet, um Aspekte dessen zu kennzeichnen, was allgemein als „Behandlungsvertrag" (Menninger, 1958) zwischen dem Patienten und seinem Arzt bekannt ist. Im wesentlichen handelt es sich dabei um das, was als der „nichtneurotische, rationale, vernünftige Rapport, den der Patient mit seinem Analytiker hat und der ihn in die Lage setzt, in der analytischen Situation sinnvoll zu arbeiten", definiert wurde (Greenson & Wexler, 1969). Die weitere Entwicklung dieses Gedankens hat dazu geführt, daß weit mehr darunter gefaßt wurde als der bewußte Wunsch des Patienten nach Besserung, ein Punkt, auf den wir später zurückkommen werden. Im Hinblick auf die psychoanalytische Situation ist betont worden, daß das Erkennen des Unterschiedes zwischen „Behandlungsbündnis" und anderen Aspekten der Patient-Analytiker-Interaktion (etwa der Übertragung) zu einem besseren Verständnis der Vorgänge führt, die in dieser Situation auftreten, insbesondere solcher, die beim therapeutischen Mißerfolg eine Rolle spielen. Für die Psychoanalyse wie für andere Behandlungsmethoden ist die Beurteilung der Fähigkeit, ein Behandlungsbündnis zu entwickeln, in jenem Stadium relevant, in dem eine Entscheidung über die geeignete Behandlungsform getroffen werden muß.

Freud hat zwar selbst das Behandlungsbündnis nicht als speziellen Begriff dargestellt, aber ein vergleichbarer Gedanke läßt sich bis in seine frühen Publikationen (1895 d) zurückverfolgen, wo es heißt: „Wir machen den Patienten zum Mitarbeiter." An vielen Stellen in seinen Schriften gibt es ähnliche Hinweise auf dieses Mitarbeiten, und noch 1937 bemerkte er: „Die analytische Situation besteht bekanntlich darin, daß wir uns mit dem Ich der Objektperson verbünden" (1937 c). Im weiteren spricht er vom „Pakt" zwischen Analytiker und Patient. Schließlich führte er in seiner letzten Veröffentlichung (1940 c [1938]) aus:

> Der analytische Arzt und das geschwächte Ich des Kranken sollen, an die reale Außenwelt angelehnt, eine Partei bilden gegen die Feinde, die Triebansprüche des Es und die Gewissensansprüche des Überichs. Wir schließen einen Vertrag miteinander, ... (um) seinem Ich die Herrschaft über ver-

lorene Bezirke des Seelenlebens wieder(zu)geben. In diesem Vertrag besteht die analytische Situation.

Im Unterschied zur Vorstellung von einem therapeutischen „Pakt" ordnete Freud das heute „Behandlungsbündnis" genannte unter dem allgemeinen Übertragungsbegriff ein und grenzte es nicht näher gegen andere Übertragungselemente ab. In den frühen Schriften zur Technik hatte er die Übertragung in Übertragung positiver Gefühle einerseits und negative Übertragungen auf der anderen Seite aufgegliedert (Freud, 1912 b, 1912 e).

Positive Übertragungen wiederum wurden weiter differenziert nach Übertragungen freundlicher oder zärtlicher Gefühle (deren sich der Patient bewußt ist) und Übertragungen, die die Wiederkehr, möglicherweise in entstellter Form, von erotischen Beziehungen in der Kindheit repräsentierten. Die letzteren werden normalerweise nicht erinnert, sondern vielmehr vom Patienten in bezug auf die Person des Psychoanalytikers *wiedererlebt*. Solche positiven Übertragungen können sich zusammen mit den negativen Übertragungen zu einem Widerstand gegenüber der Behandlung entwickeln. Über die freundliche und zärtliche Komponente der positiven Übertragung wurde gesagt, sie sei „in der Psychoanalyse ebenso die Trägerin des Erfolgs wie bei anderen Behandlungsmethoden" (Freud, 1912 b).

In einer kurz danach veröffentlichten Arbeit (Freud, 1913 c) wurde auf die Notwendigkeit hingewiesen, eine „leistungsfähige Übertragung" herzustellen, ehe die eigentliche Arbeit der Psychoanalyse beginnen könne. Freud meinte, es sei notwendig zu warten, „bis sich eine leistungsfähige Übertragung, ein ordentlicher *Rapport,* bei dem Patienten hergestellt hat. Das erste Ziel der Behandlung bleibt, ihn an die Kur und an die Person des Arztes zu attachieren." Die wichtige Unterscheidung, die Freud zu diesem Zeitpunkt vornahm, war die zwischen der Fähigkeit des Patienten zu freundlichem Rapport und Attachement an den Arzt einerseits und andererseits dem Auftauchen von wiederbelebten Gefühlen und Einstellungen während der Behandlung, die zu einem Hindernis für den therapeutischen Fortschritt werden konnten. Die Tatsache, daß Freud den Begriff „Übertragung" für beide Aspekte verwendet, hat in der nachfolgenden Literatur zur Verwirrung geführt und dazu beigetragen, daß einige Autoren weiterhin den

Begriff „positive Übertragung" unkorrekt zur Bezeichnung des Behandlungsbündnisses verwenden. Warme und zärtliche Gefühle gegenüber dem Analytiker sind kein Hinweis darauf, daß ein Behandlungsbündnis vorliegt.

Die Bildung des Begriffs Behandlungsbündnis als etwas, das von der Übertragung abzuheben ist (d. h. der „freundlichen" Übertragung), kann vermutlich mit der Entwicklung dessen verknüpft werden, was unter der Bezeichnung „Ich-Psychologie" bekannt wurde. Dieser Aspekt psychoanalytischen Denkens entwickelte sich nach der Formulierung des ‚Strukturmodells' des psychischen Apparates (Freud, 1923 b, 1926 d), in dem der Begriff des Ich als organisiertem Teil der Persönlichkeit, der mit der Außenwelt und dem Gewissen *(Über-Ich)* ebenso wie mit den Trieben umzugehen hat, herausgearbeitet wurde. Spätere analytische Autoren (z. B. Hartmann, 1939, 1964; Anna Freud, 1965) haben den Gedanken von Funktionen und Eigenschaften des Ich herausgearbeitet, die relativ unabhängig von den Trieben sind („autonome Ich-Funktionen"). Vieles, was über den Begriff des Behandlungsbündnisses in seinen verschiedenen Formen geschrieben wurde, impliziert solche autonomen Funktionen und Einstellungen.

Die Entwicklung der Idee eines Behandlungsbündnisses in zwei Arbeiten von Richard Sterba (1934, 1940) enthalten, der darauf hinwies, daß der Psychoanalytiker beim Patienten jene Elemente, die sich auf die Realität beziehen, trennen muß von anderen, die dies nicht tun. Er nennt es eine „therapeutische Ich-Spaltung". Die realitätsbezogenen Elemente erlauben es dem Patienten, sich mit den Zielen des Therapeuten zu identifizieren, ein Vorgang, den Sterba als notwendige Bedingung für eine erfolgreiche psychoanalytische Behandlung betrachtete. Dies geht mit einer Äußerung Freuds (1933 a) überein, für eine erfolgreiche Behandlung sei es notwendig, daß der Patient seine Fähigkeit nützen müsse, sich selbst so zu beobachten, als sei er eine andere Person. In diesem Zusammenhang sprach Fenichel (1941) vom vernünftigen Aspekt des Patienten und von „rationaler Übertragung". Wenn man diesem Begriff in der psychoanalytischen Literatur nachgeht, so wird ersichtlich, daß die „freundliche Übertragung", „leistungsfähige Übertragung", „realitätsbezogenen Elemente", „rationale Übertragung" und die selbstbeobachtenden selbstkritischen Fähigkeiten oft so behandelt werden, als sei dies alles gleichbedeutend; wir halten es für nützlicher, sie als separate Elemente zu betrachten, die sich unter der allgemeinen Überschrift des Behandlungsbündnisses einordnen lassen. Nützliche Erörterungen einzelner Elemente, die im übergreifenden Konzept des „Bündnisses" enthalten sind, finden sich in Arbeiten von Friedman (1969), Dickes (1975), Gutheil und Havens (1979) und Thomä und Kächele (1986).

Einer wichtigen Arbeit von Elisabeth Zetzel (1956) zufolge haben sich psychoanalytische Autoren in zunehmendem Maße mit der Differenzierung des Behandlungsbündnisses von der ‚eigentlichen' Übertragung befaßt. Eine Tendenz in nachfolgenden Publikationen, die sich in den Arbeiten von Greenson (1965 a, 1967) und Greenson und Wexler (1969) widerspiegelt, geht dahin, das Kernstück des Behandlungsbündnisses als in der „realen" oder „nicht übertragungshaften" Beziehung verankert zu betrachten, die der Patient zu seinem Arzt herstellt. Allerdings ist nicht ganz klar, worin diese „reale" Beziehung des Patienten zum Arzt besteht. Schowalter (1976) bemerkt dazu: „Es herrscht wohl allgemein Übereinstimmung darüber, daß in der analytischen Situation mit Erwachsenen ein Teil der Analysand-Analytiker-Beziehung verhältnismäßig unneurotisch und immer wieder auf die Fortsetzung und Vervollständigung der Behandlung zentrierbar sein muß, um die Erschütterungen durch die Widerstände auszuhalten, die von der Übertragung ausgehen. Weniger Übereinstimmung scheint es aber darüber zu geben, wie man diesen Teil der Objektbindungen von der sonstigen Übertragung abtrennen solle."

In den vergangenen Jahren haben einige Analytiker, insbesondere Brenner (1976, 1979), die Gültigkeit des Begriffs vom Behandlungsbündnis in Frage gestellt und dagegen eingewandt, es sei vom Begriff der Übertragung faktisch nicht zu unterscheiden. Fonagy (1990) weist darauf hin, daß übermäßige Betonung der Übertragungsaspekte in der Analytiker-Patient-Beziehung dazu führen könne, daß sie verdinglicht würden und dann nicht mehr analytisch untersuchbar seien. Man könne so im Grunde „fahrlässig die Möglichkeit aufs Spiel setzen, ihre Basis im unbewußten Konflikt zu verstehen". Eine strikte Ablehnung des Begriffs hat zwar wenig Überzeugungskraft, doch hat Curtis (1979) auf die Gefahr aufmerksam gemacht, daß „unser Fokus von den zentralen analytischen Begriffen vom unbewußten innerseelischen Konflikt und der Deutung von Widerstand und Übertragung abgelenkt werden könnte". Er fährt fort: „Diese Gefahr liegt besonders in der Tendenz, das Behandlungsbündnis als Selbstzweck zu betrachten – als neue und korrektive Objektbeziehung – und nicht als Mittel zur Analyse von Widerstand und Übertragung."

Wenn auch der Begriff des Behandlungsbündnisses in den ursprünglichen Fassungen relativ einfach schien, müssen wir doch beachten, daß er bei jeder Betrachtungsweise immer zugleich bewußte und unbewußte Aspekte hat (s. Evans, 1976). So mag sich ein Patient feindselig gegenüber der Behandlung zeigen und der analytischen Arbeit starken Widerstand entgegensetzen (s. Kap. 7), aber dennoch den unbewußten Wunsch haben, diese Arbeit auf sich zu nehmen. Als Gegenstück kann es ein unbewußtes „antitherapeutisches" Bündnis (Sodré, 1990) geben, bei dem „das unbewußte Bedürfnis nach Wiederholung oder Festhalten einer infantilen Phantasie fortgesetzt werden kann, nicht nur, weil der Patient erheblich gestört ist, sondern auch aufgrund eines unbewußten Bündnisses zwischen dem Patienten, der eine idealisierte unendliche Analyse wünscht, und etwas im Analytiker, das sich mit der intensiven Angst (des Patienten) vor Veränderung identifiziert und daher unbewußt vermeidet, einen bestimmten Anteil der analytischen Beziehung aufzugreifen".

Novick (1970) hat eine ähnliche Gefahr im Sinn, wenn er meint, daß die Verwendung der Bezeichnung „Behandlungsbündnis" zu stark auf rationale und weniger auf irrationale Aspekte der Analyse verweist. Auch Eagle und Wolitzky (1989) äußern Besorgnis, die Auflösung der Übertragung könne auf der Grundlage von Deutung und Einsicht behindert werden, wenn man das Bündnis besonders hervorhebt. Sie machen außerdem geltend, daß eine solche Betonung den Analytiker dazu veranlassen könnte, der Rolle der nicht deutungsbezogenen Faktoren in der analytischen Behandlung zu viel Gewicht zu verleihen, und daß er dann weniger empfänglich für Übertragungsmanifestierungen werden könne. Es trifft sicher zu, daß es zu einer Kollusion mit dem Patienten kommen kann, die verhindert, daß feindselige Übertragungen auftauchen, wenn man der Förderung des Behandlungsbedürfnisses zu viel Bedeutung beimißt.

In der von Melanie Klein und ihren Anhängern entwickelten Technik (Joseph, 1985; Meltzer, 1967; Segal, 1964) besteht die Tendenz, alle Mitteilungen und Verhaltensweisen des Patienten in der Behandlung als Übertragung infantiler Einstellungen aufzufassen und zu deuten oder als Ausdruck von Externalisierungen der inneren Objektbeziehungen des Patienten. Diese Auffassung wird jedoch nicht von sämtlichen Vertretern der Kleinschen Schule geteilt. Bion (1961) wies auf die „Aufgaben-Bezogenheit" in Gruppen hin; man könnte sich vorstellen, daß diese auch einen Aspekt dessen enthält, was wir unter der Bezeichnung „Behandlungsbündnis" besprochen haben. Spillius (1983) hat auf Veränderungen in der Kleinschen Technik aufmerksam gemacht, Veränderungen, die diese nach unserer Meinung mehr den psychoanalytischen Techniken annähern, wie sie sich innerhalb der mehr „klassischen" Tradition entwickelt haben.

Trotz der Tatsache, daß sich das „Bündnis" schwer definieren läßt, scheint es doch gute Gründe dafür zu geben, den Begriff Übertragungsbündnis von den anderen Aspekten der Beziehung des Patienten zu seinem Arzt abzuheben, die für sich genommen nicht ausreichen, um eine tragfähige Grundlage für die psychoanalytische Behandlung zu bilden (vgl. z.B. Adler, 1980). Dazu gehört die Wiederbelebung zärtlicher oder sexueller Gefühle, die ursprünglich auf eine wichtige Figur in der Vergangenheit des Patienten gerichtet waren und sich im Extremfall so äußern, daß sich der Patient in den Therapeuten verliebt. Sie umfassen auch die Idealisierung des Therapeuten, bei der er als ein vollkommenes oder überragend befähigtes Wesen angesehen wird – eine Idealisierung, die hintergründige feindselige Gefühle verdecken mag und die zusammenbrechen kann (oft auf recht dramatische Weise), wenn der Patient sich getäuscht fühlt oder die feindseligen Gefühle zu stark geworden sind. Die Fähigkeit zur Entwicklung eines Behandlungsbündnisses jedoch scheint auf Eigenschaften zu beruhen, die zu einem relativ stabilen Teil des Individuums geworden sind. Wohl trifft es zu, daß diese Qualitäten genetisch auf erfolgreiche Beziehungsaspekte der frühen Entwicklung des Kindes zurückgehen; sie scheinen jedoch in beträchtlichem Maße unabhängig von jenen Gefühlen und Einstellungen zu sein, die sich als „Über-

tragung" begrifflich fassen lassen. Das Behandlungsbündnis kann somit als etwas aufgefaßt werden, das
„sich auf den bewußten oder unbewußten Wunsch des Patienten nach Kooperation begründet und auf seine Bereitschaft, die Hilfe des Therapeuten bei der Bewältigung innerer Schwierigkeiten anzunehmen. Dies ist nicht dasselbe wie das Eingehen einer Behandlung lediglich auf der Grundlage von Lustgewinn oder einer anderen Form von Gratifikation. Im Behandlungsbündnis wird das Bedürfnis, mit inneren Problemen umzugehen, *akzeptiert* und die analytische Arbeit trotz innerer oder (besonders bei Kindern) äußerer (z. B. familiärer) Widerstände durchgeführt" (Sandler et al., 1969).
Offensichtlich muß man zu diesem Begriff auch das heranziehen, was Erikson als „Urvertrauen" bezeichnet hat (1950), eine Haltung gegenüber Menschen und der Welt im allgemeinen, die in den Sicherheitserlebnissen des Säuglings während der ersten Lebensmonate begründet ist. Es hängt wahrscheinlich mit der Verinnerlichung eines entwicklungsmäßig frühen „Bündnisses" zwischen dem Säugling und seinem Primärobjekt zusammen (vgl. Stern, 1985). Ein Fehlen dieses „Urvertrauens" wird als Ursache dafür angesehen, daß bestimmte Psychotiker und andere Patienten, die in ihrer Kindheit schwere emotionale Versagungen erlebten, kein wirklich tragfähiges Behandlungsbündnis bilden können. Bei Erikson heißt es wie folgt (1950): „In der Psychopathologie kann man das Fehlen des Urvertrauens am besten bei schizophrenen Kindern* beobachten; bei Erwachsenen äußert sich ein zu schwach entwickeltes Vertrauen in schizoiden und depressiven Persönlichkeitsbildern. Daher ist in solchen Fällen ein Grunderfordernis der Therapie auch die Herstellung des Vertrauens."

---
* Im englischen Originaltext „infantile schizophrenia"; es ist unklar, welche Bedeutung dieser Begriff bei Erikson besitzt. Wir würden uns heute wahrscheinlich auf Kindheitspsychose oder Autismus und auf die schweren Persönlichkeitsprobleme des vielfach-deprivierten Kindes beziehen. Darüber hinaus beziehen sich Eriksons Anmerkungen zu erwachsenen „schizoiden Charakteren" auf das, was später als „Borderline-Störung" bezeichnet wird.

Wie schon gesagt, darf man das Behandlungsbündnis nicht mit dem Wunsch des Patienten nach Besserung gleichsetzen. Dieser Wunsch trägt zwar sicherlich zum Behandlungsbündnis bei, aber er kann auch unrealistische, sogar magische Erwartungen hinsichtlich der Behandlung beherbergen – für die therapeutische Aufgabe höchst unverläßliche Verbündete. Die Unzuverlässigkeit des Besserungswunsches als einzige Basis des Behandlungsbündnisses wird in der psychoanalytischen Literatur bei Schilderungen jener Fälle deutlich, die die Behandlung abbrechen, sobald eine gewisse Symptombesserung eingetreten ist, und die jegliches Interesse am Auffinden der krankmachenden Faktoren verlieren, wenn die Symptome zurückgegangen oder verschwunden sind. Die Wiederherstellung kann auch eine ‚Flucht in die Gesundheit' repräsentieren; wenn in solchen Fällen das Behandlungsbündnis allein auf dem Wunsch nach Symptombesserung beruht, dann verbleibt für die Fortführung der analytischen Behandlung keine ausreichende Basis mehr, auch dann nicht, wenn der Patient vielleicht aus seiner eigenen Erfahrung wohl weiß, daß die Besserung seines Leidens nur vorübergehend sein mag. Es hat den Anschein, daß die meisten Faktoren, die psychoanalytische Autoren in diesem Zusammenhang nannten (die Fähigkeit, sich selbst so betrachten zu können, wie man einen anderen betrachten würde; die Fähigkeit, ein gewisses Maß an Frustration ertragen zu können; Vorhandensein eines gewissen „Urvertrauens"; Identifizierung mit den Behandlungszielen usw.), zu einem gewissen Grade entscheidend sind.

Besonders zu Beginn der Behandlung mag es schwierig sein, die *Fähigkeit* des Patienten zur Herstellung und Erhaltung eines Behandlungsbündnisses von positiven Gefühlen gegenüber dem Therapeuten und der Therapie zu unterscheiden, die aus anderen Quellen herrühren. Scheinbare Hochachtung oder sogar Zuneigung zum Therapeuten und anfängliche Behandlungswilligkeit deuten nicht notwendigerweise darauf hin, daß der Patient auch bereit ist, seine Mitarbeit in der Therapie fortzusetzen. Erhellt wird dies durch Fälle, in denen der Patient um Hilfe nachsucht, um einen Angehörigen oder sogar seinen Hausarzt zu beschwichtigen, und durch manche Personen, die sich einer Psychoanalyse als Teil der psychoanalytischen Ausbildung unterziehen (Gitelson, 1954).

In Fällen, wo kein zureichendes Behandlungsbündnis existiert, scheint es wesentlich zu sein, sich ein Urteil darüber zu bilden, a) ob der Patient die Fähigkeit zur Herstellung eines solchen Bündnisses besitzt und b) ob er genügend entsprechende Motivation entwickeln kann, um ein Behandlungsbündnis von solcher Tragfähigkeit herzustellen, das ihm ermöglicht, die Anstrengungen und Belastungen der Behandlung durchzustehen.

Wie wichtig es ist, die Fähigkeit eines Patienten zur Bildung eines Behandlungsbündnisses einzuschätzen, wird von Gerstley et al. (1989) beschrieben; die Autoren betrachten die Einschätzung der Fähigkeit zu einem Behandlungsbündnis als wesentlichen prognostischen Faktor für Patienten mit antisozialen Persönlichkeitsstörungen.

Die Evaluierung des erwartbaren Behandlungsbündnisses ist indessen bei allen Fällen, wo eine psychoanalytische Behandlung erwogen wird, ein wichtiger prognostischer Faktor.

Die Beurteilung der *Fähigkeit* des Patienten zur Bildung eines Behandlungsbündnisses ist von offensichtlicher Bedeutung. So würden etwa die meisten Analytiker keinen Patienten in Analyse nehmen, der schwer psychotisch ist. Dem liegt die Auffassung zugrunde, daß der Patient zu diesem Zeitpunkt nicht die Fähigkeit besitzt, analytisch und konstruktiv mit dem Therapeuten zu arbeiten. Manche Analytiker haben auch Vorbehalte gegenüber der Arbeit mit sogenannten Borderline-Patienten. Die Schicksale des Behandlungsbündnisses bei Borderline-Störungen erörtern Shapiro, Shapiro, Zinner und Berkowitz (1977) sowie Gabbard et al. (1988). Die Behandlung kann jedoch auf die Entwicklung dieser Fähigkeit hin abgestellt werden.

In der Vergangenheit machten Analytiker oft von einer „Probezeit" der Analyse Gebrauch, nach deren Ablauf eine gemeinsame Entscheidung über die Weiterführung getroffen werden sollte. Diese Entscheidung nach Ablauf der Probezeit orientierte sich zum Teil an dem, was man heutzutage als Fähigkeit des Patienten zur Herstellung des Behandlungsbündnisses bezeichnet. Ähnlich befürwortete Anna Freud (1928) für die Kinderanalyse eine „Einleitungsphase", während der das Kind mit dem Gedanken der Behandlung vertraut gemacht und eine Bindung mit dem Analytiker hergestellt wird. Die Empfehlung einer voranalytischen Einleitungsphase wurde später aufgegeben. Hoffer sprach von „Verführung des Patienten zur Behandlung" (Mitteilung an J. S.). Morgenthaler (1978) empfiehlt ganz ähnliches.

Gelegentlich können irrationale Motive die Entwicklung eines Behandlungsbündnisses begünstigen. Beispiel dafür wäre ein Patient mit starker Geschwisterrivalität, der seine Analyse intensiv betreibt, um darin erfolgreicher zu sein als ein ebenfalls in Analyse befindlicher konkurrierender Kollege. Hier bildet die Rivalität des Patienten zwar ein zu analysierendes Material, aber sie kann auch eine Zeitlang den Fortschritt der analytischen Arbeit begünstigen.

Manche Patienten bleiben auch in Behandlung, weil diese verborgene Wünsche befriedigt (etwa nach Abhängigkeit, nach Beachtung und Liebe, sogar nach masochistischem Leiden). Eine Folge davon ist, daß solche Patienten die analytische Behandlung über viele Jahre fortsetzen, keinerlei Neigung zur Beendigung zeigen, aber auch keine nennenswerte Besserung erkennen lassen. Es ist indessen gleichermaßen möglich, daß ein brauchbares Behandlungsbündnis existiert, wenn der Patient sich eingangs feindselig zeigt. Man denke nur daran, daß es manche Personen gibt, deren Persönlichkeit starke paranoide Züge aufweist, die in hohem Maße ‚ohne Vertrauen' sind und dennoch eine Art von Behandlungsbündnis mit dem Therapeuten herstellen können.

Es muß darauf hingewiesen werden, daß einige psychoanalytische Autoren das Behandlungsbündnis als notwendige Voraussetzung für eine analytische Behandlung verneinen und bereit wären, bei jedem einzelnen Fall dieselbe Technik anzuwenden. Ein Beispiel dafür ist die von Melanie Klein und ihren Anhängern entwickelte Technik (Segal, 1964; Meltzer, 1967), deren Tendenz es ist, alle Mitteilungen und Verhaltensweisen des Patienten in der Behandlung als Übertragung postulierter infantiler Einstellungen und Gefühle aufzufassen und zu interpretieren. W. Bion, ein Mitglied der Kleinschen Schule, hat jedoch auf die „Aufgaben-Bezogenheit" in Gruppen verwiesen (1961); man könnte sich vorstellen, daß diese auch einen Aspekt dessen enthält, was wir unter der Bezeichnung „Behandlungsbündnis" besprochen haben. Der Kleinsche Zugang ist als inadäquate und sogar verarmte Konzeptualisierung kritisiert worden (z. B. von Glover, 1945;

Joffe, 1969), wenn auch seine Einfachheit und anscheinende ‚Tiefe' ihn als therapeutisches System attraktiv machen.

Die Behandlung kann natürlich ohne starkes Behandlungsbündnis begonnen werden, wenn auch für gewöhnlich zu Behandlungsbeginn eine Art von therapeutischem „Vertrag" notwendig ist. Ein Behandlungsbündnis kann und sollte sich idealerweise im Verlaufe der Behandlung entwickeln. Anscheinend besteht auch ein wichtiger Teil der Arbeit des Analytikers darin, die Entwicklung des Behandlungsbündnisses zu unterstützen. Eine solche Unterstützung kann in der Form erfolgen, daß den Mitteilungen des Patienten ein gleichbleibendes und regelmäßiges Setting geboten wird (s. Kap. 2). Sie schließt auch die Deutungen des Analytikers ein, die sich auf die Widerstände des Patienten gegenüber der Entwicklung eines adäquaten Behandlungsbündnisses richten. Ein Beispiel für das letztere wäre eine Deutung, daß der Patient aufgrund seiner Angst vor passiver Unterwerfung es sich nicht gestatten kann, in der analytischen Arbeit vollständig zu kooperieren. Obwohl dieser Widerstand viele Wurzeln haben mag, manifestiert er sich im Effekt doch als ein Widerstand gegen das Behandlungsbündnis, auch wenn wir ihn strenggenommen als einen Widerstand betrachten können, der etwa gegen die Entwicklung einer sexuellen Übertragung gerichtet ist (s. Kap. 4, 5 und 7). Ein weiteres Beispiel für Widerstand gegenüber einem adäquaten Behandlungsbündnis wäre der Fall eines Patienten, der große Angst vor der Aufforderung zur Regression hat, die ihm durch die analytische Situation angeboten wird. Die meisten Patienten können zwar mehr oder weniger gut ihre regressiven Tendenzen in der analytischen Situation tolerieren, doch gibt es auch Personen, die fürchten, daß sie dann, wenn sie sich ‚gehenlassen', völlig infantilisiert würden und die Kontrolle über ihr Denken und Handeln verlieren könnten. Die Deutung der Angst des Patienten kann ihm dazu verhelfen, mit ihr umzugehen und ein angemessenes Behandlungsbündnis zu entwickeln.

Das Behandlungsbündnis ist nicht nur eine Angelegenheit des Patienten; auch das Können des einzelnen Analytikers spielt für sein Zustandekommen notwendigerweise eine wichtige Rolle (vgl. Schowalter, 1976). Je besser der Analytiker seine Toleranz für die unbewußten Strebungen des Patienten, die dieser abwehrt, gefühlsmäßig überzeugend vermitteln und je besser er auch Respekt für die Abwehrtätigkeiten des Patienten zeigen kann, um so mehr wird auch das Behandlungsbündnis gestärkt. Es führt dazu, daß der Patient dann auch die tolerante Haltung des Analytikers gegenüber den bisher unzulässigen Aspekten seiner selbst verinnerlichen kann (Sandler & Sandler, 1984).

In diesem Zusammenhang wird zunehmend anerkannt, was Stone (1961) als das Erfordernis einer „grundsätzlich freundlichen oder ‚humanen‘ Haltung des Analytikers" betrachtet und was Schafer (1983) „Atmosphäre von Sicherheit" nennt. Rothstein (nach Auchincloss, 1989) stellt dazu fest: „In der Anfangsphase ist die Haltung des Analytikers wichtiger als irgendwelche spezifischen Routineparameter der analytischen Situation", und er fährt fort: „Flexibilität in der Anfangsphase, die genügend Spielraum für Modifizierungen läßt, um Charakterwiderständen Platz zu lassen, kann für manche Patienten den Weg zur analytischen Erfahrung erleichtern. Viele Patienten gehen als potentielle Analysanden verloren, wenn der Analytiker darauf insistiert, daß der Patient die Analyse auf eine ganz bestimmte Weise beginne."

Aus dem Gesagten folgt, daß das Behandlungsbündnis nicht als etwas angesehen werden darf, was während der ganzen Behandlung konstant bleibt. Häufig wird es durch Widerstände des Patienten vermindert und durch das Entstehen positiver Gefühle bestärkt. Grobe regressive Manifestationen in der Behandlung können das Behandlungsbündnis gänzlich zerbrechen lassen (Dikkes, 1967). Es kann auch geschwächt werden oder sogar schwinden, wenn sich eine „erotisierte" Übertragung entwickelt (s. Kap. 5).

Offenkrantz und Tobin (1978) verweisen auf die Rolle von Scham und Verlust von Selbstwertgefühl, wenn ein Behandlungsbündnis nicht zustande kommt: „Patienten schämen sich, daß sie die Hilfe eines anderen brauchen. Für ihre Bereitschaft, eine Abhängigkeitsbeziehung mit dem Analytiker einzugehen, ist es entscheidend, wie sie mit dieser Scham umgehen."

Langs (1976) hat den Begriff der „therapeutischen Mesalliance" eingeführt, der definiert ist als die bewußten und unbewußten Interaktionen in der therapeutischen Beziehung, die darauf gerichtet sind, die psychoanalytischen oder psychotherapeutischen Zielsetzungen zu untergraben, oder die nur Symptomveränderungen anstelle von Einsicht und konstruktiver innerer Veränderung erreichen wollen. In diesem Zusammenhang beschreibt Novick (1980) ein „negatives Behandlungsbündnis", dessen Motivation „der unbewußte Wunsch ist, eine Analyse oder Therapie zu beginnen, um den Analytiker scheitern zu lassen... (und) ein idealisiertes Bild einer liebenden, geliebten und allmächtigen Mutter aufrechtzuerhalten. Dies geschieht, indem die negativ besetzten Anteile von Selbst und Objekt externalisiert und auf den Analytiker verschoben werden."

Diese Sichtweise ähnelt der einer unbewußten Motivation zu bestimmten Formen von negativer therapeutischer Reaktion (Kap. 8). Man sollte dazu anmerken, daß „negatives Behandlungsbündnis" keine befriedigende Bezeichnung sein kann, denn das Bündnis ist mehr oder weniger vorhanden, oder es fehlt. Was Novick meint, kann man als „Schein-Bündnis" ansehen, bei dem unbewußte Widerstände gegen die analytische Arbeit verschleiert werden. Ein solches Scheinbündnis kann es nur dann geben, wenn der Analytiker dabei mitspielt (Davies, 1990; Sodré, 1990).

Anhand von Erfahrungen in der Kinderanalyse äußern Sandler, Kennedy und Tyson (1980), daß eine Definition des Behandlungsbündnisses zumindest auf zwei Wegen angegangen werden kann. Der erste besteht darin, das Bündnis als ein weitgefaßtes und umgreifendes Konzept zu behandeln, als ein Kompositum aus all den Faktoren, die den Patienten in der Behandlung halten und ihn befähigen, auch in Phasen von Widerstand und feindseliger Übertragung dabei zu bleiben. Auf dem zweiten Weg wird das Bündniskonzept enger gesehen; es bezieht sich speziell auf das Krankheitsbewußtsein des Patienten und sein bewußt und unbewußt erlebtes Bedürfnis, etwas dagegen zu unternehmen; dies ist damit verknüpft, daß der Patient auch die Fähigkeit besitzt, die Mühe und den Schmerz der Konfrontation mit einem inneren Konflikt auf sich zu nehmen. Nach der weiter gefaßten Definition kann die therapeutische Beziehung – wenn auch nur für begrenzte Zeit – vorwiegend dadurch aufrechterhalten werden, daß daraus Befriedigungen bezogen werden, die Triebelemente wie Liebe zum Analytiker oder Objekthunger enthalten. Man kann solche Aspekte als Trieb- oder Es-Anteile im Behandlungsbündnis ansehen. Die therapeutische Beziehung muß aber auch auf Ich-Anteilen begründet sein, wie sie unter der engeren Definition gefaßt werden. Im Idealfall sollte der Analytiker die verschiedenen Bestandteile des Behandlungsbündnisses erkennen können, die im „Hier-und-jetzt" der Analyse gegeben sind, und wie sich die einzelnen Komponenten verändern, wenn das Bündnis in seiner Stärke, Zusammensetzung und Stabilität fluktuiert.

Der Begriff Behandlungsbündnis läßt sich offenbar leicht und ohne wesentliche Modifizierung über die analytische Situation hinaus anwenden, wenn auch zutrifft, daß bei unterschiedlichen Therapie-„Kontrakten" (um Menningers Ausdruck zu verwenden) auch unterschiedliche Behandlungssituationen bestehen. Bei der Unfall-Behandlung eines bewußtlosen Patienten ist kein Behandlungsbündnis erforderlich. Auf der anderen Seite des Spektrums ist es für den Erfolg einer langfristigen Rehabilitationskur von entscheidender Bedeutung. In vielen Behandlungssituationen mag es von Nutzen sein, den Begriff so zu erweitern, daß er auch die Fähigkeiten und Einstellungen der Familie des Patienten oder anderer Umweltinstanzen mit einbezieht. Genauso wie ein Behandlungsbündnis zwischen Patient und Analytiker notwendig ist, scheint es auch in jenen Situationen vonnöten zu sein, wo der Patient die Last der Behandlung nicht allein zu tragen vermag. Dies gilt insbesondere für die Behandlung von Kindern, wo ein Behandlungsbündnis mit den Eltern des Kindes eine absolute Notwendigkeit darstellt. Ferner ist es im Falle ambulanter Behandlung von psychotischen Patienten notwendig, ein solches „erweitertes" Behandlungsbündnis herzustellen. Dies hat Gültigkeit ganz unabhängig davon, wie die Behandlungsform im einzelnen aussieht, da manchmal die Mitarbeit der Familie des Patienten schon deswegen erforderlich ist, um sicherzustellen, daß er überhaupt zur Behandlung kommt.

Wandlungen in der Einstellung zur Psychohygiene sowie die zunehmende Anerkennung des Grundsatzes der Freiwilligkeit müssen unausweichlich dazu führen, daß diese Beurteilung vermehrtes Gewicht bekommt, nicht nur die der Krankheitseinsicht des Patienten, sondern auch die seiner Fähigkeit zur Bildung eines Behandlungsbündnisses mit dem Therapeuten. Dies gilt vor allem für psychotische Patienten und solche, die man in der Vergangenheit als „psychopathisch", „schwer persönlichkeitsgestört" oder „charaktergestört" bezeichnet hat. Die Beurteilung der Fähigkeit des Patienten zur Bildung eines Behandlungsbündnisses während der Anfangsphase der Arzt-Patient-Interaktion muß eine diagnostische Relevanz für die Schwere der Störung besitzen und eine prognostische Relevanz dort, wo die Prognose auf die Behandlungsmethode bezogen wird. In jenen Fällen, in denen eine Psychotherapie angezeigt ist, in denen also die klinische Beurteilung der Fähigkeit des Patienten zum Ertragen und Mitarbeiten in einem langfristigen, zeitraubenden und oft schmerzlichen Prozeß von entscheidender Bedeutung ist, dürfte der Begriff des Behandlungsbündnisses oder des Potentials zur Herstellung eines Behandlungsbündnisses wertvoll sein. Es ist somit für den überweisenden Arzt nützlich, zu einem Urteil über die Fähigkeit und Motivation des Patienten zur Entwicklung eines tragfähigen Behandlungsbündnisses zu kommen, das den Behandlungsprozeß unterstützen könnte. Aber selbst in Situationen, wo eine Psychotherapie nicht in Betracht kommt, könnte der Begriff des Behandlungsbündnisses dazu dienen, die Art des Engagements des Patienten an die Behandlungssituation und die Art seiner Beziehung zu den therapeutischen Instanzen in dieser Situation zu beurteilen. So wird sicherlich in der Case-Work-Situation die Sozialarbeiterin unausgesprochen die Art des Behandlungsbündnisses zwischen dem Klienten (oder dem Klienten und seiner Familie) und sich selbst abschätzen. Natürlich wird das Behandlungsbündnis auch von den Erfordernissen der Behandlungssituation und dem Arbeitsstil der betreffenden Institution beeinflußt. So sind zum Beispiel manche Klienten in der Lage, eine Beziehung zu einer Institution beizubehalten, solange regelmäßige Sitzungen angeboten werden, können jedoch ein Behandlungsbündnis nicht mehr aufrechterhalten, wenn die Initiative zu solchen Kontakten ihnen selbst überlassen wird. Spezielle und interessante Probleme ergeben sich in Bewährungsfällen, bei denen die Auflage besteht, regelmäßig den Bewährungshelfer aufzusuchen: Solche erzwungenen Begegnungen können in manchen Fällen das Behandlungsbündnis fördern, in anderen Fällen ein ‚Scheinbündnis' aufkommen lassen.

4. Übertragung

IM VORANGEGANGENEN KAPITEL behandelten wir Aspekte der Therapeut-Patient-Beziehung unter dem Gesichtspunkt des *Behandlungsbündnisses*. Es wurde darauf hingewiesen, daß dieser Begriff auch einiges einschließt, was gelegentlich als „Übertragung" bezeichnet worden ist. In diesem Kapitel nun sollen weitere Bedeutungen des letztgenannten Begriffs erörtert werden. Aus dem folgenden wird ersichtlich werden, daß man den Begriff *Übertragung* nur aus der Perspektive seiner historischen Entwicklung erfassen kann und daß unterschiedliche Schulen oder Richtungen innerhalb der Psychoanalyse die Tendenz haben, unterschiedliche Aspekte der Definition der Übertragung zu akzentuieren. Das Verständnis und die Analyse der Übertragungsphänomene bildet für die Analytiker das Kernstück ihres therapeutischen Verfahrens, und außerhalb der Psychoanalyse hat der Begriff im Bemühen um das Verstehen mitmenschlicher Beziehungen im allgemeinen weitläufige Anwendung gefunden. Wenn man sich ein Bild von den heutigen und möglichen künftigen Anwendungen des Begriffs machen will, dann scheint es unumgänglich, zunächst die verschiedenen Bedeutungen zu untersuchen, die dieser Bezeichnung verliehen worden sind.

Freud gebrauchte das Wort *Übertragung* erstmals, als er seine Versuche schilderte, seine Patienten zum verbalen Assoziieren zu bringen (Freud, 1895 d). Das Ziel der Behandlungsmethode war, den Patienten in erster Linie mittels seiner Assoziationen und Gefühlserlebnisse die Verknüpfung seiner *augenblicklichen* Symptome und Gefühle mit seinen *früheren* Erlebnissen auffinden zu lassen. Freud war der Auffassung, daß die „Dissoziation" früherer Erlebnisse (und der damit verbundenen Gefühle) vom Bewußtsein einen Hauptfaktor bei der Entstehung der Neurosen bilde. Er bemerkte, daß im Laufe der Behandlung Veränderungen in der Einstellung des Patienten zum Arzt eintraten und daß diese Veränderungen, die starke emotionelle Komponenten hatten, eine Unterbrechung im Fortgang des verbalen Assoziierens herbeiführen konnten und sich oft als beträchtliches Hindernis in der Behandlung auswirkten. Er sagte dazu (1895 d), daß „... die Kranke davor erschrickt, daß sie aus dem Inhalte der Analyse auftauchende peinliche Vorstellungen auf die Person des Arztes überträgt. Dies ist häufig, ja in manchen Analysen ein regelmäßiges Vorkommnis". Diese Gefühle wurden als „Übertragung" aufgefaßt, die dadurch zustande kommt, daß der Patient eine – wie Freud sich ausdrückte – „falsche Verknüpfung" zwischen einer Person, die Objekt früherer (meist sexueller) Wünsche war, und dem Arzt hergestellt hat. Gefühle, die mit früheren (und aus dem Bewußtsein ausgeschlossenen) Wünschen verbunden waren, tauchen nun auf und werden infolge der „falschen Verknüpfung" als gegenwartsbezogene Gefühle erlebt. Freud sprach in diesem Fall über die Neigung von Patienten, neurotische Bindungen an ihre Ärzte zu entwickeln.

In einer Arbeit, die einige Jahre später erschien (Freud, 1905 d), wurde die Bezeichnung „Übertragung" wiederum im Kontext mit der psychoanalytischen Behandlungssituation verwendet. Freud stellte die Frage:

Was sind die Übertragungen? Es sind Neuauflagen, Nachbildungen von den Regungen und Phantasien, die während des Vordringens der Analyse erweckt und bewußtgemacht werden sollen, mit einer für die Gattung charakteristischen Ersetzung einer früheren Person durch die Person des Arztes. Um es anders zu sagen: eine ganze Reihe früherer psychischer Erlebnisse wird nicht als vergangen, sondern als aktuelle Beziehung zur Person des Arztes wieder lebendig. Es gibt solche Übertragungen, die sich im Inhalt von ihrem Vorbilde in gar nichts bis auf die Ersetzung unterscheiden. Das sind also, um in dem Gleichnisse zu bleiben, einfache Neudrucke, unveränderte Neuauflagen. Andere sind kunstvoller gemacht, sie haben eine Milderung ihres Inhaltes ... erfahren und vermögen selbstbewußt zu werden, indem sie sich an irgendeine geschickt verwertete reale Besonderheit an der Person oder in den Verhältnissen des Arztes anlehnen. Das sind also Neubearbeitungen, nicht mehr Neudrucke.

Bis dahin war die Übertragung als Phänomen der Therapie betrachtet worden, das sich als Hindernis oder „Widerstand" (vgl. Kap. 7) gegenüber der analytischen Arbeit auswirken konnte. Einige Jahre später (1909 d) bemerkte Freud, daß die Übertragung nicht immer ein Hindernis für die Analyse sei, sondern „daß dieses Phänomen nicht nur für die Überzeugung des Kranken, sondern auch für die des Arztes entscheidend in Betracht kommt". Dies war sein erster Hinweis auf die Übertragung als therapeutisches Agens. Es muß hier erwähnt werden, daß Freud stets die Übertragungsanalyse als behandlungstechnisches Vorgehen von der „Übertragungsheilung" unterschied, bei welcher der Patient aus Liebe zum Analytiker und dem Wunsch, ihm zu gefallen, sämtliche Symptome aufgibt (1915 a). In diesem Zusammenhang ist zu erwähnen, daß man die „Übertragungsheilung" von einer „Flucht in die Gesundheit" unterscheiden kann, einer etwas anderen Widerstandsform, bei der die Symptome des Patienten verschwinden (wenigstens zeitweilig) und ihn in die Lage versetzen, die Behandlung als überflüssig zu erklären, da er ja geheilt sei. Die Beziehung der Übertragung zum Widerstand ist in Kap. 7 behandelt.

Etwas später wies Freud darauf hin, daß „die Übertragung sich vom Anfang der Behandlung an beim Patienten ergibt und eine Weile die stärkste Triebfeder der Arbeit darstellt" (1916/17). Zu diesem Zeitpunkt scheint Freud eine Anzahl recht unterschiedlicher Phänomene mit dieser Bezeichnung zusammenzufassen, denen allerdings gemeinsam war, daß sie als Wiederholungen früherer Gefühle und Einstellungen in der Gegenwart verstanden wurden. 1912 hatte Freud „positive" und „negative" Übertragungen voneinander unterschieden und die positiven Übertragungen weiterhin danach unterteilt, ob sie sich förderlich oder hemmend auf die therapeutische Arbeit auswirkten. Als negative wurden solche Übertragungen angesehen, bei denen der Patient feindselige Gefühle auf den Analytiker überträgt; die extreme Form davon zeigt die Paranoia, in mäßiger Form findet sie sich gleichzeitig mit positiver Übertragung bei allen Patienten vor. Diese Koexistenz macht es dem Patienten möglich, die eine Seite seiner Übertragung dazu zu benutzen, um sich vor dem beunruhigenden Auftauchen der anderen Seite zu schützen. So mag ein Patient etwa die auf den Analytiker übertragene Feindseligkeit als dasjenige Mittel verwenden, mit dem er positive Übertragungsgefühle fernhält. Hier setzt der Patient seine feindseligen Übertragungsgefühle dazu ein, um sich gegen andrängende und bedrohliche positive (gewöhnlich erotische) Übertragungen zu schützen. Darüber hinaus ist der Aspekt der positiven Übertragung, der „vom Anfang der Behandlung an" sich beim Patienten ergibt, qualitativ verschieden von den erotischen Übertragungen, die sich im Verlauf der Behandlung einstellen (1912 b). Der erstgenannte ist als eine Komponente des Behandlungsbündnisses zu betrachten und wurde bereits im Kapitel 3 behandelt.

Freud war der Ansicht, daß die besonderen Merkmale der Übertragung eines Patienten aus der Eigenart seiner Neurose hervorgehen und nicht lediglich dem analytischen Prozeß zuzuschreiben seien, als etwas allen Patienten Gemeinsames (1912 b). Die spezifische Qualität der Übertragung eines Patienten gewann neue Bedeutung, als der Begriff „Übertragungsneurose" gebildet wurde (Freud, 1914 g). Damit wurde die Art und Weise gekennzeichnet, wie die früheren Beziehungen als Komponenten der eigentlichen Neurose auch das vorherrschende Pattern der Gefühle des Patienten gegenüber dem Analytiker gestalten. Der Begriff „Übertragungsneurose" wurde von Freud (1920 g) abgewandelt, als er vom Patienten in der Analyse sagte: „Er ist ... genötigt, das Verdrängte als gegenwärtiges Erlebnis zu *wiederholen,* anstatt es, wie der Arzt es lieber sähe, als ein Stück der Vergangenheit zu *erinnern.* Diese mit unerwünschter Treue auftretende Reproduktion hat immer ein Stück des infantilen Sexuallebens ... zum Inhalt und spielt sich regelmäßig auf dem Gebiete der Übertragung, das heißt der Beziehung zum Arzt ab. Hat man es in der Behandlung so weit gebracht, so kann man sagen, die frühere Neurose sei nun durch eine frische ‚Übertragungsneurose' ersetzt."

Unglücklicherweise ist die Bezeichnung „Übertragungsneurose" bei Freud gleichlautend mit einer Bezeichnung, die er für eine ganze Gruppe von *Störungen* verwandte – für die sogenannten Übertragungsneurosen, d. h. diejenigen Störungen, bei denen Übertragungsphänomene zu beobachten waren. In seinen früheren Schriften hatte er geäußert, daß man diese Übertragungsneurosen von anderen Störungsformen abgrenzen könne, nämlich den „narzißtischen Neurosen", bei denen Übertragungsphänomene angeblich kaum erscheinen. Die meisten Analytiker sind heute der Ansicht, daß Übertragungsphänomene bei Patienten *beider* Gruppen auftreten.

Die Wiederholung der Vergangenheit in Gestalt gegenwärtiger Übertragungen betrachtete Freud als Folge des (unrichtig so benannten) „Wiederholungszwanges". Wiederholungszwang ist insofern eine ungeeignete Bezeichnung, als er für die Beobachtung, daß Menschen zur ständigen Wiederholung früherer (meist kindlicher) Verhaltensmuster neigen, gleichzeitig eine Erklärung mitliefert. Psychoanalytiker haben nicht selten beschreibenden Begriffen den Status von erklärenden Prinzipien verliehen. Darüber hinaus ist die Tendenz zum Wiederholen kein „Zwang" im psychiatrischen Sinne des Wortes; sie ist auch kein „Trieb" im Sinne Freuds. Angemessener wäre es, von einem „Drang zur Wiederholung" (pressure to repeat) zu sprechen.

Um spätere Entwicklungen in die richtige Perspektive zu rücken, müssen wir darauf hinweisen, daß Freud den Übertragungsbegriff in jenen Jahren ausarbeitete, als er und seine Anhänger das psychische Geschehen weitgehend in Begriffen der Triebschicksale und der ihnen zugrundeliegenden Energien auffaßte. Sexuelle Wünsche gegenüber einer bedeutsamen Figur der Kindheit erklärte Freud als „Besetzung" der Vorstellungsrepräsentanz dieser Person (des „libidinösen Objekts") mit sexueller Triebenergie („Libido"). Bei der Übertragung handelte es sich um eine Verschiebung der Libido von der Erinnerung an das ursprüngliche Objekt auf die Person des Analytikers, der dadurch zum neuen Objekt der sexuellen Wünsche des Patienten wurde, ohne daß sich der Patient dieses Verschiebungsvorgangs von seiner Vergangenheit her bewußt war.

Die zunehmende Bedeutung der Übertragungsanalyse im Verein mit den Fortschritten in der Ich-Psychologie (s. Kap. 1) veranlaßte andere Analytiker, den Übertragungsbegriff zum Zwecke besseren Verständnisses klinischer Phänomene zu verfeinern und zu erweitern und ihn mit den Weiterentwicklungen in der Theorie der Ich-Vorgänge zu integrieren. Die Entwicklungsgeschichte des Übertragungsbegriffs ist ein Musterbeispiel für die Probleme, die sich immer dann einstellen, wenn ein Begriff aus einer früheren Phase der Psychoanalyse in seiner ursprünglichen Form beibehalten wird, während bereits Weiterentwicklungen der Theorie stattgefunden haben.

Anna Freud schlug in ihrem Buch *Das Ich und die Abwehr-*

mechanismen (1936) eine Differenzierung der Übertragungsphänomene nach deren Komplexitätsgrad vor. Sie unterschied 1. *Übertragung libidinöser Regungen*, bei der Triebwünsche, die an infantile Objekte geknüpft sind, gegenüber der Person des Analytikers durchbrechen, und 2. *Übertragung von Abwehr*, bei der frühere Abwehrmaßnahmen gegen die Triebe wiederholt werden (vgl. Sandler et al., 1969). Ein Beispiel für die zweite Kategorie bietet der Patient, der im Verlauf seiner Analyse eine rebellisch-ablehnende Haltung gegenüber dem Analytiker entwickelt; er überträgt dabei eine Haltung, die er in der Kindheit eingenommen hatte, um sich vor Gefühlen von Liebe und Zärtlichkeit zu schützen, aus Angst, diese könnten ihn in Gefahr bringen. Eine solche Formulierung erweitert die frühere und einfachere Auffassung Freuds, derzufolge eine solche „defensive" Feindseligkeit nicht als Wiederholung einer Abwehrmaßnahme der Kindheit, als Wiederholung einer Funktionsweise des Ich zu verstehen ist, sondern als Verwendung bestehender feindseliger Gefühle zum Schutze vor den Folgen einer andrängenden positiven Übertragung.

Anna Freud unterschied ferner ein „Agieren in der Übertragung", bei dem eine Steigerung der Übertragung sich in Handlungen des täglichen Lebens umsetzt. So können Gefühle und Wünsche gegenüber dem Analytiker, die im Verlauf der Behandlung aufgetaucht sind, gegenüber anderen Personen aus der Umgebung des Patienten in Szene gesetzt werden. „Agieren in der Übertragung" ist eng mit dem Begriff des *Agierens* verwandt, der in Kapitel 9 behandelt wird. Gleichzeitig fügte Anna Freud noch eine weitere Kategorie an, die sie als eine Unterform der Übertragung betrachtete und von der sie meinte, sie solle von der eigentlichen Übertragung getrennt gehalten werden. Es handelt sich dabei um *Externalisierungen*, beispielhaft dargestellt durch den Patienten, der sich schuldig fühlt, aber anstelle der eigenen Gewissensbisse erwartet, daß der Analytiker ihm Vorwürfe macht. Diese Externalisierung eines Strukturanteils der Persönlichkeit wurde als etwas anderes als die Wiederholung in der Übertragung aufgefaßt, etwa der Wiederholung der Kindheitsbeziehungen eines Patienten gegenüber einem strafenden Vater. Ein weiteres Beispiel für Externalisierung bietet ein Patient, der die Überzeugung (oder Angst) entwickelt, der Analytiker wolle ihn verführen, wobei sich diese Überzeugung auf eine Externalisierung oder, wie hier, auf die als „Projektion" bekannte besondere Form der Externalisierung der eigenen sexuellen Wünsche auf den Analytiker begründet. Was hier „externalisiert" wird, sind die aktuellen unbewußten sexuellen Wünsche des Patienten, in bestimmtem Sinne ein „Es"-Aspekt, und dies muß nicht unbedingt Wiederholung einer libidinösen Regung der Kindheit oder eines infantilen Abwehrmanövers sein. Interessant ist, daß sowohl Alexander (1925) als auch Freud (1940 a, [1938]) davon sprachen, daß der Analytiker die Rolle des Gewissens (oder des „Über-Ich") des Patienten „übernehme" und dies als einen wichtigen Teil des therapeutischen Prozesses betrachteten.

Anna Freuds spätere Unterscheidung zwischen Externalisierung von Strukturanteilen der Persönlichkeit und „eigentlicher" Übertragung ist dann von anderen Analytikern nicht systematisch weiterverfolgt worden; vielmehr sind verschiedene „Externalisierungen" mehr oder weniger im generellen Übertragungsbegriff aufgegangen, wie an späterer Stelle dieses Kapitels deutlich werden wird.

Wie schon erwähnt, gab es in der Psychoanalyse eine starke Tendenz, den Übertragungsbegriff zu erweitern. Zum Teil läßt sie sich auf zwei Strömungen innerhalb der Psychoanalyse zurückverfolgen, die von der sogenannten „englischen" Schule der Psychoanalyse ausgingen. Die erste entwickelte sich aus Stracheys (1934) These, die einzig wirksamen Deutungen in der psychoanalytischen Behandlung seien Übertragungsdeutungen. Gedacht war, daß diese mit Projektionsvorgängen in Verbindung zu bringen seien, in denen der Patient seine „primitiven introjizierten Imagines" auf den Analytiker projizierte, die als wichtiger Teil seines Über-Ichs angesehen wurden. Unter dem Eindruck dieser These gingen viele Analytiker dazu über, so viele Deutungen wie möglich in Begriffen der Übertragung zu formulieren, um auf diese Weise die Wirksamkeit ihrer Interventionen zu erhöhen. Strachey bemerkt dazu, für den Patienten, der seine primitiven introjizierten Imagines auf die Analytiker projiziere, werde dieser so wie jeder, dem er im Alltag begegne, nämlich zu einem „Phantasieobjekt". Mit „primitiven introjizierten Imagines" meint Strachey primitive Elternbilder, die als Teil der normalen Entwicklung innerlich errichtet werden und als aktive Bestandteile des unbewußten Seelenlebens fortbestehen.

Die zweite Strömung war durch die theoretischen Formulierungen Melanie Kleins repräsentiert, die auf der Grundlage ihrer analytischen Arbeit mit Kindern die Ansicht vertrat, das gesamte spätere Verhalten sei weitgehend als Wiederholung von Beziehungserlebnissen zu verstehen, die sich ihrer Meinung nach im ersten Lebensjahr zugetragen hatten (1932). Das Zusammentreffen dieser beiden Strömungen veranlaßte einige Analytiker, alle Mitteilungen des Patienten als Hinweis auf Übertragung frühinfantiler Beziehungen aufzufassen und keine Deutungen zu geben, die sich nicht auf die Übertragungsmerkmale in der Beziehung des Patienten zum Analytiker bezogen. Diese Tendenz ist von Zetzel (1956) eingehend diskutiert worden.

Viele Analytiker haben zur Erweiterung des Übertragungsbegriffs beigetragen. Zum Beispiel sagte Edward Glover (1937), daß „eine adäquate Fassung des Übertragungsbegriffs die *Gesamtheit* der Entwicklung des Individuums widerspiegeln muß ... (der Patient) verschiebt nicht lediglich Affekte und Vorstellungen auf den Analytiker, sondern *alles*, was er im Laufe seiner seelischen Entwicklung je gelernt und vergessen hat".

Während manche Autoritäten den Begriff im Rahmen der analytischen Situation erweiterten, vertraten andere im Anschluß an eine Bemerkung Freuds über die Allgegenwart der Übertragung (1910 a, [1909]) die Ansicht, daß Übertragung als ein allgemeinpsychologisches Phänomen zu betrachten sei (ohne daß sie sich damit der Auffassung anschlossen, sämtliche Aspekte der Beziehung des Patienten zum Analytiker seien als Übertragung zu verstehen). So schreibt Greenson (1965 a):

> Übertragung ist das Erleben von Gefühlen, Triebregungen, Einstellungen, Phantasien und Abwehrhaltungen gegenüber einer Person der Gegenwart, die dieser Person gegenüber unangemessen sind und eine Wiederholung, eine Verschiebung von Reaktionen ist, die aus der Beziehung zu bedeutsamen Personen der frühen Kindheit herrühren. Ich betone, daß eine Reaktion zwei Eigenschaften aufweisen muß, um als Übertragung gelten zu können: Sie muß eine

Wiederholung der Vergangenheit und der Gegenwart unangemessen sein.

Eine solche Definition enthält offensichtlich mehr, als Freud ursprünglich im Sinne hatte. Sie würde zum Beispiel auch gewohnheitshafte Reaktionen gegenüber anderen Personen umfassen, die zum Bestandteil des Charakters des Patienten geworden sind (etwa eine Neigung zu Angst vor Autoritäten) und die man auch als der Gegenwart unangemessen ansehen kann. Dieses Phänomen von „Charakterübertragung" (Sandler et al., 1969) würde jedoch nicht zu einem Übertragungsbegriff passen, der besagt, es handle sich um Gefühle, die im Verlauf der Analyse auftreten, die zu Beginn der Behandlung nicht anwesend waren, aber als eine Folge der Behandlungsbedingungen wachgerufen wurden.

Aus der Überzeugung heraus, daß die von zahlreichen Analytikern vollzogenen Erweiterungen des Begriffs seine Klarheit nicht bessern, sondern vermindern, sind mehrere Autoren für die Rückkehr zu einer engeren Fassung des Übertragungsbegriffs eingetreten. Waelder (1956) schlug vor, man solle den Übertragungsbegriff auf Ereignisse innerhalb der klassischen analytischen Situation begrenzen:

> Man könnte sagen, Übertragung sei ein Versuch des Patienten, in der analytischen Situation und in Beziehung zum Analytiker Situationen und Phantasien seiner Kindheit wiederzubeleben und wieder zu inszenieren. Übertragung ist daher ein regressiver Vorgang ... Übertragung entwickelt sich aufgrund der Bedingungen des analytischen Experiments, d. h. der analytischen Situation und der analytischen Technik.

Etwas später kam Loewenstein (1969) nach einer sehr eingehenden Erörterung der verschiedenen Auffassungen des Übertragungsbegriffs zu dem Schluß, daß „Übertragung außerhalb der Analyse offensichtlich nicht mit den gleichen Begriffen beschrieben werden kann wie Übertragungen, die im Laufe und infolge des analytischen Prozesses auftreten". Loewenstein gelangte zu dieser Ansicht aufgrund der Überzeugung, daß die beiden in der Analyse beobachteten Übertragungsaspekte, nämlich der des Widerstands und der eines Trägers von Einsicht und Heilung, nur in der analytischen Situation gegeben sind und niemals außerhalb davon beobachtet werden können. Heutzutage lehnen die meisten Analytiker die von Waelder und Loewenstein vertretene eingeschränkte Fassung der Übertragung ab.

Das Argument, der Übertragungsbegriff müsse ausschließlich auf die analytische Situation begrenzt bleiben, ist offenbar nicht zwingend, wenn man auch den Beweggrund dafür durchaus verstehen kann, nämlich die zunehmende Tendenz zu einer breiten und unterschiedslosen Verwendung der Bezeichnung „Übertragung". Offenkundig ist aber, daß dieselben Phänomene, die in der analytischen Behandlung auftreten, auch außerhalb davon vorkommen. Freud drückte es so aus: „Es ist nicht richtig, daß die Übertragung während der Psychoanalyse intensiver und ungezügelter auftritt als außerhalb derselben. Man beobachtet in Anstalten, in denen Nervöse nicht analytisch behandelt werden, die höchsten Intensitäten..." (1912b). Die klassische analytische Situation schafft jedoch offenbar Bedingungen, die die Entwicklung von Übertragungen begünstigen und es gestatten, die Phänomene in verhältnismäßig unverfälschten Formen zu untersuchen (Stone, 1961).

Zweifellos wird der Weg, auf dem sich die Übertragung entwickelt, von soziokulturellen Faktoren mitbeeinflußt. So ist sicher die Geschlechtszugehörigkeit des Analytikers zumindest dafür von Bedeutung, in welcher Abfolge die Elemente der Übertragung auftauchen. Das Thema der Geschlechtszugehörigkeit ist in den jüngeren Jahren eingehend untersucht worden, möglicherweise aufgrund des Einflusses der feministischen Bewegung (vgl. z. B. Lasky, 1989; Lester, 1985; Person, 1983; Wrye & Welles, 1989). Ähnlich sind auch Analysen bei unterschiedlicher Rassenzugehörigkeit diskutiert worden. Fischer (1971) äußert dazu, daß Rassenunterschiede zwischen Analytiker und Analysand unbewußte Bedeutungen auf mehreren Ebenen besitzen und daß „man ernsthafte Risiken eingeht, wenn der Rassenfaktor überschätzt oder auch ignoriert wird". Die ethnopsychoanalytische Schule hat zu diesem Bereich viele Beiträge geliefert.

Eine Reihe wichtiger Entwicklungen hat es in den letzten Jahren hinsichtlich des Übertragungsbegriffs gegeben. Insbesondere ist die ursprüngliche Auffassung der Übertragung als Wiederholung der Vergangenheit in Frage gestellt worden. Cooper

(1987 a) bemerkt dazu, daß „historische, verhältnismäßig einfache Auffassungen der Übertragung als Neuauflagen von bedeutsamen Beziehungen der Vergangenheit in der Gegenwart den heutigen klinischen und theoretischen Anforderungen nicht gerecht werden", und er unterscheidet „historische" von „modernistischen" Auffassungen der Übertragung. Die historische Sichtweise besage, daß „die Übertragung eine Neuinszenierung einer früheren Beziehung sei und die Aufgabe der Übertragungsdeutung darin bestehe, Einsicht in die verschiedenen Weisen zu schaffen, auf die frühe kindliche Beziehungen die Beziehung zum Analytiker entstellen oder stören, eine Beziehung, die wiederum ein Muster für die Beziehungen des Patienten im Alltagsleben darstellt". Im Unterschied dazu betrachtet die modernistische Auffassung die Übertragung „nicht als Neuinszenierung einer alten Erfahrung, sondern vielmehr als eine neue Erfahrung. Die Übertragungsdeutung müsse alle Aspekte dieser neuen Erfahrung zum Bewußtsein bringen, einschließlich ihrer Einfärbungen aus der Vergangenheit".

Legt man Coopers Unterscheidung zwischen historischen und modernistischen Sichtweisen zugrunde, dann ist es angebracht, den Übergang von der ersten zur zweiten unter einer Reihe verschiedener Überschriften zu erörtern: *Die Kontroverse um die Übertragungsneurose, Die Kleinsche Übertragungstheorie, Übertragung und Externalisierung* und *Entwicklungsbezogene Überlegungen hinsichtlich der Übertragung*.

Die Kontroverse um die Übertragungsneurose

Wir haben in diesem Kapitel bereits Freuds Einführung des Begriffs der „Übertragungsneurose" (1914 g) erwähnt, die er als „artifizielle Krankheit" in der Analyse betrachtete, die an die Stelle der „gemeinen Neurose" tritt. Freud faßte die aktuelle Neurose als eine Neuauflage der sogenannten „infantilen Neurose" auf, und folglich konnte die Übertragungsneurose als Wiederbelebung der infantilen Neurose angesehen werden, die in der Analyse die Person des Analytikers einbezieht. Kepecs (1966) hat gezeigt, daß mit der Bezeichnung „Übertragungsneurose" viele Unklarheiten verbunden sind, und nach ihm haben mehrere Autoren (z. B. Cooper, 1987 b; Harley, 1971; Jacobs, 1987; London, 1987; Reed, 1987, 1990) sowohl die dem Begriff innewohnenden Schwierigkeiten als auch die Vorstellung diskutiert, daß sie eine *conditio sine qua non* der psychoanalytischen Behandlung sei. Bei denen, die für Beibehaltung des Begriffs eintraten, entwickelte sich die Auffassung, daß Übertragung als ein allgemeines seelisches Phänomen von dem spezifischen klinischen Phänomen der Übertragungsneurose unterschieden werden müsse. Blum (1971) bemerkt, daß mit der Einführung der strukturellen Theorie „komplexe Ich- und Überich-Aspekte der Übertragung allmählich erkannt wurden. Die Übertragung in der analytischen Situation umfaßte dann Übertragung von Abwehr, Affekten und zugehörigen Phantasien sowie von Haltungen, die mit infantilen Objektbeziehungen in Zusammenhang stehen". Man stimmt weitgehend darin überein, daß der Begriff der infantilen Neurose zwei Hauptbedeutungen besitzt. Die erste ist „prototypische Quelle von innerseelischem Konflikt im Ödipuskonflikt" und die zweite „metapsychologisches Konstrukt, das sich auf die innere Struktur und Organisation der infantilen Persönlichkeit als Ergebnis von solchem Konflikt bezieht" (Moore & Fine, 1990). Der Begriff der infantilen Neurose ist immer umstrittener geworden (s. z. B. Calogeras & Alston, 1985; A. Freud, 1971; Loewald, 1974).

In striktem Gegensatz dazu stellt Brenner, der normalerweise als konservativer Theoretiker gilt, mit Nachdruck fest, daß

die Bezeichnung Übertragungsneurose eine Tautologie ist. Der Begriff ist ein Anachronismus. Analytiker definieren Neurose als ein Symptom oder Gruppe von Symptomen, die aus Konflikten hervorgegangene Kompromißbildungen sind ... ebenso sind Übertragungs-Manifestationen Kompromißbildungen, die aus Konflikten hervorgehen ... Eine Übertragungsmanifestation ist dynamisch von einem neurotischen Symptom nicht zu unterscheiden. Sie neurotisch zu nennen, oder das Ganze der Übertragung eine Neurose, heißt nur ein weiteres Wort hinzuzufügen, aber keine neue Bedeutung. Es ist nichts gewonnen, wenn man den Terminus zu Übertragungsneurose erweitert ... „Echte Übertragungs-

neurose", so kam es mir oft vor, wird üblicherweise als Synonym für „analysierbare Übertragung" gebraucht.
Wir stimmen völlig mit den Aussagen Brenners überein und meinen, daß der Begriff Übertragungsneurose seinen Nutzen überlebt hat, insbesondere weil er häufig als Synonym für Übertragung im allgemeinen verwendet wird und dies nur Unklarheit bewirkt. Dennoch ist wichtig, sich klar zu machen, daß der Bereich der Übertragungsmanifestierungen sehr weit gespannt ist, von der sogenannten „Charakter-Übertragung" bis hin zu so intensiver Beschäftigung mit dem Analytiker, daß die Gedanken und Gefühle bezüglich der Person des Analytikers einen Großteil des Seelenlebens des Patienten in Anspruch nehmen. Merkwürdigerweise definieren Moore und Fine in der ersten Ausgabe des *Glossary of Psychoanalytic Terms and Concepts* (1967) Übertragungsneurose als „die neue ‚Version' der Neurose, die sich im Verlauf der psychoanalytischen Behandlung entwickelt", während in ihren späteren *Psychoanalytic Terms and Concepts* (1990) die Übertragungsneurose keinen Platz mehr als eigenes Stichwort erhält und lediglich unter „Übertragung" flüchtig erwähnt wird.

Die Kleinsche Theorie der Übertragung

In der von Melanie Klein eingeführten analytischen Technik wurde von Anfang an die zentrale Stellung der Übertragungsdeutung betont. Übertragung galt als Widerspiegelung der unbewußten Phantasien des Patienten; Hanna Segal (1981) bemerkte in diesem Zusammenhang, daß

> die wichtigste Figur in der Phantasiewelt des Patienten die Person des Analytikers ist. Wenn man sagt, alle Mitteilungen werden als Mitteilungen über die Phantasien des Patienten ebenso wie über das gegenwärtige Außenweltleben angesehen, so sagt man auch, daß alle Mitteilungen etwas enthalten, das einen Bezug zur Übertragungssituation hat. In der Kleinschen Technik ist die Deutung der Übertragung oft zentraler als in der klassischen Technik.

Spillius (1988), selbst Kleinsche Analytikern, stellt in einer sorgfältigen Durchsicht Kleinscher therapiebezogener Arbeiten die

Veränderungen fest, die sich seit den späten vierziger Jahren in der Kleinschen Technik vollzogen haben. Sie weist darauf hin, daß im allgemeinen die Kleinsche Auffassung der Übertragung besagt, sie sei
> in der analytischen Situation der Ausdruck der Kräfte und Beziehungen der Innenwelt. Die Innenwelt selbst wird als das Resultat eines fortlaufenden Entwicklungsprozesses angesehen, als das Produkt ständiger Wechselwirkungen zwischen unbewußten Phantasien, Abwehrtätigkeiten und Erleben und der äußeren Realität, der vergangenen wie der gegenwärtigen. Die Betonung, die Klein und ihre Nachfolger der Durchgängigkeit der Übertragung verleihen, leitet sich von Kleins Begriff der unbewußten Phantasie ab, die in ihrer Auffassung allem Denken, rationalem wie irrationalem, zugrunde liege, im Unterschied zu der Meinung, es gebe eine spezielle Kategorie von Denken und Fühlen, die rational und angemessen sei und daher keine Analyse benötige, und eine weitere Art von Denken und Fühlen, die irrational und unvernünftig sei und deswegen Übertragung ausdrücke und analysiert werden müsse.

Spillius weist jedoch auch darauf hin, daß es in den meisten Kleinschen Arbeiten, die in den fünfziger und sechziger Jahren veröffentlicht wurden, eine Tendenz gab, „die Destruktivität des Patienten in einer Weise hervorzuheben, bei der wir heute annehmen würden, der Patient könne sie als Verfolgung erleben. Ein zweites Kennzeichen dieser frühen Arbeiten ist, daß unbewußte Phantasien offenbar dem Patienten sofort und sehr direkt in der Sprache von Teilobjekten (Brust, Brustwarze, Penis usw.) gedeutet wurden".

Wie Spillius bemerkt, haben Veränderungen in der Kleinschen Deutungstechnik ganz allmählich stattgefunden. Man betonte die Destruktivität weniger und verwendete auch weniger die Terminologie der Teil-Objekte und begann, den Begriff projektive Identifizierung (1946 von Klein eingeführt) in Übertragungsdeutungen mehr explizit zu verwenden. Es wurde mehr Wert darauf gelegt, Erfahrungen in der Übertragung zu leben als nur zu denken und darüber zu sprechen, und das unbewußte Drängen des Patienten, den Analytiker zum Mitmachen zu zwingen, wurde stärker herausgestellt. Auch die Rolle der Vergangenheit, wie sie in der aktuellen Patient-Analytiker-Beziehung auftaucht, fand zunehmendes Interesse. Spillius stellt fest, daß sprachliche und behaviorale Inhaltsdeutungen, die in einer „rigid symbolischen Sichtweise" formuliert worden waren, „nun als eher abträglich für das Erkennen der Momente lebendigen Gefühlskontakts gelten müssen. Solche Deutungen beruhen nicht auf der Zugänglichkeit des Analytikers für den Patienten, sondern auf dem Wunsche des Analytikers, in den Äußerungen des Patienten Belege für seine schon vorgeformten Auffassungen zu finden".

Eine wesentliche Erweiterung der Kleinschen Übertragungstheorie erfolgt in einer Arbeit von Joseph (1985), „Transference: The Total Situation". Sie faßt das Übertragungskonzept als „einen Rahmen, innerhalb dessen immer etwas geschieht, in dem es ständig Bewegung und Aktivität gibt". In der Übertragung erfolgt nicht bloß Wiederholung der Vergangenheit, sondern im Gegenteil: alles, was in der Analyse geschieht, *ist* Übertragung. Zur Veranschaulichung beschreibt Joseph, wie sich eine Kollegin in der Arbeit mit einer außerordentlich schwierigen Patientin verwirrt erlebte. Die Analytikerin war unzufrieden damit, wie sie diese Analyse handhabe, und brachte in einem Seminar das Problem zur Sprache. Die Seminarteilnehmer hatten Schwierigkeiten zu verstehen, um was es eigentlich ging, bis ihnen dämmerte, daß das Problem im Seminar die Übertragungsschwierigkeiten der Analytikerin widerspiegelte. Man kam dann zu dem Schluß, daß die Analytikerin sich deswegen verwirrt fühlte, weil die Patientin ihre eigene verworrene Innenwelt auf die Analytikerin projiziert hatte, und daß die erfolglosen Versuche der Analytikerin, den Sinn der Assoziationen der Patientin zu deuten, deren eigenes Abwehrsystem reflektierten, „nämlich dem Unverständlichen einen Pseudo-Sinn zu geben". Joseph bemerkt dazu: „Wenn wir nur mit dem Teil arbeiten, der verbalisiert wird, dann werden die Objektbeziehungen, die in der Übertragung agiert werden, nicht mit einbezogen". Ein Grundbestandteil all dessen ist die Externalisierung innerer Objektbeziehungen vermittels des Mechanismus der projektiven Identifizierung (Klein, 1946). Daraus geht hervor, daß der Fähigkeit des Analytikers, die Projektionen des Patienten aufzunehmen und sich bewußt zu machen, sie in der Gegenübertragung zu erleben (Kapitel 6) und dem Patienten in Gestalt angemessener Deutungen zurückzugeben, größte technische Bedeutung zukommt. Es lohnt sich festzuhalten, daß für Melanie Klein introjektive Identifizierung der Vorgang war, ein äußeres Objekt ins Ich oder Selbst hereinzunehmen, die projektive Identifizierung dagegen als der umgekehrte Vorgang gesehen wurde, nämlich einen Aspekt des Selbst in ein Objekt zu verlegen, d. h. das Objekt zu Behälter eines eigenen Selbstaspekts zu machen (dieses Thema wird ausführlicher bei Sandler, 1987, erörtert).

Bei dieser behandlungstechnischen Vorgehensweise ist die Aufmerksamkeit des Analytikers in erster Linie darauf gerichtet, in emotionalen Kontakt mit dem Patienten im „Hier-und-jetzt" der Analyse zu kommen. Wir meinen jedoch, daß die Versuchung, alles Geschehen in der Analyse als Übertragung anzusehen und diese Übertragung auf der Basis von Gegenübertragungsgefühlen und -phantasien verstehen zu wollen, zu einer Art „wilder Gegenübertragungs-Analyse" führen kann. Spillius (1988) ist sich dieser Gefahr bewußt, wenn sie anmerkt, daß insbesondere unerfahrene Analytiker dazu neigen könnten, „sich zu sehr mit der Beobachtung der eigenen Gefühle als dem primären Hinweis auf das Geschehen in der Analyse zu beschäftigen, zum Schaden ihres unmittelbaren Kontakts zum Material des Patienten". Im Unterschied zur Position Kleinscher Autoren sind viele Analytiker – auch wir – der Auffassung, daß nicht alles, was der Patient in die Analyse bringt, als Übertragung anzusehen ist. Anna Freud (1968) zum Beispiel wandte sich gegen die undifferenzierte Anwendung des Übertragungsbegriffs, und eine nützliche Darstellung der Kontroversen in diesem Bereich findet sich in „Transference Interpretations Only?" von Leites (1977).

Es ist eine Fehlkonzeption und eine übermäßige Vereinfachung, wenn man glaubt, das gesamte vom Patienten in die Analyse gebrachte Material sei Übertragung. Der Gesichtspunkt „ist alles Übertragung" scheint genau deswegen aufgekommen zu sein, weil viele Analytiker sich prinzipiell auf die Übertragungsaspekte im Material des Patienten zentrieren, auf Kosten der Nicht-Übertragungsaspekte. Meistens kann man Übertragungsaspekte unmittelbarer und wirksamer untersuchen und deuten als andere; die zentrale Stellung der Übertragung ist daher in gewissem

Grade ein Artefakt, das von der Auffassung herrührt, nur Deutung der Übertragung könne psychische Veränderung bewirken.

Der Analytiker ist nicht einfach ein passiver Partner in der Übertragungsbeziehung. Dieser Aspekt wird später noch ausführlicher erörtert (Kapitel 6), doch sollte hier betont werden, daß die Persönlichkeit des Analytikers eine wichtige Rolle dabei spielt, wie sich die Übertragung des Patienten gestaltet. Wer die Meinung vertritt, „es ist alles Übertragung", neigt deswegen dazu, die Funktion des Analytikers als reale Person, die mit dem Patienten zusammen in einer Aufgabe engagiert ist, zu vernachlässigen und statt dessen die von der Übertragung entstellten Wahrnehmungen und Phantasien des Patienten vom Analytiker zu betonen (Escoll, 1983; Thomä, 1984). Greenson unterscheidet Übertragung vom „Arbeitsbündnis" (1965 a) und von der „realen" Beziehung des Patienten zu seinem Analytiker (Greenson & Wexler, 1969), Szasz (1963) versucht die Schwierigkeiten zu erörtern, die sich bei der Unterscheidung von Übertragung und „Realität" ergeben, ebenso auch Laplanche und Pontalis (1973).

Wenn auch die Formulierung der Übertragung ausschließlich in Begriffen dieser oder jener Form von Externalisierungen innerer Objektbeziehungen, wie sie von einigen Kleinschen Analytikern vertreten wird, zweifellos eine zu verallgemeinernde Sichtweise darstellt, gibt es heute kaum Zweifel, daß solche Vorgänge in unseren gegenwärtigen Konzeptionen der Übertragung eine bedeutende Rolle spielen. Dazu wird im weiteren noch mehr zu sagen sein.

Übertragung und Externalisierung

Unsere Darstellung der Erweiterung des Übertragungsbegriffs hat gezeigt, daß dieser mehr Bedeutungen angenommen hat als die einer bloßen Wiederholung wichtiger Beziehungen der Kindheit. Ein bedeutsamer Anstoß bei dieser Erweiterung war, daß der Rolle der sogenannten inneren Objektbeziehungen im Seelenleben immer größere Bedeutung zuerkannt wurde. Die Ausarbeitung theoretischer Vorstellungen über innere Objekte führte zu einer Sichtweise der Übertragung, in der die „Projektion" oder

„Externalisierung" innerer Objektbeziehungen großen Raum gewann. Kernberg (1987) drückt es so aus:
Übertragungsanalyse besteht in der Analyse der Wiederbelebung früherer internalisierter Objektbeziehungen im Hier-und-jetzt. Die Analyse früherer internalisierter Objektbeziehungen in der Übertragung stellt zugleich die Analyse der tragenden Strukturen von Ich, Über-Ich und Es und deren intra- und interstrukturellen Konflikte dar.
Er fügt hinzu:
Ich begreife internalisierte Objektbeziehungen nicht so, als würden sie tatsächliche Objektbeziehungen der Vergangenheit wiedergeben. Was sie widerspiegeln, ist vielmehr eine Kombination aus wirklichen und phantasierten – oft stark entstellten – Internalisierungen solch früherer Objektbeziehungen und deren Abwehr unter der Wirkung der Aktivierung und Projektion von Triebabkömmlingen. Mit anderen Worten, es besteht eine dynamische Spannung zwischen dem Hier-und-jetzt, das die innerpsychische Struktur widerspiegelt, und den unbewußten psychogenetischen Determinanten, die sich aus der „aktuellen" Vergangenheit, der Entwicklungsgeschichte des Patienten herleiten.
In einem von Valenstein (1974) berichteten Panel bemerkte Loewald in diesem Zusammenhang: „Wenn wir von Erfahrungen sprechen, sprechen wir nicht von ‚objektiven Tatsachen'. Wir sprechen von Erfahrungen, die ein Kind auf verschiedenen Stufen seiner Entwicklung in seinen Wechselbeziehungen mit der Außenwelt, mit Objekten macht. Diese Erfahrungen können in der Übertragung wiederholt werden, und man kann sagen, es seien Phantasien, ... nicht Tatsachen, wie sie von einem objektiven Betrachter beobachtet werden, sondern Ausgestaltungen, die der Patient in der Kindheit zu dem, was ‚tatsächlich geschah', beitrug". Unserer Ansicht nach wäre es daher besser, wenn man nicht von „internalisierten", sondern von „inneren" Erfahrungen spräche, eben weil die innere Objektrepräsentanz wie auch die Selbstrepräsentanz während der Entwicklung von Abwehrvorgängen wie Projektion, Identifizierung und Verschiebung beträchtlich modifiziert werden.
Schafer (1977) gibt einige wichtige Hinweise zu unserem Ver-

ständnis innerer Objekte. Anschließend an die Darstellung der Analyse eines Patienten führt er aus:
Erstens, wenn ich „sein Vater" sage, dann meine ich damit das Vater-Bild, von dem ich annehme, daß es den objektiv gesehenen Vater nur teilweise richtig wiedergibt. Es war ein inneres Bild, das überwiegend unbewußt aufrechterhalten und in verschiedenen Phasen der psychosexuellen Entwicklung aufgebaut wurde. Zweitens war dieses Bild prinzipiell auf dem Wege genauer Einsichtnahme in seine verschiedenen Vaterübertragungen und meine Gegenübertragungsreaktionen auf diese definiert worden. Drittens war eine klare Bestimmung dieser Übertragungen nur dadurch möglich geworden, daß sie aus einer ganzen Reihe von Mutterübertragungen heraussortiert worden waren, jede mit ihrer eigenen komplexen Entwicklung und Einstellung. Viertens umfaßten die relevanten analytischen Daten den üblichen weiten Bereich von Phänomenen: sie reichten von Körperphantasien und Inszenierungen wie Verstopfung, Masturbation und archaischen Vergeltungs- und Beschädigungsvorstellungen bis hin zu nüchternen Versuchen, sich zu erinnern, zu rekonstruieren und zu strukturieren, wie sich die Geschehnisse tatsächlich zugetragen hatten, die lange Zeit auf neurotische Weise erinnert wurden.

Die Kleinsche Auffassung der Übertragung als Externalisierung läßt eine Neigung zu konkreten Formulierungen aufkommen, etwa zu Aussagen wie „abgespaltene Teile des Selbst oder Teile eines inneren Objekts werden in den Analytiker verlegt", oder die Sicht des Analytikers als ein „Container" (Bion, 1962). Auf der anderen Seite neigen nicht an Klein orientierte Autoren (z. B. Bollas, 1987) dazu, eher von Externalisierung einer inneren Objektbeziehung als von projektiver Identifizierung zu sprechen (vgl. Berg, 1977). Sandler (1983) bemerkt, daß
es für unser Verständnis der Übertragung von Bedeutung ist, wenn man sich klar macht, daß Introjekte ständig externalisiert werden, in bestimmtem Sinne *aktualisiert* werden, so daß eine Beziehung zu ihnen als äußeren Objekten anstelle innerer Objekte möglich wird. Eine solche Tendenz zur Externalisierung von Introjekten ist vermutlich etwas

ganz Allgemeines... Sie läßt sich in der psychoanalytischen Situation besonders gut beobachten; wir sehen regelmäßig Versuche, den Analytiker zu zwingen, zu manipulieren oder zu verführen, die Rolle dieses oder jenes Introjekts zu übernehmen, so daß eine innere Phantasie mit einem Dialog zwischen dem Selbst und dem Introjekt in Szene gesetzt werden kann. Eine solche Externalisierung ist ebensosehr Übertragung wie alles andere auch, und es ist sicherlich ein Irrtum, wenn man die Externalisierung innerer Objektbeziehungen lediglich als direkte oder indirekte Erfüllung unbewußter Wünsche betrachtet, die früher einer Figur der Vergangenheit galten und in der Gegenwart in entstellter Form auf den Analytiker übertragen werden.

Entwicklung und Übertragung

Einer der Gründe, weswegen der Begriff der Übertragungsneurose in Frage gestellt wurde, lag in der Erkenntnis, daß er sich nicht zur Gänze mit ödipalen Erlebnisweisen und Konflikten verknüpfen ließ, wie man es in der Vergangenheit versucht hatte. Früher hatte die Tendenz bestanden, jedes Übertragungsphänomen mit präödipalen Merkmalen als regressiven Rückzug vor unerträglichen ödipalen Konflikten zu betrachten. Weil dann aber immer deutlicher erkennbar wurde, daß prä-ödipale Konflikte eine eigene Existenz haben, richtete sich das Interesse auch auf die Entwicklungsaspekte der Übertragung (vgl. Escoll, 1983). Arlow (berichtet von Valenstein, 1974) führt aus:

Weiterentwicklungen in der Kinderanalyse, direkte Beobachtung von Kindern, ebenso der sich erweiternde Bereich psychoanalytischer Forschung und Erfahrung in der Analyse von Charakterstörungen, Perversionen, Borderline-Patienten und narzißtischen Persönlichkeitsstörungen haben immer klarer werden lassen, wie sehr die frühen Objektbeziehungen Einfluß darauf nehmen, in welcher Form das Ich sich entwickelt, ob es gesund oder geschädigt aus der frühen Mutter-Kind-Beziehung hervorgeht.

Settlage (berichtet von Escoll, 1983) bemerkt dazu:
> Bei Stillstand oder Versagen des Entwicklungsprozesses gibt es ein ständiges Bedürfnis nach seiner Wiederaufnahme... in der analytischen Beziehung... Übertragungsdeutung setzt den Entwicklungsprozeß wieder frei, indem das zu Pathologie gehörige Übertragungsobjekt aus der Vergangenheit vom Analytiker als neuem, neutralem und aktuellem Objekt der Gegenwart unterschieden wird... In der therapeutischen Arbeit mit Kindern und Erwachsenen ist es mehr als zuvor möglich, in der Übertragung die Repräsentanzen pathologischer Strukturen und Konflikte der frühesten Entwicklung zu erkennen und ihre Wechselbeziehungen mit den Strukturen und Konflikten der späteren Entwicklung zu entschlüsseln.

Für Persönlichkeit und Pathologie sind ebenso auch post-ödipale Entwicklungsprozesse, einschließlich der des Erwachsenenlebens von Bedeutung. Colarusso (bei Escoll, 1983) berichtet von früheren Arbeiten (Colarusso & Nemiroff, 1979) und verweist darauf, daß
> Entwicklung im Erwachsenenalter ein fortlaufender dynamischer Prozeß ist... in der Entwicklung des Erwachsenen geht es um ständige Evolution der vorhandenen seelischen Struktur und deren Nutzung... die Entwicklungsvorgänge beim Erwachsenen werden sowohl von seiner Kindheit als auch seiner Erwachsenenvergangenheit beeinflußt. In einem solchen konzeptuellen Rahmen kann die Erwachsenenvergangenheit eine wichtige Quelle der Übertragung werden... die fundamentalen Themen der Kindheitsentwicklung bleiben weiterhin zentrale Aspekte des Erwachsenenlebens, doch in veränderter Form.

Er fügt hinzu:
> Die Neurose des Erwachsenen ist das Ergebnis infantiler Prädisposition, nachfolgender Ausgestaltung und aktuellen Entwicklungserlebens, alles verdichtet zu dem Symptombild, das der seelische Apparat der Gegenwart daraus hergestellt hat... der erwachsene Entwicklungsrahmen fügt der Übertragung eine neue komplementäre Dimension hinzu. Indem er die Entwicklungsprozesse beim Erwachsenen er-

hellt und diese mit dem Erleben in der Kindheit verbindet, beeinflußt der Rahmen der Erwachsenenentwicklung die Haltung des Analytikers gegenüber seinem erwachsenen Patienten und vermehrt sein Verständnis für Übertragungsmaterial aus allen Lebensphasen.

Es könnte von Vorteil sein, zum Abschluß dieses Kapitels die verschiedenen Bedeutungen, in denen der Terminus „Übertragung" gebraucht wird, zusammenzustellen und zu kommentieren:
1. mit Einbeziehung dessen, was wir als Behandlungsbündnis diskutiert haben (Kap. 3);
2. als Bezeichnung für das Auftauchen infantiler Gefühle und Einstellungen in einer neuen Form, die sich auf die Person des Analytikers bezieht; im wesentlichen als das, was Freud beschreibt;
3. mit Einbeziehung der „Übertragung von Abwehr" und der „Externalisierungen" (A. Freud, 1936);
4. mit Einbeziehung aller „unangemessenen" Gedanken, Einstellungen, Phantasien und Gefühle, die Wiederbelebungen der Vergangenheit sind und die der Patient (sei er sich dessen bewußt oder nicht) in der Beziehung zum Analytiker erlebt. Dazu gehören auch Dinge wie die anfänglichen „irrationalen" Ängste des Patienten vor der Behandlung, spezifische Einstellungen zu anderen Menschen, die Teil seiner Persönlichkeitsstruktur sind und sich auch gegenüber dem Analytiker bemerkbar machen.
5. Als Externalisierung gegenwärtiger innerer Objektbeziehungen, die sich darauf auswirkt, wie der Patient den Analytiker wahrnimmt. Sie umfaßt die verschiedenen Mechanismen, die unter „projektiver Identifizierung" zusammengefaßt werden.
6. mit Einbeziehung *aller* Aspekte der Beziehung des Patienten zu seinem Analytiker. Bei dieser Auffassung der Übertragung wird jeglicher Aspekt des Engagements mit dem Analytiker als Wiederholung vergangener (meist sehr früher) Beziehungen betrachtet, und in der Tat wird *jede* verbale oder nicht verbale Mitteilung oder Äußerung des Patienten in der Analyse als Übertragung verstanden. Vertreter dieser Übertragungs-Auffassung erblicken in allen Assoziationen des Patienten grundsätzlich einen Bezug zu Gedanken und Gefühlen gegenüber dem Analytiker.

Die Verwendung des Begriffs in seiner breitesten Form, bei der alle Mitteilungen und Verhaltensweisen innerhalb des analytischen Settings als Übertragung betrachtet werden, scheint den Begriff für eine Verwendung außerhalb der analytischen Behandlung wertlos zu machen, denn es wäre dann ja zu folgern, daß man jegliches Verhalten als Übertragung bezeichnen könnte, also als determiniert von der Tendenz zur Wiederholung vergangener Erlebnis- und Verhaltensmuster. Es trifft wohl zu, daß es eine Tendenz gibt, Aspekte früherer Reaktionen und sogar infantiler Erlebnisse in der Gegenwart zu wiederholen, und daß eine Bereitschaft besteht, die gegenwärtige Realität in Begriffen der Vergangenheit wahrzunehmen, doch gibt es auch Faktoren, die einer solchen Entstellung entgegenwirken. In gewöhnlichen Alltagsbeziehungen z. B. verhält sich die Person, auf die eine Übertragung gerichtet wird, häufig so, daß die entstellte Übertragungs-Wahrnehmung korrigiert wird. Sie kann aber auch die ihr zugespielte Übertragungs-Rolle annehmen und sich ihr entsprechend verhalten (siehe Kap. 6). Wahrscheinlich ist es der relative Mangel an Möglichkeiten, in der psychoanalytischen Situation Realität zu ‚prüfen', der bewirkt, daß sich dort Übertragungs-Entstellungen leicht entwickeln und am deutlichsten sichtbar werden. Der Analytiker bietet einerseits eine Möglichkeit für Übertragungs-Entstellungen an, indem er keine Realität zurückgibt, um die Fehlwahrnehmung des Patienten zu korrigieren, andererseits übernimmt er aber auch nicht die Rolle, die ihm durch die Übertragung des Patienten zugespielt wurde; so wird es möglich, die irrationalen Determinanten der Übertragung zu erforschen.

Auf der Grundlage einer Untersuchung von Material aus Kinderanalysen lehnen Sandler et al. (1969) die Auffassung ab, daß man das gesamte Material des Analysepatienten als Übertragung betrachten könne; sie halten dagegen, daß gerade diese Auffassung von der Übertragung als einem einheitlichen oder „eindimensionalen" Phänomen das Verständnis dessen behindern kann, was in der Beziehung zwischen Patient und Analytiker geschieht. Ihrer Ansicht nach sollte sich der Analytiker nicht lediglich daran orientieren, was Übertragung und was nicht Übertragung sei, sondern es ist vielmehr seine Aufgabe, die vielfältigen Aspekte von Beziehungen zu untersuchen, die sich in der Analyse und insbesondere gegenüber der Person des Analytikers einstellen. Ihre These ist, daß es für das Verständnis des therapeutischen Begriffs der Übertragung vom Gesichtspunkt der allgemeinen Psychologie her notwendig sei, Beziehungen im allgemeinen zu untersuchen. Übertragung ist ihrer Auffassung nach eine besondere therapeutische Manifestation der vielen verschiedenartigen Komponenten normaler Beziehungen. Die Autoren betonen, daß die Besonderheit der analytischen Situation das Auftauchen bestimmter Aspekte von Beziehungen, speziell früherer Beziehungen begünstigt, setzen jedoch hinzu, daß es in technischer Hinsicht von größter Bedeutung ist, diese verschiedenen Elemente voneinander zu unterscheiden, und nicht etwa *alle* Aspekte der Beziehung des Patienten zum Analytiker als Wiederholung früherer Beziehungen zu bedeutsamen Figuren zu betrachten.

Es erscheint wichtig, eine allgemeine Tendenz zur Wiederholung vergangener Beziehungen in der Gegenwart (wie man sie etwa bei verfestigten Charakterzügen wie „Stellen von Ansprüchen", „Provokationsneigung", „Autoritäts-Intoleranz" und ähnlichem mehr beobachten kann) zu unterscheiden von einem *Prozeß*, der durch das Auftreten von Gefühlen und Einstellungen gegenüber einer anderen Person (oder Institution) gekennzeichnet ist, die ein Kondensat einer früheren Haltung oder Gefühlseinstellung darstellen, der Gegenwart unangemessen sind und sich *ganz spezifisch* auf diese andere Person oder Institution richten. Unter diesem Gesichtspunkt braucht man Ängste, die ein Patient gegenüber dem Behandlungsbeginn haben mag, nicht als Übertragung zu betrachten, selbst wenn sie eine Wiederholung eines früheren bedeutsamen Erlebnisses sein mögen. Andererseits mag ein Patient, der schon geraume Zeit in Behandlung ist, Ängste vor der Behandlung entwickeln, Ängste, die er nun so erlebt und versteht, daß sie etwas mit der persönlichen Eigenart seines Therapeuten zu tun haben, auch wenn wenig reale Anhaltspunkte für solche Übertragungsgefühle und -überzeugungen vorhanden sind. In diesem Sinne kann man Übertragung als eine *spezifische Illusion* betrachten, die sich in bezug auf eine andere Person einstellt und die ohne Wissen des Subjekts in einigen ihrer Merkmale eine Wiederholung der Beziehung zu einer bedeutsamen

Figur der eigenen Vergangenheit darstellt. Dabei ist zu betonen, daß sie vom Subjekt als völlig gegenwarts- und personengerecht erlebt wird.

Eine interessante Bemerkung zum Verhältnis von Vergangenheit und Gegenwart lesen wir bei Schafer (1977):

> Die Übertragungsphänomene, die schließlich die Übertragungsneurose begründen, dürfen nur in einigen ihrer Aspekte als regressiv genommen werden. Wenn man sie nämlich als etwas betrachtet, das die Analyse hervorgebracht hat, hat es sie zuvor als solche nie gegeben; sie stellen vielmehr eine kreative Leistung dar, die durch eine neuartige Beziehung zustande kam, die man unter bewußten und rationalen Gesichtspunkten eingegangen ist ... Es scheint mir eine angemessenere oder ausgewogenere Sichtweise der Übertragungsphänomene zu sein, wenn man davon ausgeht, daß ihre Bedeutungen sehr verschiedene Richtungen aufweisen, nicht nur als bloß regressiv oder repetitiv. Damit ist gesagt, sie seien in einer Weise zu betrachten, die der Betrachtung von Werken künstlerischen Schaffens analog ist. Wir sehen dann Übertragungen als Erschaffung der Vergangenheit in der Gegenwart, auf eine spezielle analytische Weise und unter günstigen Bedingungen. Sie stellen im wesentlichen nicht eine Bewegung nach rückwärts, sondern nach vorn dar.

Man muß hinzufügen, daß sich die Übertragung nicht auf die illusionäre Apperzeption einer anderen Person in dem hier beschriebenen Sinne zu beschränken braucht, sondern daß dazu auch die unbewußten (oft subtilen) Versuche gehören, Situationen mit anderen herbeizuführen oder zu manipulieren, die eine verhüllte Wiederholung früherer Erlebnisse und Beziehungen sind. Es wurde bereits darauf hingewiesen, daß bei solchen Übertragungs-Manipulationen und -Provokationen im Alltagsleben die Person, auf die sie sich richten, entweder zu verstehen gibt, daß sie diese Rolle nicht akzeptiert, oder bei eigener unbewußter Neigung in derselben Richtung die Rolle tatsächlich annimmt und sich dementsprechend verhält. Wahrscheinlich begründet sich die Annahme oder Abweisung einer solchen Übertragungsrolle nicht auf bewußte Apperzeption dessen, was hier geschieht, sondern auf unbewußte Signale. Übertragungselemente gehen in unterschiedlichem Ausmaß in fast alle Beziehungen ein, und diese Beziehungen (etwa Wahl eines Gatten oder eines Arbeitgebers) werden durch ein Charakteristikum der anderen Person determiniert, das ein Merkmal einer bedeutsamen Figur aus der Vergangenheit darstellt.

Statt sämtliche Komponenten der Beziehung (die vom Patienten her kommen) als Übertragung zu betrachten, wäre es vorteilhafter, Übertragungselemente von Nicht-Übertragungselementen zu unterscheiden. Man könnte dann bei der Bestimmung der therapeutisch bedeutsamen Elemente in den unterschiedlichsten Situationen mehr Genauigkeit erreichen und die relativen Rollen der vielen Faktoren deutlicher hervorheben, die bei jeder Form von Behandlung in die Interaktion von Patient und Therapeut eingehen.

5. Sonderformen von Übertragung

DER ÜBERTRAGUNGSBEGRIFF, wie ihn Freud entwickelt hatte, entstand im Kontext der psychoanalytischen Behandlung neurotischer Patienten. Als psychoanalytische Techniken dann zur Behandlung eines erweiterten Patientenkreises eingesetzt und auch bei Psychotikern angewendet wurden, kam eine Reihe neuer Begriffe auf, die zur Kennzeichnung zusätzlicher und spezieller Formen von Übertragung dienten. In diesem Kapitel sollen Aspekte der Arzt-Patient-Beziehung dargestellt werden, die in der Fachliteratur als *erotische Übertragung, erotisierte Übertragung, Übertragungspsychose, wahnhafte Übertragung, narzißtische Übertragung* und als *Übertragung bei Borderline-Störungen* diskutiert wurden.

In Kapitel 4 befaßten wir uns mit der Übertragung in den Formen, wie man sie normalerweise antrifft. Ein Überblick über die einschlägigen Publikationen ergab, daß der Begriff in mehrfacher Hinsicht unterschiedlich verstanden und verwendet wird. Wir kamen zu dem Schluß, daß eine brauchbare Fassung des Übertragungsbegriffs so lauten könnte: „Eine *spezifische Illusion*, die sich in bezug auf eine andere Person einstellt und die ohne Wissen des Subjekts in einigen ihrer Merkmale eine Wiederholung der Beziehung zu einer bedeutsamen Figur der eigenen Vergangenheit oder eine Externalisierung einer inneren Objektbeziehung darstellt. Es ist dabei zu betonen, daß sie vom Subjekt nicht als Wiederholung der Vergangenheit, sondern als völlig gegenwarts- und personengerecht erlebt wird." Wir fügten hinzu, „daß sich die Übertragung nicht auf die illusionäre Apperzeption einer anderen Person zu beschränken braucht, sondern daß dazu auch die unbewußten (oft subtilen) Versuche gehören, Situationen mit anderen herbeizuführen oder zu manipulieren, die eine verhüllte Wiederholung früherer Erlebnisse und Beziehungen oder die Externalisierung einer inneren Objektbeziehung sind".

In der Literatur zum Thema der Sonderformen von Übertragung, das wir nun behandeln wollen, wird fast durchgängig vorausgesetzt, daß die dabei beschriebenen Phänomene eine Form der Wiederholung früherer psychischer Situationen oder Beziehungen seien, in der Analyse oder psychoanalytisch orientierter Psychotherapie auftreten und infolgedessen als Übertragung anzusehen seien. Diese Übertragungen sind jedoch im Vergleich mit ‚gewöhnlichen' Übertragungen so grob unrealistisch und unangemessen, daß dafür eine besondere Beziehung angebracht ist. Analytiker, die sich mit diesem Thema beschäftigt haben, betrachten diese „speziellen" Übertragungsphänomene als Folgeerscheinungen einer regressiven Wiederbelebung primitiver Beziehungsformen; man nimmt an, daß sie entweder aufgrund der Psychopathologie des Patienten eintreten oder weil die Regression in der analytischen Behandlungssituation sie begünstigt (oder Folge von beidem sein kann). Wie wir aber schon in Kapitel 4 feststellten, ist in den vergangenen Jahren die Externalisierung innerer Objektbeziehungen immer mehr als ein integraler Bestandteil der Übertragung hervorgehoben worden; diese Erweiterung des Übertragungsbegriffs hat für die im vorliegenden Kapitel erörterten „speziellen" Übertragungsphänomene gleichermaßen Bedeutung wie für die „normalen" Übertragungen.

Während unter Analytikern allgemein Übereinstimmung besteht, daß die analytische Behandlung normalerweise regressionsfördernde Bedingungen schafft – und manche Analytiker (etwa Waelder, 1956) die normale Übertragungsentwicklung mit der Regression in der analytischen Situation verknüpfen –, wird das Ausmaß der Regression und ihre spezielle Form bei manchen Patientengruppen als Ursache für die Entstehung der Übertragungssonderformen angesehen. Viele Analytiker vertreten die Ansicht, daß schwere psychiatrische Störungen, besonders die Psychosen, als regressiv-wiederbelebte Wiederholungen früherer, infantiler Zustände aufgefaßt werden können. Von einigen (beispielsweise Klein, 1948) werden diese frühen Zustände als „psychotisch" betrachtet. Andere (etwa Arlow und Brenner, 1964, 1969) sind der Auffassung, daß die besondere Rolle, die regressive Prozesse für das Auftreten psychotischer Zustände spielen, nicht mit der Wiederholung infantiler Zustände zu erklären ist, sondern vielmehr mit ihrer Auswirkung auf die organisierteren Persönlichkeitsanteile, also auf das Ich und das Über-

Ich. Die Vorstellung infantiler psychotischer Zustände lehnen sie ab. Arlow und Brenner äußern sich wie folgt (1964):

„Die überwiegende Mehrzahl von Veränderungen der Ich- und Über-Ich-Funktionen, durch die sich die Psychosen auszeichnen, sind Teil der Abwehrbemühungen des Individuums bei inneren Konfliktsituationen und werden durch das Bedürfnis motiviert, das Auftreten von Angst zu verhindern, wie dies auch bei normalen und neurotischen Konflikten der Fall ist. Bei den Psychosen sind die defensiven Veränderungen der Ich-Funktionen oft so weitreichend, daß die Beziehung des Patienten zu seiner Umwelt schwer gestört wird."

Erotisierte Übertragung

1915 beschrieb Freud bestimmte Fälle von „Übertragungsliebe", in denen die in analytischer Behandlung befindliche Patientin zu verstehen gab, sie habe sich in den Analytiker „verliebt" (1915 a). Die „gewöhnliche" erotisierte Übertragung ist als normales Phänomen im Analyseverlauf zu betrachten und zu handhaben; manche Patientinnen erleben sie jedoch ganz intensiv. Sie weigern sich dann, die normale analytische Arbeit fortzusetzen, sie weisen Deutungen ab, die ihre derzeitigen Gefühle mit der Vergangenheit in Beziehung bringen, und suchen nicht mehr nach Einsichten in die Bedeutungen und Ursachen ihrer Symptome, über die sie zuvor geklagt hatten. Sie verwenden ihre Analysestunden dazu, um ihre Liebe kundzutun, um Befriedigung aus der Nähe zum Geliebten zu gewinnen, und versuchen, den Analytiker zur Erwiderung ihrer Liebe zu bewegen. Freud war zwar nicht der Meinung, daß solche Patientinnen auf jeden Fall schwer neurotisch gestört sein müßten, und er sah auch im Auftreten dieser Form von Übertragung keine unausweichliche Kontraindikation für die analytische Behandlung, aber er äußerte doch, daß manchmal eine Überweisung an einen anderen Analytiker erforderlich sein könnte. Er sagte von diesen Patientinnen, daß es Frauen von „elementarer Leidenschaftlichkeit", „Naturkinder" seien.

Wenn die „leidenschaftliche" Übertragung so intensiv wird, daß ein heftiges Verlangen nach Erfüllung alles beherrscht und die produktive analytische Arbeit aufhört, gilt dies als Anzeichen schwerer psychischer Gestörtheit. (Gelegentlich wird die Bezeichnung „sexualisierte" Übertragung gebraucht; da sie jedoch einen viel weiteren Phänomenbereich als die erotisierte Übertragung umfaßt, sollte man vermeiden, sie gleichbedeutend mit „erotisierter" Übertragung zu verwenden; vgl. Coen, 1981. Die Bezeichnung „erotisierte Übertragung" sollte für positive Übertragungen vorbehalten bleiben, die von sexuellen Phantasien begleitet sind, von denen der Patient weiß, daß sie unrealistisch sind.) Alexander (1950) hat auf das Problem des abhängigen Patienten hingewiesen, der sowohl Liebe fordert als auch geben möchte. Blitzsten (dessen unveröffentlichte Ausführungen von Rappaport [1956] und von Greenson [1967] zitiert werden) dürfte als erster die stark sexualisierte Einstellung zum Arzt mit schwerer Pathologie in Verbindung gebracht haben. In einer eingehenden Diskussion dieses Themas schreibt Rappaport (1956): „Blitzsten bemerkte, daß in einer Übertragungssituation der Analytiker so erlebt wird, *als ob* er die Elternfigur sei, während er bei einer Erotisierung der Übertragung diese Elternfigur *ist* (eine Form des Overstatements, die nicht selten in analytischen Arbeiten zu finden ist. Diese Aussage spiegelt wahrscheinlich das Gefühl des Analytikers wider, daß er ganz so wie eine Elternfigur behandelt wird und die Qualität des ‚Als-ob' nicht mehr so deutlich wie bei seinen anderen Patienten ist). Der Patient kann nicht einmal mehr das ‚Als-ob' zugestehen." Die Schwierigkeiten, die eine solche Formulierung enthält, sind offenkundig; wir werden an späterer Stelle darauf zurückkommen.

Rappaport ist der Meinung, daß Patienten, die die erotische Komponente der Übertragung übersteigern, „von Anfang an unzweideutig darauf bestehen, der Analytiker solle sich ihnen gegenüber wie die Elternfigur verhalten". Solche Wünsche sind für die Patienten weder peinlich noch beschämend. Sie zeigen ganz offen ihre Wut, wenn der Analytiker diese Wünsche nicht erfüllt. Rappaport setzt die Stärke solchen sexuellen Begehrens in der Analyse in Bezug zum Schweregrad der Störung des Patienten. „Eine derartige Erotisierung der Übertragung stellt eine schwere

Störung des Realitätssinnes dar und ist ein Anzeichen für die Schwere der Krankheit. Diese Patienten sind nicht Neurotiker, sondern Borderline-Fälle oder Schizophrene." Er merkt an, daß „die analytische Situation zwar solche Entstellungen besonders ermöglicht, diese Patienten aber jedwede bedeutsame Person zu einer Elternfigur zu machen versuchen".

Rappaport stimmt mit Blitzsten darin überein, daß der Analytiker für solche Patienten die Elternfigur *ist*, ohne daß er jedoch damit sagen will, diese Patienten seien wahnhaft oder halluzinatorisch davon überzeugt, der Analytiker sei die tatsächliche Elternperson. Es ist indessen deutlich, daß Übertragungen eine besondere Eigenschaft zukommt. Die Übertragung ist hier nicht verborgen, sondern „der Patient schreit es heraus, daß seine Phantasie Wirklichkeit sein soll". Der Patient glaubt, daß er in seinem Analytiker eine Elternperson bekommen könne (wahrscheinlich jemanden, der so ist und sich so verhält wie eine reale oder ersehnte Elternperson im Leben des Patienten). Das Bild vom Analytiker in seiner Eigenschaft als Analytiker geht dabei gänzlich verloren.

Man könnte nun einwenden, daß es hier gar nicht um Übertragung geht. Nunberg vertrat 1951 die Ansicht, daß die Versuche des Patienten, den Analytiker in die Elternperson zu verwandeln, keine Übertragung darstellen. Er berichtete von einer Patientin, deren „besondere Fixierung an ihren Vater den Wunsch hervorbrachte, im Analytiker dessen Reinkarnation zu finden, und da ihr Verlangen nach Umwandlung des letzteren in eine mit dem Vater *identische* Person nicht erfüllt werden konnte, die Bemühungen um Herstellung einer arbeitsförderlichen Übertragung vergeblich waren". Hätte diese Patientin unbewußte Bilder ihrer früheren Objekte auf die Person des Analytikers projiziert, so hätte es sich nach Nunbergs Meinung um Übertragung gehandelt. Die Patientin aber „projizierte nicht das Bild ihres Vaters auf den Analytiker; sie versuchte ihren Analytiker nach dem Bilde ihres Vaters zu verändern". Offensichtlich bezieht sich Nunberg auf ähnliche Phänomene wie die von Rappaport beschriebenen. In Kapitel 4 sprachen wir auch schon von der „verborgenen" Wiederholung früherer Erlebnisse und Beziehungen in der Gegenwart, womit dargelegt werden sollte, daß sich der

Patient der Wiederholung seiner Vergangenheit in der Gegenwart nicht bewußt ist. All dies kann zwar als Einwand gegen die Verwendung des Begriffs „Übertragung" für die von Rappaport beschriebenen Phänomene angeführt werden, aber es ist gleichermaßen möglich, daß ein Patient eine erotisierte Übertragung dieser Art haben kann, ohne daß er sich bewußt ist, daß es dabei um eine Wiederholung der Vergangenheit geht.

Rappaports Hauptthema in seiner Arbeit von 1956 ist die Frage nach dem Umgehen mit dem Patienten, der den Therapeuten sexuell lieben möchte und von diesem ebenso geliebt sein will. Auch Menninger (1958) befaßt sich mit dem Handhabungsproblem; er betrachtet die erotisierte Übertragung als eine Form von Widerstand, bei der vom Analytiker Liebe und sexuelle Befriedigung verlangt wird, Forderungen, die die Patientin nicht als fremdartig oder unpassend empfindet (d. h. sie sind für sie „ichgerecht"). Solche technischen Überlegungen bilden auch den Kern einer Arbeit von Saul (1962). Er verknüpft diesen Übertragungstypus noch spezifischer als Rappaport mit realer Versagung in frühkindlichen Beziehungen und vertritt die Ansicht, daß die auf solche Versagungen begründete Feindseligkeit und Wut auch in der Beziehung zum Analytiker wiederholt werden könnte. Weiterhin könne die extreme Liebe zum Teil ein Mittel sein, den Arzt vor den feindseligen Gefühlen zu schützen. Die Feindseligkeit und Destruktivität bei solchen Patienten ist auch von anderen Autoren angeführt worden (beispielsweise Greenson, 1967; Nunberg 1951). Greenson setzt die erotische Übertragung in Beziehung zu anderen Störungsbereichen und sagt: „Patienten, die an dem leiden, was man eine ‚erotisierte' Übertragung nennt, zeigen eine Neigung zu höchst destruktivem Agieren ... Alle diese Patienten haben Übertragungswiderstände, die aus untergründigen Haßregungen stammen. Sie trachten nur danach, diese Gefühle auszuleben, und widersetzen sich der analytischen Arbeit." Im Hinblick auf seine eigenen Erfahrungen mit solchen Fällen berichtet er: „Sie kamen bereitwillig zu den Stunden, aber nicht um Einsicht zu gewinnen, sondern nur um die physische Nähe zu haben. Meine Interventionen waren für sie unwichtig." Einen ganz ähnlichen Gedanken äußert Swartz (1967), wenn er davon spricht, der Patient erwarte, daß der Analytiker seine Gefühle erwidere. Patienten mit erotisierter Übertragung sind im allgemeinen für die klassische psychoanalytische Behandlung ungeeignet, weil sie die Anforderungen der klassischen Psychoanalyse nicht ertragen (Greenson, 1967; vgl. a. Wexler, 1960) und kein ausreichendes Behandlungsbündnis eingehen.

Blum bot 1973 eine umfassende Übersicht über den Status des Begriffs erotisierte Übertragung. Er wies auf die Notwendigkeit hin, sie von der erotischen Übertragung zu unterscheiden, was auch wir mit Nachdruck bestätigen. Blum beschreibt die erotisierte Übertragung als

> eine intensive, lebhafte, irrationale erotische Beschäftigung mit dem Analytiker, die durch offene, scheinbar ich-gerechte Ansprüche auf Liebe und sexuelle Befriedigung vom Analytiker gekennzeichnet ist. Der Patientin mögen ihre erotischen Ansprüche nicht als unvernünftig oder ungerechtfertigt erscheinen. Die häufige Überflutung mit erotischen Phantasien kann sich ins Alltagsleben fortsetzen, auf Situationen außerhalb der Analyse verschoben werden oder in Phantasien darüber, was nach der Analyse geschehen wird... Die Intensität und Beharrlichkeit der erotisierten Übertragung, ihre Resistenz gegenüber Deutungen und die fortwährenden Versuche, den Analytiker zu gemeinsamen Agieren zu verführen, ebenso auch das häufige Ausagieren mit einer Ersatzperson für den Analytiker bestätigen die komplizierten infantilen Reaktionen dieser Patientinnen. Es handelt sich hier nicht um normale Reaktionen von Übertragungsliebe; solche Patientinnen ähneln unbeeinflußbaren Liebessüchtigen. Ihre erotisierte Übertragung ist leidenschaftlich, beharrlich und drängend... bewußt fürchten sie nicht Regression oder Vergeltung, sondern Enttäuschung und den bitteren Schmerz unerwiderter Liebe. Mittels Projektion und Verleugnung gelingt es ihnen, sich vorzumachen, der Analytiker liebe sie wirklich.

In Übereinstimmung mit einer Reihe anderer Analytiker (z. B. Lester, 1985; Swartz, 1967; Wrye & Welles, 1989) betont Blum die Rolle prägenitaler Faktoren und sehr früher Erlebnisse in der Genese der erotischen Übertragung. Er führt dabei an:

sexuelle Verführung in der Kindheit, besonders in der ödipalen Phase; Triebüberreizung bei gleichzeitigem Fehlen von elterlichem, phasengerechtem Schutz und Halt; intensive Onaniekonflikte; Duldung inzestuösen oder homosexuellen Verhaltens im Schlaf- oder Badezimmer usw. durch die Familie; Wiederaufleben und Wiederholung frühreifer und inzestuöser sexueller Betätigung im Pubertätsalter;
und er fährt fort:
diese Patientinnen haben oft an verführerischen Kinderspielen teilgenommen, z. B. ‚Doktorspiel‘, Gruppenneckereien und Spielereien im elterlichen oder großelterlichen Bett usw. Die Analyse kann als lustvolles oder gefährliches Verführungs-„Spiel" aufgefaßt werden. Narzißtische Kränkung und Empfindlichkeit sind mit elterlicher Insensibilität und Empathiemangel verknüpft. Häufig war die Erotisierung eine Maskierung des Traumas wiederholter Verführung und Überreizung mit daraus resultierendem Vertrauensverlust und Sadomasochismus.

Blum tritt nicht für eine Rückkehr zur Verführungstheorie der Neurosenentstehung ein, betont aber doch die pathogene Rolle von Verführung und Trauma für das Auftreten der erotisierten Übertragung. Er hebt auch hervor, daß narzißtische Bedürfnisse bei diesen Patientinnen ausgeprägt sind. Sie zeigen sich in Phantasien, die „Lieblingspatientin" oder etwas ganz Besonderes zu sein. Solche narzißtischen Bedürfnisse „können sich hinter erotisiertem Einschmeicheln verbergen, das zur Stützung eines fragilen Selbstwertgefühls dient". Und so kommt er zu dem Ergebnis:
Erotisierte Übertragung ist vielfach determiniert und verläuft unterschiedlich. Sie stellt eine vehement übersteigerte, verzerrte Form der zu erwartenden erotischen Übertragung dar. Erotische Übertragung stellt eine ziemlich universelle, wenn auch unterschiedlich ausgeprägte und sich wiederholende Phase der Analyse dar. Sie erstreckt sich über ein Kontinuum, das von Gefühlen der Zuneigung bis hin zu Gefühlen intensiven sexuellen Angezogenseins reicht, von den ubiquitären unbewußten sexuellen Übertragungswünschen bis zum bewußten, ich-syntonen erotischen Inanspruchgenommensein von der Übertragung. Diese insi-

stierende, bewußte, erotische Verlangen in der Übertragung ist die „eigentliche" erotisierte Übertragung.

Erotisierte Übertragungen der hier geschilderten Art sind überwiegend bei Patientinnen mit männlichen Analytikern berichtet worden. Lester (1985) stellt fest, daß es abgesehen von Bibring-Lehner (1936) offenbar keine Berichte über männliche Patienten mit erotisierter Übertragung auf eine Analytikerin gibt. Sie meint, daß „der Ausdruck starken erotischen Verlangens gegenüber einer Analytikerin beim männlichen Patienten zum Teil von der Phantasie einer überwältigenden präödipalen Mutter gehemmt wird. Im Unterschied dazu können weibliche Patienten solche erotischen Gefühle ganz zum Ausdruck bringen" (vgl. a. Person, 1985; Wrye & Welles, 1989). Dies trifft in vielen Fällen zu, aber sicherlich nicht in allen.

Obwohl viele Analytiker den Aspekt einer Wiederholung der Vergangenheit in der erotisierten Übertragung hervorheben, haben dabei nach unserer Ansicht Aspekte von Abwehr, vor allem ihre Funktion der Abwehr depressiver Affekte, größtes Gewicht.

Psychotische und Borderline-Übertragung

Die Arbeiten von Rappaport (1956) und Greenson (1967) zur erotisierten Übertragung beziehen sich auf Übertragungsformen, die eine Mittelstellung zwischen den von Freud geschilderten Fällen auf der einen Seite und den Fällen von psychotischer Übertragung oder Übertragungspsychose auf der anderen Seite einnehmen, wie sie von Rosenfeld (1952, 1954, 1969) und Searles (1961, 1963) geschildert wurden, bei denen in der Beziehung des Patienten zum Therapeuten offen psychotische Züge auftreten.

In Kapitel 4 wiesen wir darauf hin, daß Freud (1911 c, 1914 c) der Ansicht war, Übertragung trete bei den von ihm so genannten „narzißtischen Neurosen" (funktionellen Psychosen) nicht auf. Er meinte, die psychotische Pathologie stelle eine partielle Rückkehr auf ein sehr frühes psychisches Funktionsniveau dar, auf dem die Fähigkeit zur Objektbeziehung und Objektliebe in Abhebung vom eigenen Selbst noch nicht entwickelt ist. Der Abzug des Interesses an der Außenwelt wurde als ein Ergebnis einer Rückkehr (Regression) auf das frühe „narzißtische" Niveau angesehen. Abraham (1908) glaubte ebenfalls, daß es bei der Schizophrenie keine Übertragungsphänomene gebe.

Wie Rosenfeld (1952, 1969) dargestellt hat, erschien dann eine wachsende Zahl von Publikationen, angefangen mit Nunbergs Beobachtungen (1920) von Übertragungsphänomenen bei einem katatonschizophrenen Patienten, die entgegen Freuds ursprünglicher Auffassung zeigten, daß es Übertragung bei Psychotikern tatsächlich gibt. Von diesen Analytikern sind Sullivan (1931), Federn (1943) und Rosen (1946) besonders zu nennen. In jüngerer Zeit haben Balint (1968), Rosenfeld (1952, 1965 a, 1969) und Searles (1961, 1963) von unterschiedlichen theoretischen Positionen her sich gegen die Auffassung gewandt, daß es in den frühesten Phasen der seelischen Entwicklung (die sie in Aspekten der Symptome schizophrener Patienten rekapituliert sehen) keine Investition von emotionellem Interesse in andere gebe. So bemerkt Rosenfeld (1952): „Wir haben es hier nicht mit einem Fehlen der Übertragung zu tun, sondern vielmehr mit dem schwierigen Problem, schizophrene Übertragungsphänomene zu erkennen und zu deuten." Er schreibt diese Schwierigkeit der Tatsache zu, daß „der Schizophrene, sobald er sich liebend oder hassend irgendeinem Objekt nähert, mit diesem Objekt in Konfusion zu geraten scheint ... (was) etwas die Schwierigkeit des Kleinkindes erhellt, zwischen ‚Ich' und ‚Nicht-Ich' zu unterscheiden". Die Ansicht, daß sich in der Beziehung des Psychotikers zum Arzt Fehlidentifizierungen und Wahnvorstellungen entwickeln, wurde von Searles (1963), Little (1960 a) und Balint (1968) erweitert und näher ausgeführt. Balint scheint der einzige unter diesen Autoren zu sein, der die Schwierigkeit erkannte, das frühe seelische Funktionieren auf der Basis der Annahme so zu rekonstruieren, daß es genau dem Verhalten gestörter Erwachsener in der psychoanalytischen Behandlung entsprach.

Es scheint durchaus legitim zu sein, den Übertragungsbegriff auf Aspekte der Interaktion des psychotischen Patienten mit seinem Arzt anzuwenden. Selbst der stuporöse Katatone-Schizophrene kann nach Wiedererlangen seiner Rationalität Anzeichen dafür erkennen lassen, daß er während seiner Krankheitsphase eine beträchtliche Wahrnehmungsfähigkeit für Ereignisse im Zusammenhang mit anderen bewahrt hat (in diesem Kontext sind die sozialpsychiatrischen Übersichten von Brown et al. [1966] relevant, die zeigen, daß die Symptomatologie der Schizophrenie kulturelle Determinanten aufweist). Ärzte und Krankenpersonal werden gleichermaßen in die Inhalte der gestörten Denkprozesse einbezogen. Searles, Rosenfeld und andere (etwa Fromm-Reichmann, 1950) wollen mit ihren eingehenden Falldarstellungen deutlich machen, daß solche Denkprozesse Wiederholungen von früheren interpersonellen Beziehungen darstellen. Searles schreibt über einen chronisch schizophrenen Patienten (1963): „Die Funktionsweise seines Ich ist so unzulänglich differenziert, daß er weniger das Gefühl zu haben scheint, der Therapeut erinnere ihn an oder sei so wie sein Vater oder seine Mutter (oder sonst jemand aus seinem frühen Leben), sondern daß sein Erleben des Therapeuten in die unbefragte Vorstellung eingebettet ist, daß der Therapeut Vater oder Mutter *ist*." In gleicher Richtung wie Rosenfeld fügt er jedoch hinzu: „Ein Hauptgrund für unsere Unterschätzung der Rolle der Übertragung liegt darin, daß es sehr lange Zeit dauern kann, bis die Übertragung nicht nur ausreichend differenziert, sondern auch ausreichend integriert, ausreichend kohärent geworden ist, daß sie sich identifizieren läßt."

In Entsprechung zur Vorstellung Freuds, daß sich bei der Behandlung neurotischer Patienten die inneren, die Neurose verursachenden Probleme in der analytischen Behandlungssituation in Gestalt einer „Übertragungsneurose" (1914 c, 1920 g) verdichten, meinen Rosenfeld und Searles, auch eine „Übertragungspsychose" sei feststellbar. Searles (1963) führt vier Varianten von Übertragungspsychose auf:

1. Übertragungssituationen, in denen der Therapeut sich als beziehungslos zum Patienten erlebt;
2. Situationen, in denen sich eine deutliche Beziehung zwischen Patient und Therapeut gebildet hat und der Therapeut sich nicht mehr als beziehungslos erlebt; das Aufeinander-Bezogensein ist jedoch zutiefst ambivalent;
3. Fälle, in denen die Psychose des Patienten in der Übertragung den Versuch darstellt, die Persönlichkeit des Therapeuten zu komplementieren oder dazu beizutragen, daß sich die ‚Therapeut-Elternperson' als eigenständige und ganze Person deutlich konturiert;

4. Situationen, in denen ein chronisch schwer gestörter Patient den Therapeuten dazu bringen möchte, für ihn zu denken, gleichzeitig aber versucht, einer so engen Beziehung zu entgehen.

Searles verwendet hier Gegenübertragungs-Wahrnehmungen des Arztes als Basis für die diagnostische Zuordnung der psychotischen Störung (s. Kap. 6). Er setzt jede einzelne Variante von Übertragungspsychose in Bezug zu tatsächlich schädigenden (wenn auch vielleicht falsch wahrgenommenen und mißdeuteten) Familien-Patterns. Er schließt hier bei den Vertretern der ‚Familien-Theorie' der Schizophrenie an (Bateson, Jackson, Haley & Wearland, 1956; Lidz, Fleck & Cornelison, 1965; Mishler & Waxler, 1966; Wynne & Singer, 1963). Rosenfeld ist der Ansicht, daß das, was in der Behandlungssituation reproduziert wird, keine tatsächliche Eltern-Kind-Situation ist, sondern eine Version dieser Situation, die durch die infantile Phantasie entstellt wurde.

Unserer Ansicht nach gibt es keine ausreichende Evidenz dafür, daß der *Inhalt* der Übertragung des Psychotikers charakteristisch oder spezifisch ist. Die Anzeichen, daß der Psychotiker eine Beziehung zu anderen Menschen haben kann (wenn auch in psychotischer Form), sind sehr deutlich, ebenso das Beweismaterial, daß Aspekte von Kindheitsbeziehungen, seien sie real oder phantasiert, in den Inhalt der Übertragung eingehen. Es gibt auch keinen Grund zum Zweifel an der Beobachtung, daß die Beziehung des Psychotikers zu seinem Therapeuten außerordentlich intensiv sein kann, so daß der Begriff der „Übertragungspsychose" in diesem Kontext durchaus nützlich sein kann. Das besonders Charakteristische an der Übertragung psychotischer Patienten scheint die *Form* zu sein, die sie annimmt; sie hängt eng mit der psychotischen Störung des Patienten zusammen. Ein Übertragungswunsch, dem der Neurotiker Widerstand leistet oder den er in verhüllter Form darstellt, kann beim Psychotiker in Gestalt einer wahnhaften Überzeugung Ausdruck finden. Aus psychoanalytischer Sicht lassen sich die Unterschiede auf eine defekte Funktionsweise des kontrollierenden und organisierenden Anteils der Persönlichkeit (des Ich) zurückführen, im besonderen jener Funktionen, die für die Unterscheidung zwischen „real" und „phantasiert" wichtig sind. Ganz einfach ausgedrückt: Alles, was über die Eigentümlichkeit der psychotischen Übertragung gesagt wurde, kann auf die allgemeinen Merkmale der Psychose zurückgeführt werden. Wenn Teile der Persönlichkeit des schizophrenen Patienten relativ intakt sind, darf man auch erwarten, daß in diesen Teilen verankerte Aspekte seines Verhaltens und seiner Einstellungen intakt bleiben. Dies scheint dann die Basis für die Fähigkeit bestimmter psychotischer Patienten zu bilden, eine Art von Behandlungsbündnis herzustellen. Aus der Tatsache, daß es bei psychotischen Patienten Übertragungen gibt, diese sich deuten lassen, und der Patient auf Übertragungsdeutungen auch reagieren mag, haben einige Analytiker (z. B. Rosenfeld und Searles) gefolgert, daß man psychotische Patienten mit psychoanalytischen Methoden wirksamer als mit anderen behandeln könne. Die Belege dafür, daß die Analyse per se zu dauerhafter Besserung führe, sind unserer Ansicht nach wenig überzeugend; es dürfte aber zutreffen, daß sich der Zustand des chronisch psychotischen Patienten durch täglichen engen Kontakt mit einem Therapeuten bessert.

Wir haben uns bisher in diesem Abschnitt des Kapitels mit den Begriffen psychotische Übertragung und Übertragungspsychose beschäftigt als Übertragungsformen, die man bei psychotischen Patienten antrifft. Andererseits kennt die Fachliteratur noch eine völlig andere Bedeutung des Begriffs „Übertragungspsychose". 1912 beschrieb Ferenczi passagère psychotische oder nah-psychotische Symptome, die in Analysestunden von Patienten auftraten, die sonst nicht psychotisch waren. Unter diesen waren auch seltene Fälle mit echten Halluzinationen während der Analysestunden. Reider veröffentlichte 1957 eine Arbeit über die „Übertragungspsychose", in der er das Auftreten psychotischer und wahnhafter Elemente in der Übertragung eines nicht-psychotischen Patienten beschrieb. Die Literatur über dieses Thema ist sehr gut von Wallerstein (1967) zusammengefaßt worden; auch er beschränkte wie Reider die Bedeutung des Begriffs auf „Patienten, die ihrer Charakterstruktur nach eindeutig dem neurotischen Bereich angehören und für die klassische Analyse als geeignet gelten müßten, bei denen aber dennoch eine desorganisierende Reaktion von psychotischer Intensität auftrat". Symptome wie wahnhafte Hypochondrie (Atkins, 1967), „wahnhafte Phantasien" (Wallerstein, 1967) und paranoide Wahnzustände (Romm, 1957) wurden am häufigsten genannt. Man kann zwar das Auftreten dieser psychotischen Merkmale auf die regressionsfördernde Wirkung der analytischen Situation zurückführen, aber sie kommen dennoch nur bei bestimmten Patienten vor. Der Begriff einer passagèren psychotischen „Haltung" (posture) könnte hier von Nutzen sein (Hill, 1968; Sandler und Joffe, 1970). Mit „Haltung" ist in diesem Zusammenhang die spezifische Organisation oder Konstellation von Ich-Funktionen und Abwehrmechanismen gemeint, die ein Patient vornimmt, um eine extrem gefährliche oder schmerzliche Situation zu bewältigen. Sie ist gewöhnlich regressiver Art, also eine Rückkehr zu einem früheren Funktionsmodus. Mit dem Verschwinden des schmerzlichen Zustandes oder der bedrohlichen Situation mag es ihm dann wieder gelingen, eine erwachsenere psychische „Haltung" aufzunehmen.

Little (1958) und Hammett (1961) verwenden den Begriff „wahnhafte Übertragung", um damit eine Situation zu kennzeichnen, in der sich auffällige Anomalien der Patient-Therapeut-Beziehung entwickeln; was sie dabei beobachteten, betrachten sie als entstellte, aber dennoch erkennbare Rekapitulation von Aspekten sehr früher Mutter-Kind-Beziehungen. Die Probleme, die sich aus der Annahme ergeben, das Auftreten von psychoseartigen Überzeugungen während der Analyse sei mit Phasen von „Kindheitspsychosen" zu erklären (wie es einige Autoren tun), wurden schon zuvor erwähnt und von Frosch (1967) diskutiert, der in einem ausgezeichneten *Literaturüberblick* jüngeren Datums (1983) die Ansicht vertreten hat, daß „die Begriffe ‚Übertragungspsychose' und ‚wahnhafte Übertragung' auf psychotische oder psychoseähnliche Phänomene angewandt worden sind, die während der Analyse auftraten ... man muß solche Phänomene klar von einer psychotischen Übertragung unterscheiden, nämlich von Übertragungsäußerungen, bei denen der Patient sein psychotisches System einfach so erweitert hat, daß der Analytiker mit einbezogen ist". Frosch kontrastiert diese Ansicht mit der von Rosenfeld (1952) und Searles (1963), die den Standpunkt vertreten, der Begriff „Übertragungspsychose" sei anwendbar, wenn psychotische Patienten ihr psychotisches System so erweitern, daß der Analytiker einbezogen ist. Frosch setzt hinzu: „Die Wahl der Terminologie hängt weitgehend davon ab, wie man Übertragung definiert."

Wir stimmen dem letzteren zu, denn die Auffassung, die Übertragung schließe eine Externalisierung von Selbst- und Objektaspekten ein, geht gut mit den Beobachtungen überein, wie sich Psychotiker gegenüber anderen verhalten. Dennoch bleibt ein begriffliches Problem. Solche Externalisierungen finden ebenso außerhalb wie innerhalb der Therapie statt, und man muß sich daher fragen, ob die intensiven wahnhaften Einstellungen, die beim Psychotiker gegenüber dem Analytiker auftreten können, als Übertragung im eigentlichen Sinne anzusehen seien, insofern ja keine Übertragungs-*Entwicklung* stattfindet, wenn primitive Selbstaspekte auf den Analytiker externalisiert werden. Es geht um die wichtige Unterscheidung zwischen der sogenannten „Entfaltung der Übertragung" und der Erweiterung eines bereits vorhandenen Wahnsystems, die in diesem Zusammenhang von Bedeutung ist.

Mehrere Analytiker, unter ihnen Winnicott (1954, 1955), Khan (1960) und Little (1960 a, 1966) haben empfohlen, der Therapeut solle bei manchen Patienten die Entwicklung gestörten (und störenden) infantil-abhängigen Verhaltens und damit verknüpfter intensiver und primitiver Gefühle gestatten. Nach ihrer Auffassung (auch Balints, 1968) ist es nur in solchen Zuständen möglich, ein früheres Scheitern in der Mutterbeziehung anzugehen und zu überwinden. Diese neuere Version des „korrektiven Gefühlserlebnisses" (Alexander & French, 1946) lehnen viele Analytiker als unanalytisches Vorgehen ab.

Das große Interesse für „psychotische" oder „wahnhafte" Übertragung in den sechziger Jahren hat sich zu einem großen Teil auf die Übertragungsphänomene bei Patienten mit narzißtischen und Borderline-Störungen verlagert. Nachdem Knight 1953 den Begriff der Borderline-Störung eingeführt hatte, nahm das Interesse für Störungen zu, die als „Borderline" bezeichnet werden. Angeregt wurde es insbesondere durch die Veröffentlichungen von Kernberg (1967, 1975, 1976 a, 1976 b, 1980 b) und zahlreicher anderer Analytiker (z. B. Abend, Porder & Willick, 1983; Gunderson, 1977, 1984; Masterson, 1978; Meissner, 1978; Stone, 1980). Während mit dem Begriff „Borderline" einmal ein Zustand bezeichnet wird, der als Phase einer Entwicklung in Richtung einer psychotischen Struktur gilt, wird er zum anderen für einen

Typus von Persönlichkeitsstruktur und Persönlichkeitsstörung verwendet. Solche Störungen sind kein Hinweis darauf, daß der Betreffende eine Psychose entwickelt. Die Person mit einer Borderline-Persönlichkeitsstruktur oder einer Borderline-Persönlichkeitsstörung wird meist so beschrieben, daß bei ihr spezifische Verletzbarkeiten der Ich-Funktionen und eine Tendenz zur Verwendung primitiver Abwehrmaßnahmen vorhanden seien. Als Charakteristikum der Borderline-Persönlichkeit gilt die *Identitätsdiffusion* (Erikson, 1956; Kernberg, 1967, 1975) mit der Bedeutung ungenügend integrierter Selbst- und Objektkonzepte; Kernberg sieht darin ein Hauptproblem der Borderline-Persönlichkeit. Wie noch andere Analytiker hält er analytisch orientierte Psychotherapie für die geeignete Form der Behandlung dieser Störungen. Sehr wichtig für eine solche Therapie ist die Entwicklung einer Übertragung, und in Kernbergs Verfahren der expressiven Psychotherapie kann man beobachten, wie sich primitive Übertragungen bilden, die auf mehrfachen, widersprüchlichen Selbst- und Objektbildern beruhen. In der Behandlungssituation treten solche Übertragungen oft unvermittelt auf und erfordern sofortige Deutung im „Hier-und-jetzt" der Sitzung. Sie dienen als Widerstände und sind oft von beträchtlichem Agieren begleitet; Kernberg hält es aber für möglich, daß sie sich durcharbeiten lassen und daraufhin von typisch „neurotischen" Übertragungen ersetzt werden. In den Arbeiten von Adler und von Buie (Adler, 1981, 1985; Adler & Buie, 1979; Buie & Adler, 1982–83) wird ebenfalls betont, es sei wichtig, die Übertragung zu explorieren, zu besprechen und zu deuten; Besserung wird durch Internalisierung des „haltgebenden Introjekts" erreicht. Bei den Strategien von Rinsley (1977, 1978) und Masterson (1972, 1976, 1978) liegt der Akzent mehr auf der Förderung eines Behandlungsbündnisses, weniger auf Deutung der Übertragung (s. Kap. 3).

Trotz vieler Klärungsversuche bleibt die Diagnose „Borderline" unscharf; gleichzeitig besteht aber ein offenkundiger Bedarf an einer solchen diagnostischen Kategorie und weiterer Erforschung der Rolle von Übertragung und Übertragungsdeutung in der Behandlung von Patienten, die dieser Kategorie zuzuordnen sind.

Übertragung bei narzißtischen Störungen

Wir haben in diesem Kapitel bereits von Freuds Auffassung gesprochen, daß die „narzißtischen Neurosen" von den „Übertragungsneurosen" wie etwa der Hysterie unterschieden werden müßten, bei denen sich eine analysierbare Übertragung auf den Analytiker entwickelt. Über diese Auffassung sind wir weit hinausgegangen und sprechen nun nicht mehr von narzißtischen Neurosen, sondern vielmehr von Borderline-Störungen, Borderline-Persönlichkeiten und von pathologischem Narzißmus. Anders als zur Zeit Freuds ist man heute der Meinung, daß eine Analyse der Übertragung bei Patienten möglich ist, die zu dieser Kategorie zählen. Seit der Zeit, als frühe Analytiker (z. B. Abraham, 1919; Reich, 1933) die ersten Überlegungen zum pathologischen Narzißmus und dessen Analyse anstellten, ist das Thema der analytischen Behandlung von Patienten mit narzißtischer Pathologie durch die Arbeiten von Kohut (1966, 1968, 1971, 1977, 1984) in den Vordergrund gerückt worden. 1971 untersuchte Kohut die von ihm so benannte narzißtische Übertragung, gab aber diese Bezeichnung später wieder auf und ersetzte sie durch den Begriff „Selbstobjekt"-Übertragungen. Kohut geht es um das „beschädigte Selbst", das „nach Antworten eines angemessenen Selbstobjekts sucht, die seine Entwicklung fördert"; diese Suche bildet stets den Mittelpunkt dessen, was der Patient in der Analyse erlebt. In seiner letzten Formulierung sagt Kohut (1984) über das Selbst, es bestehe aus drei Hauptkomponenten (Pol der Strebungen, Pol der idealisierten Ziele, und der Zwischenbereich der Begabungen und Fertigkeiten). Die Selbstobjekt-Übertragungen unterteilt er in drei Gruppen:

1. solche, bei denen der beschädigte Pol der Strebungen versucht, vom Selbstobjekt bestätigend-anerkennende Antworten zu erlangen (Spiegel-Übertragung);
2. solche, bei denen der beschädigte Pol der Ideale nach einem Selbstobjekt sucht, das seine Idealisierung akzeptiert (idealisierende Übertragung);
3. solche, bei denen der beschädigte intermediäre Bereich der Begabungen und Fertigkeiten ein Selbstobjekt sucht, das sich für die rückhaltgebende Erfahrung grundsätzlicher Ähnlichkeit

zur Verfügung stellt (Zwillings- oder Alter-Ego-Übertragung).
Kohuts Auffassung des Selbstobjekts ist eine ganz spezifische, wie im *Glossary* von Moore und Fine (1990) treffend beschrieben wird:
Normale ebenso wie pathologische Strukturen des Selbst werden auf die Verinnerlichung von Interaktionen zwischen dem Selbst und dem Selbstobjekt bezogen. Das Selbstobjekt ist die eigene subjektive Erfahrung von einer anderen Person, die innerhalb der Beziehung für das Selbst eine Erhaltungsfunktion bietet, indem sie durch ihre Anwesenheit oder Aktivität das Selbst evoziert, aufrechterhält und ihm die Erfahrung des Selbstseins vermittelt. Wenn die Bezeichnung auch recht unpräzise für die teilnehmenden Personen (Objekte) verwendet wird, dient sie doch in erster Linie zur Beschreibung des innerpsychischen Erlebens verschiedener Arten der Beziehung zwischen dem Selbst und anderen Objekten. Sie bezieht sich auch auf das eigene Erleben von Imagines, die zur Aufrechterhaltung des Selbst benötigt werden. Selbstobjekt-Beziehungen werden im Hinblick auf ihre Erhaltungsfunktion für das Selbst beschrieben, die die andere Person oder die Zeit besaß, als diese Funktion Bedeutung hatte.

In der selbstpsychologischen analytischen Technik spielt die Empathie des Analytikers eine entscheidende Rolle. Sie gilt als wichtiger Zugang zum Verständnis des inneren Befindens des Patienten (s. Kap. 11). Auf der Grundlage empathischen Verstehens läßt sich dessen innerer Zustand in Begriffen narzißtischer Bedürfnisse und Enttäuschungen während der Entwicklung erfassen, vor allem in Hinsicht auf archaische Selbstzustände. Durch die analytischen Erfahrungen wird der Patient gewahr, daß er und der Analytiker getrennte Wesen sind; dies wird durch angemessene „nicht-traumatische Versagungen" durch den Analytiker ermöglicht. Es führt dazu, daß in den Worten Kohuts eine „umwandelnde Verinnerlichung" (d. h. ein Strukturwandel im Patienten stattfindet, aufgrund derer seine Fähigkeit gefördert wird, wichtige Selbstobjekt-Funktionen selbst zu übernehmen und auszuüben. Tylim (1978) hat das treffend so beschrieben: „Der Fortschritt der Behandlung scheint darin verankert zu sein, daß die narzißtische Bindung systematisch durchgearbeitet wird und schließlich die Bedeutung des Analytikers von der eines Selbstobjekts oder Teilobjekts in die eines getrennten Objekts verwandelt wird, das eigene Realitätsmerkmale und eigene Unzulänglichkeiten besitzt."

Einige Analytiker haben das Problem der Übertragung beim pathologischen Narzißmus aus etwas anderem Blickwinkel betrachtet (z. B. Hanly, 1982; van der Leeuw, 1979). Kernberg stellt im Unterschied zu Kohut nicht das Selbst in den Mittelpunkt. Er faßt den pathologischen Narzißmus als Resultat der Entwicklung bestimmter adaptiver pathologischer *innerpsychischer Strukturen* auf, nicht als Ergebnis früher Defizite, die Kohut darauf zurückführt, daß die normalen narzißtischen Regulierungsvorgänge unzulänglich ausgebildet wurden. Nach Kernberg überschneidet sich die Gruppe der narzißtischen Patienten mit der der Borderline-Störungen; dementsprechend ist der therapeutische Ansatz bei narzißtischen Störungen derselbe wie bei seiner Behandlung von Borderline-Patienten.

Kohuts Erkenntnisse waren zweifellos sehr bedeutsam, weil sie auf die Analyse von Patienten mit pathologischem Narzißmus aufmerksam machten und einen Ansatz für deren Behandlung aufzeigten. Aber bei allen psychoanalytischen Schulen hat sich dieser Ansatz, wie wir meinen, zu stark ausgeweitet und den Entwicklungsdefiziten – im Unterschied zu Konflikten – für die Entstehung von Pathologie zu großes Gewicht beigemessen (s. Kap. 10).

Unterscheidungsmerkmale bei Sonderformen der Übertragung

Bei den ‚üblichen' Übertragungen neurotischer und ‚normaler' Patienten ist die Fähigkeit vorhanden, die Übertragungsillusion an der Realität zu prüfen, und der Patient kann zu einem bestimmten Grad sich selbst so betrachten, als sei er eine andere Person. Deutungen der Art „Sie verhalten sich mir gegenüber, *als ob* ich Ihr Vater sei", werden normalerweise vom Patienten verstanden, weil er sein rationales Denken und seine Introspektion zur Bearbeitung des Geschehens heranziehen kann. In solchen Fällen besitzt und verwendet der Patient diejenigen Elemente, die für ein erfolgreiches Behandlungsbündnis erforderlich sind (Kap. 3).

Bei den Sonderformen der Übertragung, die in diesem Kapitel besprochen wurden, ist der Patient entweder nicht im Besitz dieser selbstkritischen und introspektiven Fähigkeiten, oder sie sind ihm nicht verfügbar; es ist interessant festzustellen, daß in Arbeiten sowohl zur erotischen als auch zur psychotischen Übertragung auf das Verschwinden der „Als-ob"-Qualität der Übertragung hingewiesen wird. Was solche Übertragungsformen unserer Ansicht nach von den üblicheren Formen unterscheidet, ist die *Einstellung des Patienten gegenüber seinem eigenen Verhalten*. Wenn ein bestimmter Übertragungsinhalt in der Analyse eines Neurotikers auftaucht, so bringt er ihn meist auf Umwegen (etwa über einen Traum) herein, während Patienten, die psychotisch sind (vielleicht auch nur vorübergehend während der Analysestunde), diesen Inhalt auf direkterem Wege bringen, etwa in Form einer wahnhaften Überzeugung. Der Unterschied scheint uns in den formalen Aspekten des augenblicklichen psychischen Zustandes des Patienten zu liegen.

Aussagen von der Art, daß der Patient in der einen oder anderen Form erotischer oder psychotischer Übertragung seinen Analytiker als reale Elternperson sieht und behandelt, können strenggenommen nur dann zutreffen, wenn der Patient die wahnhafte Überzeugung hegt, der Analytiker sei *tatsächlich* die Elternperson. Fälle dieser Art dürften höchst selten sein, doch hat es den Anschein, daß solche Formulierungen besagen wollen, der Patient habe die berufliche Rolle und Funktion des Therapeuten aus dem Auge verloren und sei unfähig, gegenüber dem Geschehen eine normale „Distanz" einzuhalten und einsichtig zu bleiben. Weiterhin ist festzustellen, daß der Inhalt der Übertragung, wie auch immer seine Form sein mag, nicht als einfache Wiederholung der Vergangenheit betrachtet werden kann. Ein Patient etwa, der zum Analytiker eine homosexuelle Übertragung entwickelt, wird mit Angst und Widerstand reagieren, sofern es sich um einen Neurotiker handelt; ist er aber psychotisch, so kann er mit einem Verfolgungswahn reagieren. In beiden Fällen wehrt sich der

Patient gegen dieselben unannehmbaren inneren Triebregungen und Wünsche.

Es ist eindrucksvoll, daß die von Analytikern beschriebenen inhaltlichen Varianten der Übertragung bei der Schizophrenie denen höchst ähnlich sind, die man bei Psychosen mit eindeutig organischer Basis antreffen kann. Dies stützt die Auffassung, daß psychotische Äußerungsformen einschließlich der hier erörterten Übertragungsmanifestationen nicht auf ein Bedürfnis nach Wiederholung ungenügend bewältigter infantiler Psychosezustände zurückgehen. Nach unserer Ansicht ist es völlig plausibel zu sagen, daß die Unterscheidungsmerkmale verschiedener Übertragungstypen auf die Art und Weise zu beziehen sind, wie unbewußte Gedanken, Triebregungen und Wünsche, die teilweise aus der Kindheit stammen mögen, ins Bewußtsein zu treten pflegen, und weiterhin auf die Art und Weise, wie sie zugelassen, abgewiesen, für das Handeln eingesetzt oder modifiziert werden. Es ist daher wahrscheinlich, daß die besonderen Defekte, die zur Psychose und zu psychotischen Übertragungen führen, im Bereich der kontrollierenden, organisierenden, synthetischen, analysierenden und perzeptiven Funktionen der Persönlichkeit liegen.

Es ist durchaus möglich, daß es besondere Familiensituationen gibt, die eine Person in gesteigertem Maße für einen psychotischen Zusammenbruch prädisponieren. Das „double-bind"-Phänomen (Bateson et al., 1956) ist gut belegt, und ein solcher Patient mag versuchen, es mit dem Therapeuten in der Übertragungsbeziehung von neuem zu konstellieren. Ähnliche Beziehungsstörungen kann man indessen auch bei Familien beobachten, die keinen schizophrenen Nachwuchs hervorbringen.

Im letzten Kapitel haben wir die Auffassung vorgetragen, daß man den Übertragungsbegriff auch über die klassische psychoanalytische Situation hinaus erweitern kann und daß eine Unterscheidung zwischen Übertragungs- und Nicht-Übertragungselementen bei jeder Arzt-Patient-Beziehung von therapeutischem Nutzen sei. In ähnlicher Weise lassen sich auch die in diesem Kapitel besprochenen Sonderformen von Übertragung außerhalb der Analyse beobachten; sie sind in einer Vielzahl von Beziehungen nachweisbar. Es gibt offenbar ausreichendes klinisches Evidenzmaterial dafür, daß Erotisierung von Übertragungselementen außerhalb der analytischen Situation auftreten kann, daß psychotische Patienten in ihren Beziehungen zu anderen psychotische und wahnhafte Züge zeigen können und daß spezielle Situationen bei bestimmten Individuen vorübergehende psychotische Reaktionen hervorrufen oder auslösen können.

6. Gegenübertragung

IN DEN VORANGEGANGENEN DREI KAPITELN haben wir das *Behandlungsbündnis* und die *Übertragung* erörtert, Begriffe, die auf bestimmte Aspekte der Beziehung zwischen Patient und Therapeut angewandt werden. Beide Begriffe haben ihren Ursprung in der psychoanalytischen Behandlungssituation, und wir haben auf die Möglichkeiten ihrer Erweiterung auf andere Situationen hingewiesen. Beide Begriffe beziehen und zentrieren sich auf Vorgänge, die sich im Patienten abspielen, so daß sie im wesentlichen nur eine Seite der Beziehung darstellen. Selbst der Begriff des Behandlungsbündnisses, der in formaler Hinsicht die Rollen von Patient und Arzt einzubeziehen scheint, wird mehr oder weniger unter dem Gesichtspunkt der Prozesse und Einstellungen *im Patienten* gesehen. In dieser Hinsicht hat sich, vor allem seit den siebziger Jahren, einiges verändert; in zunehmendem Maße richtete sich die Aufmerksamkeit auf die Einstellungen, Gefühle und auf die berufliche Haltung des Therapeuten.

So wie der Begriff „Übertragung" häufig unpräzise als Synonym für die gesamte Beziehung des Patienten zum Therapeuten gebraucht wird, begegnet man auch oft der Bezeichnung „Gegenübertragung" in einem verallgemeinerten Sinne (sowohl innerhalb als auch außerhalb der Psychoanalyse) als der Gesamtheit der Gefühle und Einstellungen des Arztes zu seinem Patienten, ja sogar zur Beschreibung nicht-therapeutischer Alltagsbeziehungen (Kemper, 1966). Eine solche Verwendungsweise weicht ganz beträchtlich von der ursprünglichen Absicht ab, und als Folge davon herrscht weitgehende Unklarheit über die präzise Bedeutung dieses Begriffs, den Freud erstmals verwendete, als er die zukünftigen Chancen der psychoanalytischen Therapie erörterte (1910 d). Dort sagte er über den Analytiker: „Wir sind auf die ‚Gegenübertragung' aufmerksam geworden, die sich beim Arzt durch den Einfluß des Patienten auf das unbewußte Fühlen des Arztes einstellt, und sind nicht weit davon, die Forderung zu erheben, daß der Arzt diese Gegenübertragung in sich erkennen und bewältigen müsse... jeder Psychoanalytiker kommt nur so weit, als seine eigenen Komplexe und Widerstände es gestatten..."

In einem Brief vom 10. Oktober 1910 entschuldigte sich Freud (Jones, 1955) bei seinem Kollegen Ferenczi, den er analysiert hatte, daß es ihm nicht gelungen sei, Gegenübertragungsgefühle zu bewältigen, die die Analyse Ferenczis behindert hatten. Später empfahl er, der Analytiker solle dem Patienten so wenig wie möglich Einblick in sein Privatleben gestatten, und warnte davor, mit dem Patienten über eigene Erlebnisse und Probleme zu sprechen. „Der Arzt soll undurchsichtig für den Analysierten sein und wie eine Spiegelplatte nichts anderes zeigen, als was ihm gezeigt wird". Er warnte auch vor der Versuchung, „Eigentümlichkeiten seiner eigenen Person... hinauszuprojizieren" (1912 e). In derselben Arbeit empfiehlt Freud, der Analytiker solle „dem gebenden Unbewußten des Kranken sein eigenes Unbewußtes als empfangendes Organ zuwenden, sich auf den Analysierten einstellen wie der Receiver des Telephons zum Teller eingestellt ist. Wie der Receiver die von Schallwellen angeregten elektrischen Schwankungen der Leitung wieder in Schallwellen verwandelt, so ist das Unbewußte des Arztes befähigt, aus den ihm mitgeteilten Abkömmlingen des Unbewußten dieses Unbewußte, welches die Einfälle des Kranken determiniert hat, wiederherzustellen."

Wie Freud schon früh die Übertragung als Hindernis für den freien Fluß der Assoziationen des Patienten erkannt hatte, betrachtete er stets auch die Gegenübertragung als Hindernis für das freie Verstehen seitens des Therapeuten. Er sprach in diesem Zusammenhang vom Unbewußten des Analytikers als „Instrument" (1913 i), dessen wirksamer Einsatz in der analytischen Situation durch die Gegenübertragung beeinträchtigt werde. Er vollzog indessen nicht den weiteren Schritt (wie bei der Übertragung), auch in der Gegenübertragung ein nützliches Werkzeug für die analytische Arbeit zu sehen.

Wie sehr Freud die Gegenübertragung als etwas Unerwünschtes betrachtete, entnimmt man einigen Erläuterungen, die er einige Jahre später (1915 a) gab, als er davon sprach, wie der Analytiker die Liebe einer Patientin erlebt:

Für den Arzt bedeutet sie eine kostbare Aufklärung und
eine gute Warnung vor einer etwa bei ihm bereitliegenden

Gegenübertragung. Er muß erkennen, daß das Verlieben der Patientin durch die analytische Situation erzwungen wird und nicht etwa den Vorzügen seiner Person zugeschrieben werden kann, daß er also gar keinen Grund hat, auf eine solche „Eroberung", wie man sie außerhalb der Analyse heißen würde, stolz zu sein. Und es ist immer gut, daran gemahnt zu werden ... der Versuch, sich in zärtliche Gefühle gegen die Patientin gleiten zu lassen, (ist) nicht ganz ungefährlich. Man beherrscht sich nicht so gut, daß man nicht plötzlich einmal weiter gekommen wäre, als man beabsichtigt hatte. Ich meine also, man darf die Indifferenz, die man sich durch die Niederhaltung der Gegenübertragung erworben hat, nicht verleugnen.

Man sollte betonen, daß für Freud die Tatsache, daß auch der Analytiker Gefühle gegenüber dem Patienten hat, als solche noch nicht die Gegenübertragung ausmachte. Er empfahl nicht, der Analytiker solle ein Spiegel sein, sondern in der analytischen Situation wie ein Spiegel *funktionieren,* indem er (mittels der Deutungen) den Sinn der Äußerungen des Patienten einschließlich ihrer Entstellungen durch die Übertragung ihm reflektiere. Die Gegenübertragung wurde als eine Art „Widerstand" im Analytiker gegenüber dem Patienten aufgefaßt, Widerstand gegen die Mobilisierung unbewußter eigener Konflikte durch das, was der Patient ihm mitteilt, zumutet oder für ihn repräsentiert. Der Analytiker kann durch Selbstreflexion solcher Konflikte bei sich aufdecken, und er sollte dann alles daransetzen, sich ihrer Natur bewußt zu werden und ihre nachteiligen Folgen auszuschalten. Nach Freuds Auffassung stellten die Konflikte als solche noch nicht die Gegenübertragung dar, konnten aber diese hervorrufen.

Freud wies mehrfach darauf hin, daß die „blinden Flecke" des Analytikers zu Beeinträchtigungen seiner analytischen Arbeit führen (1912 e, 1915 a, 1931 b, 1937 d). Anfänglich (1910) riet er dem Analytiker zu ständiger Selbst-Analyse, doch gelangte er bald zu der Ansicht, daß diese wegen der eigenen Widerstände gegen das Selbstverstehen schwierig sei. Er trat dafür ein, daß sich der Analytiker selbst einer Analyse unterziehe („Lehranalyse"), um Einsicht zu erlangen und die Beeinträchtigungen überwinden zu können, die durch ungelöste unbewußte Konflikte entstehen (1912 b).

Später erschien ihm auch dies als unzureichend, und er schlug vor, Analytiker sollten sich etwa alle fünf Jahre von neuem analysieren lassen (1937 c). Dieser Empfehlung ist man nicht allgemein gefolgt, möglicherweise weil die Lehranalysen sehr viel länger und daher auch gründlicher geworden sind. Zweitanalysen sind bei Analytikern jedoch nicht ungewöhnlich, vor allem wenn persönliche Schwierigkeiten in oder außerhalb der Arbeit wahrgenommen werden.

Es ist klar, daß Freud mit der Gegenübertragung mehr als nur die Übertragung (in dem von ihm gemeinten Sinne) des Analytikers auf den Patienten verstand. Zweifellos kann ein Patient zur Repräsentanz einer Figur aus der Vergangenheit des Analytikers werden, doch kann sich auch eine Gegenübertragung einfach deswegen einstellen, weil der Analytiker nicht in der Lage ist, mit den Anteilen in Mitteilungen und im Verhalten des Patienten adäquat umzugehen, die eigene innere Probleme anrühren. Wenn beispielsweise ein Analytiker ungelöste Probleme mit Aggressionen hat, dann mag er dazu neigen, den Patienten immer zu besänftigen, wenn er bei diesem aggressive Gefühle oder Gedanken entdeckt. Ähnlich könnte der Analytiker, der von eigenen unbewußten homosexuellen Regungen bedroht wird, nicht in der Lage sein, im Material des Patienten homosexuelle Inhalte zu erkennen; er könnte sogar durch homosexuelle Gedanken oder Wünsche des Patienten irritiert werden und den Patienten auf ein anderes Thema ablenken und so weiter. Das „Gegen-" in Gegenübertragung kann somit eine Reaktion im Analytiker kennzeichnen, die sowohl eine Parallele zur Übertragung des Patienten einschließt (wie in „Gegenstück") als auch eine Reaktion darauf (wie in „entgegenwirken"). Die Etymologie des Wortes ist von Greenson (1967) behandelt worden.

In der psychoanalytischen Literatur zur Gegenübertragung nach Freud gibt es eine Anzahl verschiedener Entwicklungslinien. Mehrere Autoren haben verlangt, der Begriff solle genau in dem Sinne weiterverwendet werden, in welchem er ursprünglich gebraucht worden war, also auf diejenigen ungelösten Konflikte und Probleme beschränkt bleiben, die beim Analytiker in der Arbeit mit dem Patienten geweckt werden und dann seine Effektivität behindern (Stern, 1924, Fliess, 1953). So sagt Fliess: „Gegenübertragung ist immer ein Widerstand und muß immer analysiert werden". Winnicott (1960) kennzeichnet die Gegenübertragung als „die neurotischen Züge des Analytikers, die seine *professionelle Einstellung beeinträchtigen* und den vom Patienten her bestimmten Gang des analytischen Prozesses stören". Andere Autoren haben zwar das ursprüngliche Konzept mehr oder weniger beibehalten, betonen aber, daß Gegenübertragungsprobleme vorwiegend aus der Übertragung des Therapeuten auf den Patienten entstünden (Gitelson, 1952; Hoffer, 1956; A. Reich, 1951; Tower, 1956). Zum Beispiel schreibt A. Reich, daß der Analytiker „den Patienten mögen oder auch nicht mögen kann. Sofern es sich dabei um bewußte Einstellungen handelt, hat dies noch nichts mit Gegenübertragung zu tun. Wenn diese Gefühle jedoch stärker werden, dann können wir ziemlich sicher sein, daß die unbewußten Gefühle des Analytikers, seine eigenen Übertragungen auf den Patienten, das heißt seine Gegenübertragung ins Spiel gekommen ist". Sie fährt fort: „Gegenübertragung umfaßt somit die Wirkungen eigener unbewußter Bedürfnisse und Konflikte des Analytikers auf sein Verständnis oder seine Technik. In solchen Fällen repräsentiert der Patient für den Analytiker ein Objekt der Vergangenheit, auf das frühere Gefühle und Wünsche projiziert werden ... dies ist Gegenübertragung im eigentlichen Sinne" (1951).

Unglücklicherweise werden die Auffassungen jener Autoren, die die Gegenübertragung als Resultat der Übertragung des Analytikers auf den Patienten betrachten, wieder unklar, weil sie versäumen, die genaue Bedeutung ihrer Verwendungsweise des Übertragungsbegriffs anzugeben (s. Kap. 4). Einige scheinen die Gegenübertragung auf Freuds ursprüngliches Übertragungskonzept zu beziehen, während andere wieder sie mit sämtlichen Beziehungsaspekten gleichsetzen (z. B. English und Pearson, 1937). Im letztgenannten Sinne setzte M. Balint in einer seiner frühesten Arbeiten die Gegenübertragung (1933) gleich mit der Übertragung des Analytikers auf den Patienten; später (M. und E. Balint, 1939) erweiterte er die Bedeutung des Begriffs so, daß er alles umfaßt, was die Persönlichkeit des Analytikers enthüllt (selbst die Lage der Kissen auf der Couch). Noch später (1949) verwendet M. Balint den Begriff der Gegenübertragung ganz eindeutig zur Kennzeichnung aller Einstellungen und Verhaltensweisen des

Analytikers gegenüber seinem Patienten. Im Unterschied zu Freud gehört bei Balint auch die berufliche Haltung des Analytikers gegenüber dem Patienten zur Gegenübertragung. Langs (1975) hat gezeigt, daß die Art, wie der Analytiker die Grundregel handhabt, etwas von seiner inneren Haltung gegenüber dem Patienten erkennen läßt.

Eine wesentliche Richtungsänderung der psychoanalytischen Literatur zur Gegenübertragung setzte ein, als man sie zunehmend als Phänomen betrachtete, das dem Analytiker eine bedeutsame Verständnishilfe für den verborgenen Sinn der Mitteilungen des Patienten bietet. Der entscheidende neue Gedanke besagte, daß der Analytiker Wahrnehmungs- und Verstehenselemente für die sich im Patienten abspielenden Vorgänge besitzt und daß diese Elemente nicht unmittelbar bewußt sind, aber vom Analytiker entdeckt werden können, wenn er seine eigenen Assoziationen beobachtet, während er dem Patienten zuhört. Dieser Gedanke ist schon in Freuds Ausführungen über den Wert der neutralen oder „gleichschwebenden" Aufmerksamkeit (1909 b, 1912 e) enthalten, doch die erste direkte Feststellung einer positiven Seite der Gegenübertragung stammt von Heimann (1950, 1960); sie wurde von anderen dann (etwa Little, 1951, 1960 b) weiter ausgeführt. Heimann ging davon aus, daß Gegenübertragung sämtliche Gefühle umfasse, die der Analytiker in der Beziehung zum Patienten erlebt. Der Analytiker sollte in der Lage sein, „die in ihm erweckten Gefühle *festzuhalten,* statt sie (wie der Patient) abzuführen, und sie der analytischen Aufgabe *einzuordnen,* in der er als das Spiegelbild des Patienten funktioniert". Ihre Grundannahme besagt: „Das Unbewußte des Analytikers versteht das des Patienten. Dieser Rapport in der tiefen Schicht kommt in Form von Gefühlen an die Oberfläche, die der Analytiker als Reaktion auf den Patienten, als seine Gegenübertragung bemerkt" (1950). Sie vertritt die Ansicht, der Analytiker müsse seine gefühlsmäßige Reaktion auf den Patienten – seine Gegenübertragung – als Schlüssel zum Verständnis gebrauchen. Mit anderen Worten, ein Analytiker kann sich bewußt werden, daß sich in ihm gefühlsgetönte Reaktionen auf den Patienten einstellen, die er nicht unmittelbar mit dem oberflächlichen Inhalt der Assoziationen des Patienten verknüpfen kann, die aber dennoch auf die Existenz einer Rolle verweisen, die dem Analytiker vom Patienten unbewußt aufgezwungen wird. Die Wahrnehmung seiner eigenen Reaktionen kann somit ein zusätzlicher Weg zum Verständnis der unbewußten seelischen Vorgänge des Patienten sein. Es ist bemerkenswert, daß diese Erweiterung des Gegenübertragungskonzepts ähnlich der Änderung ist, die Freud an seinem Übertragungskonzept vornahm, die zunächst nur als Hindernis, später jedoch als Vorteil für die Behandlung gesehen wurde.

Heimanns Erkenntnisse zur Gegenübertragung haben grundsätzliche Bedeutung. Obwohl sie zu der Zeit strikt an M. Klein orientiert war, verknüpfte sie die Gegenübertragung nicht mit Kleins Begriff der projektiven Identifizierung (1946). Dies erfolgte durch Racker (1953, 1957, 1968) in mehreren Arbeiten, in denen er die Gegenübertragung des Analytikers als *Reaktion* auf die projektiven Identifizierungen des Patienten (s. Kap. 4) auffaßte. Racker unterschied außerdem zwischen *konkordanten* und *komplementären* Identifizierungen seitens des Analytikers, die aus den Projektionen resultieren. Um es einfach auszudrücken: „Wenn sich der Analytiker mit der augenblicklichen phantasierten Selbstrepräsentanz des Patienten identifiziert, erfolgt eine Gegenübertragung aufgrund einer konkordanten Identifizierung. Identifiziert er sich dagegen mit der Objektrepräsentanz in der Übertragungsphantasie des Patienten, so handelt es sich um Gegenübertragung aufgrund einer komplementären Identifizierung" (Sandler, 1987).

A. Reich (1951) verweist darauf, daß die „Gegenübertragung eine notwendige Voraussetzung für die Analyse ist. Wenn sie nicht existiert, so mangelt es am notwendigen Talent und Interesse. Sie muß jedoch schattenhaft sein und im Hintergrund bleiben". Auch Spitz (1956) und Little (1960 b) haben sich ähnlich geäußert; letztere stellt fest: „Ohne unbewußte Gegenübertragung könnte es weder Empathie noch Analyse geben." Money-Kyrle (1956) bezeichnet die Empathie als die „normale" Gegenübertragung.

Ein in der analytischen Literatur ständig wiederkehrendes Thema ist, daß Gegenübertragungsphänomene wichtige Begleiterscheinungen der psychoanalytischen Behandlung sind. Eine der klarsten Feststellungen hierzu stammt von Sharpe (1947): „Wenn man sagt ... daß auch der Analytiker noch Komplexe, blinde Flekken und Verstehensgrenzen habe, so bedeutet dies lediglich, daß er nach wie vor ein menschliches Wesen bleibt. Wenn er das einmal nicht mehr sein sollte, dann ist er auch kein guter Analytiker mehr." Sie setzt hinzu: „Man spricht von der Gegenübertragung oft so, als sei damit eine Liebeshaltung gemeint. Die Gegenübertragung, die zu Schwierigkeiten führt, ist unbewußt, gleichviel ob es sich um eine infantil negative oder positive oder um ein Wechseln beider handelt ... Wir unterliegen einer Selbsttäuschung, wenn wir keine Gegenübertragung zu haben glauben. Es ist ihre Qualität, die ausschlaggebend ist."

Wie bei anderen psychoanalytischen Begriffen hat das Anfügen weiterer Bedeutungen auch beim Begriff der „Gegenübertragung" zu einer Verringerung der Bedeutungsschärfe geführt. Es ist zwar kaum zu bezweifeln, daß die Gesamtheit der Gefühle des Analytikers seinem Patienten gegenüber von Interesse für jeden sein muß, der die Arzt-Patient-Beziehung in vielerlei Situationen erforscht, doch mag man bezweifeln, ob die Erweiterung des Gegenübertragungsbegriffs auf *alle* Gefühle hinsichtlich des Patienten nützlich ist.

Ein Großteil der psychoanalytischen Literatur zur Gegenübertragung läßt die Anhängerschaft der Autoren zu der einen oder anderen oder zu beiden der oben genannten Auffassungen erkennen, das heißt, daß die Gegenübertragung entweder als ein Hindernis oder ein wertvolles Werkzeug für die analytische Arbeit gesehen wird. Die damit verbundenen Probleme sind in der psychoanalytischen Literatur relativ früh erkannt worden (z. B. Orr, 1954). Hoffer (1956) hat als einer der ersten den Versuch unternommen, etwas von der Unklarheit des Begriffs zu beseitigen, indem er die *Übertragung des Analytikers* auf den Patienten von seiner *Gegenübertragung* unterschied, brachte aber dann auf idiosynkratische Weise die Übertragung des Analytikers mit seiner Menschlichkeit und seinem Verständnis für die realistischen Bedürfnisse des Patienten in Verbindung und die Gegenübertragung mit den intrapsychischen Reaktionen des Analytikers, einschließlich seiner Verstehensschranken für das Material des Patienten.

Kernberg (1965) hat in seiner Übersicht über die Arbeiten zur Gegenübertragung darauf hingewiesen, daß die Erweiterung des

Begriffs auf alle emotionellen Reaktionen des Analytikers Verwirrung stiftet und dem Begriff jegliche spezifische Bedeutung nimmt. Er führt jedoch auch Einwände gegen die frühere Auffassung der Gegenübertragung als „Widerstand" oder „blinder Fleck" des Analytikers an, weil sie die Bedeutung der Gegenübertragung durch die Implikation einschränkt, daß sie eine Reaktion darstelle, die „unangemessen" ist. Unter solchen Bedingungen kann eine „phobische" Einstellung des Analytikers seinen eigenen emotionellen Reaktionen gegenüber aufkommen und sein Verständnis für den Patienten eingeengt werden. In Übereinstimmung mit einigen anderen (z. B. Winnicott, 1949) hebt er hervor, daß uneingeschränkte Nutzung der Gefühlsreaktionen des Analytikers besonders dort wichtig ist, wo es um die Behandlung von Patienten mit tiefen Persönlichkeitsstörungen und anderer schwer gestörter oder psychotischer Patienten geht.

Die als Folge der sogenannten „Erweiterung des Bereichs der Psychoanalyse" gewonnenen Erkenntnisse aus der Behandlung von Borderline-, delinquenten und psychotischen Patienten fanden allmählich mehr allgemeine Anwendung. Besonders eindrucksvoll ist das hinsichtlich des Verstehens und Verwendens der Gegenübertragung im Kontext der zwischenmenschlichen Beziehung von Patient und Analytiker. In seinen Ausführungen zur Behandlung von Borderline-Patienten weist Kernberg (1975) darauf hin, daß die primitiven verinnerlichten Objektbeziehungen des Patienten via projektive Identifizierung im Analytiker parallele primitive Objektbeziehungen erwecken. Der Analytiker erlebt subjektiv in sich selbst die projizierten Selbstanteile des Patienten. Für den Patienten ist die projektive Identifizierung ein Weg, mit den projizierten Anteilen umzugehen, indem er den Analytiker kontrolliert; der Analytiker wird dann vom Patienten so erlebt, als besäße dieser die abgespaltenen und projizierten Selbstaspekte des Patienten. Die Empathie mit dem Patienten geht darauf zurück, daß auch er primitive Objektbeziehungen in sich hat, die durch die Projektionen des Patienten mobilisiert werden können.

Grinberg (1962) bezeichnet die Reaktionen des Analytikers auf seine eigenen unbewußten Gegenübertragungs-Regungen als „projektive Gegen-Identifizierung". Dieser Gedanke verweist uns darauf, wie wichtig es ist, Gegenübertragung in ihrer allgemeinsten Bedeutung zu sehen, nämlich daß sie auch die Abwehrreaktionen des Analytikers gegen Gefühle einschließt, die vom Patienten geweckt wurden. So könnten etwa erotische Gefühle, die der Patient beim Analytiker hervorgerufen hat, durch Widerwillen und Feindseligkeit gegenüber dem Patienten abgewehrt werden.

Wir haben an früherer Stelle (Kap. 4) die Entwicklung der Kleinschen Übertragungstheorie skizziert, mit ihrer besonderen Betonung der projektiven Identifizierung, die sowohl als normales als auch pathologisches Phänomen betrachtet wird. Seit einiger Zeit neigen Kleinsche Analytiker dazu, den konstruktiven Gebrauch der Gegenübertragung des Analytikers stärker hervorzuheben. Wir erwähnten die Auffassung von Joseph, daß die Gegenübertragung des Analytikers der wichtigste Weg sei, die Übertragung zu verstehen und zu deuten. Bion (1959, 1962) hatte die Funktionsweise der projektiven Identifizierung in der analytischen Situation in Parallele dazu gesetzt, wie das weinende Kind seine Not in die Mutter projiziert, die sie bei sich hält (containes) und in angemessener Weise beantworten kann. Die projizierte Not kommt in Bions Worten zur „reverie", d. h. der Verarbeitungsweise der Mutter, das Problem zu erfassen und dann angemessen damit umzugehen. Die Funktion des Analytikers ist dieselbe; er „hält" die Projektionen des Patienten in einem Zustand von „reverie" und antwortet dann mit angemessenen Deutungen (s. Hinshelwood, 1989).

Segal (1977) zeigt auf, daß die Funktion des Analytikers, die Projektionen des Patienten zu „halten", auf mehreren Wegen gestört werden kann:

In der Pathologie des Patienten gibt es einen ganzen Bereich ... dessen spezielles Ziel darin besteht, diese Situation von Containment zu stören, etwa durch verführerisches oder aggressives Eindringen in die Psyche des Analytikers, dort Verwirrung und Angst hervorzurufen und Verbindungen („Links") des Analytikers zu attackieren. Wir müssen versuchen, diese Situation zum Guten zu wenden und gerade aus der Tatsache, daß unser Containment gestört worden ist, mehr über die Wechselbeziehung zwischen uns und dem Patienten zu erfahren. Aus solchen Störungen der Funktionsfähigkeit des Analytikers bekommt man eine erste Ahnung von solchen psychotischen Prozessen.

Man sollte sich hier daran erinnern, daß aus Kleinscher Sicht psychotische Prozesse bei jedermann vorkommen.

Wenn auch Entwicklungen in der Kleinschen Theorie und Technik einen bedeutsamen Trend in der Entwicklung unserer Sichtweisen der Gegenübertragung darstellen, haben andere Analytiker von ganz anderen Positionen her ebenfalls die interpersonelle Perspektive der Übertragungs-Gegenübertragungs-Interaktionen hervorgehoben. Loewald (1986) hat sehr treffend bemerkt, daß Übertragung und Gegenübertragung nicht als verschiedene Themen behandelt werden können. Er schreibt: „Es sind die zwei Seiten ein und derselben Dynamik, wurzeln in den unentwirrbaren Verflechtungen mit anderen, aus denen das individuelle Leben hervorgeht und in denen das Individuum sein ganzes Leben lang verbleibt, in ungezählten Gestalten, Abkömmlingen und Umwandlungen. Eine solche Umwandlung erscheint in der Begegnung in der psychoanalytischen Situation."

McLaughlin (1981) hat darauf hingewiesen, daß zunehmend deutlich geworden ist, „daß beide Teilnehmer in einem Kommunikationsfeld von unglaublicher Empfindlichkeit und Subtilität eingefangen sind, in dem Schattierungen von Übertragung-Gegenübertragung unablässig in hohen affektiven Intensitäten im Spiel sind – ein Feld, in dem für eine neutrale oder katalysierende Äußerung, gegeben oder empfangen, kaum eine Möglichkeit besteht". Ähnlich gebraucht Langs (1978) sein Konzept des „bipersonalen Feldes" in dem die Gegenübertragung als Interaktionsprodukt gesehen wird. Vom bipersonalen Feld sagt Langs, es sei

> der zeitlich-physikalische Raum, in dem die analytische Interaktion stattfindet. Der Patient ist eine Seite der Polarität, der Analytiker die andere. Das Feld verkörpert sowohl interaktionelle als auch innerpsychische Mechanismen, und jedes Ereignis innerhalb des Feldes empfängt Vektoren von beiden Teilnehmern. Das Feld selbst ist durch einen Rahmen definiert – die Grundregeln der Psychoanalyse – der es nicht nur eingrenzt, sondern auch wesentlich zu den kommunikativen Eigenschaften des Feldes beiträgt, zum Halten des

Patienten durch den Analytiker und zum Containment seiner projektiven Identifizierungen.

In einer Arbeit über Gegenübertragung und „Rollenübernahme" trug Sandler (1976) seine Sichtweise vor, daß der Patient versucht, die Selbst-Objekt-Interaktion, die in seiner dominanten unbewußten Wunschphantasie repräsentiert ist, zu aktualisieren, d. h. in der Realität herbeizuführen. Diese Interaktion, die eine Rolle für das Subjekt und eine andere Rolle für das Objekt enthält (die „Rollenbeziehung") hat die Tendenz, sich durch Manipulieren des Analytikers in der Übertragung mittels rascher unbewußter (auch nicht-verbaler) Signale zu aktualisieren. Der Druck seitens des Patienten, beim Analytiker eine bestimmte Reaktion hervorzurufen oder zu provozieren, kann zu Gegenübertragungserlebnissen oder sogar zu Agieren in der Gegenübertragung seitens des Analytikers führen (ein Hinweis auf seine „Bereitschaft zur Rollenübernahme"). Solche Inszenierungen sind als Kompromisse zwischen der Rolle, die der Patient dem Analytiker aufzuzwingen sucht, und den eigenen Bereitschaften des Analytikers aufzufassen. Wenn sich der Analytiker solcher Rollen-Reaktionen gewahr wird, kann ihm dies ein wertvoller Fingerzeig auf den dominanten Übertragungskonflikt und damit verbundene Übertragungsphantasien des Patienten sein. Sandler verwendet in diesem Zusammenhang den Begriff „gleichschwebende Antwortbereitschaft" beim Analytiker (welche normalerweise innerhalb der klar umrissenen Grenzen gehalten wird, die durch die Grundregeln der analytischen Situation bestimmt sind). Moeller (1977 a, b) hebt hervor, der Analytiker müsse „*beide Seiten* der Rollenbeziehung erfassen, Subjekt *und* Objekt, d. h. die gesamte Situation innerpsychisch erfassen, ehe er überhaupt in der Lage sein kann, die Situation des Patienten zu verstehen".

Bei einem Versuch, die Gegenübertragung von sonstigen Reaktionen des Analytikers zu unterscheiden, weist Chediak (1979) darauf hin, daß die Gegenübertragung nur eine von mehreren *Gegen-Reaktionen* des Analytikers auf den Patienten ist. Seiner Meinung nach stammen solche Gegen-Reaktionen aus unterschiedlichen Quellen in der Beziehung zwischen Analytiker und Patient, und er hält es für therapeutisch nützlich, sie zu unterscheiden. Er

unterteilt die Reaktionen des Analytikers (deren erste nicht als eine Gegen-Reaktion angesehen wird) wie folgt:
1. *intellektuelles Verstehen* aufgrund von Informationen, die der Patient gegeben hat, und intellektuelle Kenntnisse, die der Analytiker besitzt;
2. *die allgemeine Reaktion auf den Patienten als Person*, das Gegenstück zu dem, was Strupp (1960) heraushob, als er von der Reaktion des Patienten auf die Persönlichkeit des Analytikers sprach;
3. *die Übertragung des Analytikers auf den Patienten*, d. h. Wiedererleben früher Teilobjekt-Beziehungen, das durch bestimmte Merkmale im Patienten wachgerufen wird;
4. *die Gegenübertragung des Analytikers* auf den Patienten, d. h. die Reaktion im Analytiker auf die Rolle, die ihm durch die Übertragung des Patienten zugeschrieben wird;
5. *empathische Identifizierung* mit dem Patienten.

Die Gegenübertragung ist unausweichlich, welche Form sie auch immer annehmen mag. Nach Silverman (1985) liegt dies „an der Natur des analytischen Prozesses selbst und daran, daß es keinem Analytiker möglich ist, durch seinen Lehranalytiker so viel an Verstehen und Kontrolle seiner eigenen unbewußten Tendenzen zu erlangen, daß er völlig unbeeinflußbar gegenüber den gekonnten Versuchen seiner Analysanden bleiben könnte, ihn zum Mitagieren ihrer neurotischen Konflikte zu bringen, statt diese zu analysieren". Analytiker müssen daher „wachsam gegenüber dem Auftauchen von Gegenübertragungsreaktionen sein, um sie analysieren und bewältigen zu können".

Jacobs (1983) bringt die Gegenübertragung des Analytikers in Verbindung mit seiner Einstellung zu den gegenwärtigen und früheren Objekten des Patienten. Derartige Reaktionen „sind das Ergebnis komplexer Wechselwirkungen zwischen den Impulsen, Affekten, Phantasien und Abwehrmaßnahmen, die beim Analytiker durch die inneren Repräsentanzen hervorgerufen werden, die er sich von diesen Objekten gebildet hat". Einen ähnlichen Gedanken äußern Bernstein und Glenn (1988) im Zusammenhang mit der Kinderanalyse, bei der ein Analytiker intensive Gefühle gegenüber Familienangehörigen des Kindes entwickeln kann (vgl. a. Racker, 1968).

Ereignisse im Leben des Analytikers können seine Gegenübertragung erheblich beeinflussen (vgl. van Dam, 1987). Krankheit des Analytikers zum Beispiel kann bei ihm zu Verleugnung führen, und seine Gegenübertragung nimmt dann eine unbewußte defensive Schiefe an (Dewald, 1982). Abend (1982) brachte das überzeugend zum Ausdruck:
Ich vertrete die Auffassung, daß die hauptsächliche Bedeutung der mächtigen Gegenübertragungselemente, die durch Erleben ernstlicher Erkrankung beim Analytiker mobilisiert werden, in ihrer Tendenz liegt, die analytische Technik zu beeinflussen. Unter anderem bedeutet das, daß gerade das therapeutische Urteilsvermögen, das zur Einschätzung der spezifischen Bedürfnisse des Patienten benötigt wird ... durch die Gegenübertragung unter Druck gerät; zu keiner anderen Zeit ist die Gefahr größer, daß er in diesem technischen Bereich weniger objektiv und verläßlich urteilt. Gegenübertragungs-Reaktionen wirken sich auf Wahrnehmung, Verstehen, Triebkontrolle und Urteilsfähigkeit aus, in subtiler, manchmal auch nicht so subtiler Weise, und können daher sehr wohl seine Einschätzung der Bedürfnisse und Fähigkeiten seines Patienten einfärben.
Weitere besondere Elemente der Gegenübertragung werden in in der Literatur in Zusammenhang mit den Analysen spezieller Patiententypen behandelt. So verweist P. Tyson (1980) darauf, daß die Geschlechtszugehörigkeit des Analytikers eine Rolle bei Übertragungs-Gegenübertragungsreaktionen in der Kinderanalyse während bestimmter Entwicklungsphasen des Kindes spielt. Analytiker, die mit Patienten arbeiten, die älter als sie selbst sind, neigen dazu, die Patienten mit den eigenen Eltern gleichzusetzen, wie King (1974) feststellt. Dabei handelt es sich um eine Gegenübertragungserscheinung, die nicht „vom Patienten in den Analytiker hineinverlegt" ist (s. a. Wylie & Wylie, 1987). McDougall (1978) beschreibt, wie sich die Vorstellungen, Phantasien und Gefühle bestimmter Patienten, die in einem frühen vorsprachlichen Alter traumatisiert wurden, zuerst in der Gegenübertragung erkennen lassen: „In diesen Fällen ist es zulässig, auf die Existenz von Folgeerscheinungen frühen seelischen Traumas zu schließen, die eines besonderen Umgangs in der analytischen Situation be-

dürfen. Dieser ‚Schatten-Diskurs' (screen-discourse) voller Mitteilungen, die noch nie in Worte gefaßt wurden, kann im ersten Ansatz nur anhand des Auftretens von Gegenübertragungsaffekten erfaßt werden."

Es lohnt sich zu erwähnen, daß Empathie, ein so wichtiger Bestandteil der analytischen Technik, nicht mit Gegenübertragung gleichzusetzen ist (vgl. Beres & Arlow, 1974; Arlow, 1985; Blum, 1986). Schon relativ früh hatte Fliess (1942, 1953) darauf hingewiesen, daß das Einfühlungsvermögen des Analytikers auf „Probe-Identifizierung" mit dem Patienten beruht und daß darin die Fähigkeit des Analytikers, sich in die Lage eines anderen Menschen zu versetzen, zutage tritt. Auch Knight (1940) verbindet Empathie mit jenen projektiven und introjektiven Vorgängen, die zur „Probe-Identifizierung" beitragen. Einfühlungsfähigkeit wird als eine Voraussetzung dafür gesehen, die Gegenübertragung konstruktiv zu verwenden (Rosenfeld, 1952), doch können Gegenübertragungsreaktionen auch dazu führen, daß die Einfühlung mißlingt (Wolf, 1979). Anscheinend besteht zwischen Empathie und Gegenübertragung eine zweigleisige Beziehung, die das Doppelgesicht der Gegenübertragung widerspiegelt, einerseits als Mittel des Erkennens unbewußter Vorgänge im Patienten und anderseits als Hemmnis für einfühlendes Verstehen. Abend (1986) unterscheidet hier zwischen „heilsamer Empathie" und „nachteiliger Gegenübertragung". Es ist ganz klar, daß die unbewußten und subtilen Aspekte der Gegenübertragung von Bedeutung sind, insbesondere da sie vom Analytiker versteckt und rationalisiert werden sein mögen. Jacobs (1986) sagt dazu: „Noch heute scheint Gegenübertragung für viele Analytiker gleichbedeutend zu sein mit manifestem Handeln und mit einem identifizierbaren Stück Agieren seitens des Analytikers". Er fährt fort: „Es sind genau diese oft so subtilen, oft kaum sichtbaren Gegenübertragungs-Reaktionen, die so leicht als Teile unserer üblichen Vorgehensweisen rationalisiert und so leicht übersehen werden können, die letzten Endes die größten Auswirkungen auf unsere analytische Arbeit haben können." Hinweise auf seine Gegenübertragung kann der Analytiker jedoch erhalten, wenn er sich seine eigenen körperlichen Reaktionen (Bewegungen, Haltung) bewußt macht (Jacobs, 1973).

Eine andere Denkrichtung zur Gegenübertragung bezieht sich auf Entwicklungen in der Selbstpsychologie, die aus Kohuts Arbeiten hervorgehen. Im vorangegangenen Kapitel beschrieben wir die selbstpsychologische Sicht der Übertragung, insbesondere die Rolle des Analytikers als „Selbstobjekt". Der Analytiker seinerseits geht mit dem Patienten als einem Selbstobjekt um und ist zu dessen Bestätigung von ihm abhängig. Wenn der Patient nicht entsprechend antwortet, kann der Analytiker das Gefühl haben, als tröstendes und verstehendes Selbstobjekt versagt zu haben (Adler, 1984). Kohut hatte schon früher (1971, 1977) darauf verwiesen, daß als Folge der idealisierenden Übertragung des Patienten im Analytiker primitive grandiose Gegenübertragungsgefühle stimuliert werden (s. Kap. 5). Überdies können Analytiker, deren Entwicklung von archaischer Grandiosität gekennzeichnet war, Ärger und Ablehnung empfinden, weil ihre eigenen grandiosen Wünsche aktiviert wurden. In ähnlicher Weise kann der Patient mit Wut reagieren, wenn sich der Analytiker bei einer Spiegelübertragung inadäquat verhält (s. Kap. 5).

Wir können beobachten, wie der Begriff der Gegenübertragung im Laufe der Jahre erweitert wurde und eine Anzahl unterschiedlicher Bedeutungen angenommen hat, die unausweichlich die Präzision vermindern, mit der er anfänglich gebraucht wurde. Am heutigen Gebrauch des Begriffs lassen sich folgende Hauptelemente und Bedeutungen unterscheiden (einige davon sind von Little, 1951, aufgeführt worden):

1. „Widerstände" im Analytiker aufgrund einer Aktivierung eigener innerer Konflikte. Sie stören das Verständnis und die Handhabung der Analyse, indem sie „blinde Flecken" entstehen lassen (Freud, 1910 d, 1912 e).
2. Die „Übertragungen" des Analytikers auf seinen Patienten. Der Patient ist durch sie zu einem gegenwärtigen Ersatz für eine wichtige Figur aus der Kindheit des Analytikers geworden (z. B. A. Reich, 1951, 1960); Brenner 1976, 1985); dazu gehören auch die Projektionen des Analytikers auf seinen Patienten.
3. Die Auswirkung der Externalisierung oder projektiven Identifizierung seitens des Patienten, als deren Folge der Analytiker eine Reaktion auf den Patienten erlebt, bei der der Analy-

tiker Träger eines Selbstaspekts oder eines Objektaspekts des Patienten ist (z. B. Racker, 1953, 1957, 1968; Bion, 1959, 1962; Kernberg, 1975; Sandler, 1976, 1990 a, 1990 b; Segal, 1977).
4. Die Reaktion des Analytikers auf die Übertragungen des Patienten (Gitelson, 1952) und auf seine eigenen Gegenübertragungsantworten (Grinberg, 1962).
5. Die Gegenübertragung als ein Interaktionsprodukt des ‚kommunikativen Feldes‘, in dem sowohl Analytiker als auch Patient involviert sind.
6. Die Abhängigkeit des Analytikers vom Patienten im Hinblick auf ‚Validierung‘ (Kohut, 1971, 1977; Adler, 1984).
7. Die Kommunikationsstörung zwischen Analytiker und Patient aufgrund von Angst, die durch die Patient-Analytiker-Beziehung beim Analytiker hervorgerufen wird (Cohen, 1952).
8. Persönlichkeitsmerkmale des Analytikers oder Ergebnisse im Leben des Analytikers (z. B. Krankheit), die sich in seiner Arbeit widerspiegeln und möglicherweise zu Schwierigkeiten in der Therapie führen (z. B. M. Balint & E. Balint, 1939; Abend, 1982; Dewald 1982; van Dam, 1987).
9. Die Gesamtheit der bewußten und unbewußten Einstellungen des Analytikers gegenüber seinem Patienten (z. B. Balint, 1949; Kemper, 1966).
10. Spezifische Beeinträchtigungen des Analytikers, die durch besonders geartete Patienten hervorgerufen werden.
11. Die „angemessene" oder „normale" Gefühlsreaktion des Analytikers auf seinen Patienten. Diese kann ein wichtiges therapeutisches Instrument (Heimann, 1950, 1960; Little, 1951) und eine Grundlage für Empathie und Verstehen sein (Heimann, 1950, 1960; Money-Kyrle, 1956).

Zweifellos ist die Definition des technischen Begriffs Gegenübertragung zu eng, wenn sie auf die Übertragung des Analytikers auf seinen Patienten begrenzt wird; sie ist dann auch zu sehr an die spezifische Definition der Übertragung gebunden (Kap. 4 und 5). Eine Ausweitung des Begriffs auf alle bewußten und unbewußten Einstellungen des Analytikers einschließlich seiner Persönlichkeitsmerkmale macht den Begriff jedoch praktisch wertlos. Auf der anderen Seite sollte man auch die wertvolle Erweiterung des Begriffs berücksichtigen, bei der Gefühlsreaktionen des Analytikers auf seinen Patienten miteinbezogen werden, die nicht zu „Widerständen" oder „blinden Flecken" führen, sondern die er, sofern er sich ihrer bewußt zu werden vermag, als ein Mittel einsetzen kann, um (durch Reflexion der eigenen psychischen Reaktionen) Einsichten in die Bedeutung von Mitteilungen und Verhaltensweisen des Patienten zu erlangen (s. Kap. 11).

Als Folgerung aus dem Gesagten erscheint die Auffassung, die die Gegenübertragung als eine spezifische Gefühlsreaktion des Analytikers auf spezifische Qualitäten seines Patienten bezeichnet, als die brauchbarste. Sie schließt die *allgemeinen* Merkmale der Persönlichkeit des Analytikers und seiner innerpsychischen Struktur (die seine gesamte Arbeit mit allen Patienten färbt oder beeinflußt) aus und besagt,

1. daß es beim Analytiker Gegenübertragungs-Reaktionen gibt und daß diese während der gesamten Analyse existieren;
2. daß Gegenübertragung zu Schwierigkeiten in der Analyse oder zu unsachgemäßer Handhabung der Analyse führen kann. Dies geschieht, wenn es dem Analytiker nicht gelingt, sich bestimmter Aspekte seiner Gegenübertragungs-Reaktionen bewußt zu werden, oder wenn er sie auch dann nicht bewältigen kann;
3. daß ständige Selbstbeobachtung des Analytikers im Hinblick auf seine Gefühle und Einstellungen dem Patienten gegenüber zu vermehrten Einsichten in die Vorgänge führen kann, die im Patienten ablaufen.

Obwohl es in der Literatur nicht besonders hervorgehoben wurde, möchten wir anfügen, daß die *berufliche Einstellung* des Therapeuten, die ihm gestattet, eine gewisse „Distanz" zum Patienten zu halten und doch zugleich in Kontakt mit den eigenen und den Gefühlen des Patienten zu bleiben, bei der Durchführung der Arbeit höchst dienlich ist. Arlow spricht von „analytischer Haltung". Hierher gehört auch der Begriff vom „Arbeits-Ich" (Fliess, 1942; McLaughlin, 1981; Olinick, Poland, Grigg & Granatir, 1973). Mit dem „Arbeits-Ich" und der beruflichen Haltung des Analytikers ist eng verbunden, daß er seine Fähigkeit zur Selbstprüfung und Selbstanalyse wirksam einzusetzen versteht. In diesem Zusammenhang sprach Kramer (1959) vom Gebrauch einer „auto-analytischen Funktion" (vgl. R. L. Tyson, 1986). Diese berufliche Haltung (die keineswegs dasselbe ist wie eine ausweichende Vermeidungshaltung) stellte einen der Faktoren dar, die es Analytikern ermöglichen, bei ihren Patienten auch Material zu verstehen, das in ihren eigenen Lehranalysen nicht zureichend analysiert wurde. Sie ist – von der intellektuellen Einsicht abgesehen – auch einer der Faktoren, der es manchen nicht analysierten Therapeuten ermöglicht, eine gute Therapie zu leisten, besonders bei Kontrolle durch einen Analytiker. Sie ist wahrscheinlich zum Teil für die Tatsache verantwortlich, daß manche Analytiker besser arbeiten als diejenigen, die sie ausgebildet haben.

Gleichzeitig möchten wir aber ausdrücklich betonen, daß wir die Bedeutung der eigenen Analyse bei der Ausbildung von Analytikern oder die Gegenübertragungs-Widerstände beim Analytiker aufgrund von blinden Flecken, die auf ungelöste Konflikte zurückgehen, in keiner Weise unterschätzen.

Der Begriff der Gegenübertragung läßt sich unschwer über die psychoanalytische Behandlung hinaus erweitern; Beachtung der Gegenübertragung kann ein nützliches Element in jeder Arzt-Patient- oder Therapeut-Patient-Beziehung sein. Es folgt daraus, daß er auch für den Kliniker bei der Beobachtung seiner Reaktionen auf seinen Patienten wertvoll wird und darüber hinaus ihm auch beim Verständnis für die Reaktionen von Mitarbeitern in seiner klinischen Institution helfen kann. Main (1957, 1989) zum Beispiel beschrieb eine Gruppe von Patienten, die bei Ärzten und Personal in einer psychiatrischen Klinik eine ganz bestimmte Reaktionsweise hervorrief. Er meint, daß diese Reaktion zwar sehr wohl auch einen Bezug zu den inneren Problemen und Konflikten der Klinikangehörigen hat, die durch solche Patienten stimuliert werden, daß es sich aber auch um die Manifestation der Psychopathologie der Patienten selbst handelt. Die Beobachtung von Gegenübertragungs-Reaktionen kann so auch von diagnostischem Wert sein.

7. Widerstand

WÄHREND SICH DAS BEHANDLUNGSBÜNDNIS (Kap. 3) und einige Aspekte der Übertragung (Kap. 4 und 5) auf Tendenzen im Patienten beziehen, die auf Erhalt der Behandlungsbeziehung hinwirken, geht es beim Begriff Widerstand um Elemente und Kräfte, die dem Behandlungsprozeß entgegengerichtet sind. Obwohl Widerstand mehr ein technischer als ein psychologischer Begriff ist und ursprünglich im Zusammenhang mit der psychoanalytischen Behandlung geprägt wurde, läßt er sich dennoch ohne substantielle Änderung leicht auf andere therapeutische Situationen erweitern.

Widerstand als technischer Begriff erschien erstmals in Freuds Schilderungen seiner frühen Versuche, ‚vergessene' Erinnerungen bei seinen hysterischen Patienten wiederzubeleben. Vor der Entwicklung der analytischen Technik der freien Assoziation, als Freud noch Hypnose und „Druck"-Prozedur verwandte (s. Kap. 2), galt all das als Widerstand, was sich im Patienten den Beeinflussungsversuchen des Arztes widersetzte. Er erblickte in diesen Gegenkräften in der Behandlung das Spiegelbild jener Kräfte, die die Dissoziation aufrechterhielten. Er bemerkte dazu (1895): „... eine psychische Kraft ... hatte ursprünglich die pathogene Vorstellung aus der Assoziation gedrängt und widersetzte sich ihrer Wiederkehr in der Erinnerung. Das Nichtwissen des Hysterischen war also eigentlich ein – mehr oder minder bewußtes – Nichtwissenwollen, und die Aufgabe des Therapeuten bestand darin, diesen Assoziationswiderstand ... zu überwinden."

Freud war der Meinung, daß es Widerstand auch bei anderen pathologischen Zuständen als bei Hysterie und Zwangsneurose (den „Abwehr-Neurosen") gebe, etwa bei psychotischen Zuständen. Bei der Schilderung eines Falles von chronischer Paranoia (1896 b) sagte er:

> Ich ging dabei von der Voraussetzung aus, es müsse bei dieser Paranoia wie bei den zwei anderen mir bekannten Abwehrneurosen unbewußte Gedanken und verdrängte Erinnerungen geben, die auf dieselbe Weise wie dort ins Bewußtsein zu bringen seien, unter Überwindung eines

gewissen Widerstandes... Eigentümlich war nur, daß sie die aus dem Unbewußten stammenden Angaben zumeist wie ihre Stimmen innerlich hörte oder halluzinierte.

Aus seiner Schilderung dieses Falles wird deutlich, daß er den Unterschied des Materials von Psychotikern einerseits und Neurotikern andererseits mehr als formal denn als inhaltlich ansah. Was beim Neurotiker als Phantasie oder als Traum erscheint, taucht beim Psychotiker als Überzeugung auf (siehe die Erörterung der psychotischen Übertragung in Kap. 5). 1900 erklärte Freud: „Was immer die Fortsetzung der Arbeit stört, ist kein Widerstand."

Als Widerstandsmotive werden die Gefahren der Wiederbelebung schmerzlicher Vorstellungen und Affekte gesehen. Die verdrängten Vorstellungen (die sich der Erinnerung widersetzten) wurden charakterisiert als „sämtlich peinlicher Natur, geeignet, die Affekte der Scham, des Vorwurfs, des psychischen Schmerzes, die Empfindung der Beeinträchtigung hervorzurufen..." (1895 d). Der Übergang der Psychoanalyse in ihre zweite Phase (Kap. 1) und die Entdeckung der Bedeutung innerer Triebregungen und Wünsche (im Unterschied zu schmerzlichen Realerlebnissen) für die Konfliktentstehung und die Abwehrmotivation brachte keine wesentliche Veränderung des Begriffs vom Widerstand. Es wurde nun aber klar, daß sich der Widerstand nicht nur auf die Erinnerung schmerzlicher Erlebnisse, sondern auch gegen das Bewußtwerden unannehmbarer Triebregungen richtete. In einer Arbeit über „Die Freudsche psychoanalytische Methode" (1904 a), die Freud selbst verfaßt hatte, heißt es: „Das Moment des Widerstandes ist eines der Fundamente seiner Theorie geworden. Die sonst unter allerlei Vorwänden... beseitigten Einfälle betrachtet er aber als Abkömmlinge der verdrängten psychischen Gebilde (Gedanken und Regungen), als Entstellungen derselben infolge des gegen ihre Reproduktion bestehenden Widerstandes... Je größer der Widerstand, desto ausgiebiger diese Entstellung."

In dieser Formulierung wird ein neues Element erkennbar. Widerstand galt nicht mehr nur als völlige Unterdrückung unannehmbarer psychischer Inhalte, sondern er wurde auch als Ursache für die *Entstellung* unbewußter Regungen und Erinnerungen betrachtet, so daß diese in den freien Assoziationen des Patienten *in verhüllter Form* auftraten. In diesem Zusammenhang wurde klar, daß der Widerstand genau die gleiche Funktion hat wie der „Zensor" im Traum (Freud, 1900 a): er bewirkt, daß unannehmbare Gedanken, Gefühle oder Wünsche am Bewußtwerden gehindert werden.

Die Verbindung zwischen dem Therapiephänomen des Widerstandes und solchen „entstellenden" oder „Zensur"-Vorgängen ließ zwanglos die Formulierung zu, daß es sich beim Widerstand nicht um etwas handelt, das in der Analyse zeitweilig auftritt, sondern das in der Behandlung ständig wirksam ist. Der Patient „möge nicht aus den Augen verlieren, daß eine Behandlung wie die unserige unter *beständigem Widerstande* vor sich gehe" (1909 c). In dieser Arbeit erwähnte Freud auch die Befriedigung, die Patienten aus ihrem Leiden beziehen, ein Gedanke, den er an anderer Stelle noch näher ausführte und auf den wir später in diesem Kapitel zurückkommen wollen, wenn wir den Gewinn aus dem Leiden und aus der Befriedigung des Strafbedürfnisses behandeln.

In Kapitel 4 wiesen wir darauf hin, welche Bedeutung Freud der Beziehung zwischen Übertragung und Widerstand beimaß. Die sogenannten Übertragungswiderstände wurden als die stärksten Hindernisse auf dem Wege der psychoanalytischen Behandlung angesehen (1912 b, 1940 a). Gedanken und Gefühle zur Person des Therapeuten können als Folge der Tendenz des Patienten auftreten, verdrängte Einstellungen, Gefühle und Erlebnisse wiederzuerleben, anstatt sie zu erinnern. Sie neigen dazu, im Hier-und-jetzt der analytischen Situation erneut aufzutreten. Die Entwicklung solcher Übertragungen von der Erlebnisweise früherer Bezugspersonen auf den Analytiker kann die stärksten Widerstände gegenüber der freien Assoziation hervorrufen, denn die neuen Gefühle des Patienten gegenüber dem Analytiker können als höchst bedrohlich erlebt werden:

... der Analysierte (wird) aus seinen realen Beziehungen zum Arzte herausgeschleudert, sobald er unter die Herrschaft eines ausgiebigen Übertragungswiderstandes gerät, er (nimmt) sich dann die Freiheit heraus, die psychoanalytische Grundregel zu vernachlässigen, daß man ohne Kritik alles mitteilen solle, was einem in den Sinn kommt, er (vergißt)

die Vorsätze, mit denen er in die Behandlung getreten war,
... logische Zusammenhänge und Schlüsse (werden ihm) nun
gleichgültig ... (1912 b).

Quellen und Arten des Widerstands

1912 unterschied Freud hinsichtlich der Quellen des Widerstands
bei Analysierten hauptsächlich zwischen *Übertragungswiderstand*
und *Verdrängungswiderstand*, wobei er den letzteren als den der
psychischen Struktur des Patienten innewohnenden Widerstand
gegen das Bewußtwerden schmerzlicher oder gefährlicher Regungen und Erinnerungen faßte. Während Übertragungswiderstände
verschwinden und sogar durch Übertragungsbindungen ersetzt
werden können, die das Behandlungsbündnis stärken, sind Verdrängungswiderstände als stets gegenwärtige (wenn auch fluktuierende) Kräfte zu verstehen, die den Zielen der Behandlung
entgegenwirken.

Die dritte Phase der Psychoanalyse, die mit der Einführung der
„strukturellen Theorie" in *Das Ich und das Es* (Freud, 1923 b) begann, brachte eine wichtige Änderung des Widerstandsgedankens.
In seiner bedeutenden Arbeit *Hemmung, Symptom und Angst*
(1926 d) wies Freud darauf hin, daß Gefahren für das Ich nicht
nur von den Trieben, sondern ebenso auch vom Über-Ich und von
der Außenwelt her drohen. Er entwickelte in dieser Zeit seine
zweite Angsttheorie, derzufolge Angst als ein *Signal* für das Ich
zu betrachten ist, und nicht, wie er zunächst angenommen hatte, als
Umwandlung von Libido nach Verdrängung einer sexuellen
Regung. Der neuen Theorie nach kann das Gefahrsignal die Abwehrtätigkeit des Ich auslösen, die in der Analyse zu Widerstand
führen kann. Es war Freud nun möglich, fünf Hauptarten und
-quellen des Widerstands zu unterscheiden (1926 a):

1. *Verdrängungswiderstand;* er wurde als die in der Behandlung
erscheinende Äußerungsform des Bedürfnisses des Patienten
verstanden, sich vor Triebregungen, Erinnerungen und Gefühlen zu schützen, deren Auftauchen in seinem Bewußtsein einen
schmerzlichen Zustand oder die Gefahr eines solchen Zustandes
hervorrufen würde. Der Verdrängungswiderstand kann auch

als Ausdruck des „primären Krankheitsgewinnes" der Neurose gesehen werden. „Primärer Krankheitsgewinn" bedeutet hier den Gewinn, der erreicht wird, wenn ein schmerzlicher innerseelischer Konflikt durch die Bildung eines neurotischen Symptoms beseitigt werden kann. Wenn den Abwehrmechanismen die Konfliktbewältigung nicht gelingt, dann werden als „letzte Zuflucht" neurotische Symptome gebildet, die den Konflikt fernhalten und das Individuum vor dem Bewußtwerden peinlicher oder schmerzlicher Inhalte schützen sollen. Der Prozeß des freien Assoziierens in der Analyse schafft für den Patienten eine ständige potentielle Gefahrsituation, weil dieser Prozeß auf das Verdrängte wie ein Stimulus wirkt und dadurch wiederum der Verdrängungswiderstand mobilisiert wird. Je näher das Verdrängte dem Bewußtsein kommt, um so stärker wird der Widerstand, und es ist die Aufgabe des Analytikers, durch seine Deutungen das Bewußtwerden solcher Inhalte in einer Form zu ermöglichen, die der Patient ertragen kann (s. Kap. 12).

2. *Übertragungswiderstand;* dieser ist zwar seinem Wesen nach dem Verdrängungswiderstand ähnlich, hat aber die besondere Eigenschaft, daß er die infantilen Regungen und den Kampf gegen diese in direkter oder abgewandelter Form in der Beziehung zur Person des Analytikers zur Darstellung bringt (s. Kap. 4). Die analytische Situation hat psychisches Material in Form einer aktuellen Realitätsentstellung wiederbelebt, das verdrängt oder sonstwie bearbeitet worden war (beispielsweise durch Abfuhr in das neurotische Symptom). Diese Wiederbelebung der Vergangenheit in der analytischen Situation führt zum Übertragungswiderstand. Auch hier ist es Aufgabe des Analytikers, durch seine Interventionen das Auftauchen von Übertragungsinhalten in einer tolerierbaren Form zu unterstützen. Zu den Übertragungswiderständen gehören sowohl das bewußte Zurückhalten von Gedanken über den Analytiker als auch die Abwehr unbewußter Übertragungsvorstellungen.

3. *Widerstand aus dem (sekundären) Krankheitsgewinn;* obwohl das Symptom zunächst als ‚Fremdkörper', als etwas Unerwünschtes erlebt werden mag, findet häufig ein „Assimilierungsvorgang" des Symptoms in die psychische Organisation der Person statt. Freud stellte es so dar: „Im weiteren Verlaufe

benimmt sich das Ich so, als ob es von der Erwägung geleitet würde: das Symptom ist einmal da und kann nicht beseitigt werden; nun heißt es, sich mit dieser Situation befreunden und den größtmöglichen Vorteil aus ihr zu ziehen" (1926 a). Solche sekundären Gewinne aus Symptomen sind bekannt in Gestalt der Vorteile und Befriedigungen, die aus dem Kranksein, der Pflege oder dem Mitgefühl anderer bezogen werden oder auch aus der Befriedigung aggressiver und rachsüchtiger Regungen an denen, die gezwungen sind, am Leiden des Patienten teilzunehmen. Sekundärer Gewinn mag dem Patienten auch aus der Befriedigung eines Strafbedürfnisses oder verborgener masochistischer Regungen erwachsen. Extreme Beispiele für den sekundären Krankheitsgewinn bieten Patienten mit „Kompensations-Neurosen", oder Patienten, die wegen ihres sekundären, aus der Gesellschaft bezogenen Krankheitsgewinns krank bleiben, wenn beispielsweise ‚Wohlfahrts'-Leistungen die Höhe des Lohnes überschreiten, der durch Arbeit erworben werden könnte. Die unbewußte Weigerung des Patienten, solche sekundären Vorteile aus dem Kranksein aufzugeben, macht diese besondere Form des Widerstandes aus.

4. „*Es-Widerstand*", der auf den Widerstand der Triebregungen gegenüber jeglicher Veränderung ihrer Modalität und Äußerungsweise zurückgeht. Freud sagte (1926 d): „Endlich kann man sich vorstellen, daß es nicht ohne Schwierigkeiten abgeht, wenn ein Triebvorgang, der durch Dezennien einen bestimmten Weg gegangen ist, plötzlich den neuen Weg gehen soll, den man ihm eröffnet hat." Zur Beseitigung dieser Widerstandsform ist das erforderlich, was Freud „Durcharbeiten" genannt hat (s. Kap. 10). Diese Art des Widerstandes in der Behandlung läßt sich unserer Ansicht nach als Folge eines mehr allgemeinen seelischen Widerstandes gegenüber dem Aufgeben erworbener Gewohnheiten und Funktionsweisen verstehen – ein Widerstand gegen das „Rückgängigmachen von Erlerntem". Ein Aspekt des Begriffs „Durcharbeiten" wären Lernvorgänge zur Einübung neuer Funktionsweisen und zur Hemmung der älteren, mehr verfestigten Funktionsmuster. Es ist dies ein Vorgang, der als wesentlicher Bestandteil der analytischen Arbeit angesehen wird. Der „Es-Widerstand" ist in der psychoana-

lytischen Literatur auch als „Trägheit" oder „Klebrigkeit" der Libido beschrieben worden.
5. *Über-Ich-Widerstand*, der dem Schuldgefühl oder Strafbedürfnis des Patienten entstammt. Freud war der Meinung, daß der Über-Ich-Widerstand für den Analytiker am schwersten zu erkennen und zu handhaben sei. Er spiegelt die Wirkung eines „unbewußten Schuldgefühls" (1923 b) wider und bildet die Erklärung für anscheinend paradoxe Reaktionen des Patienten auf jeglichen Vorgang der analytischen Arbeit, der die Befriedigung der einen oder anderen Regung repräsentiert, die er aufgrund seiner Gewissensforderungen abgewehrt hatte. So mag etwa ein Patient mit starken Schuldgefühlen wegen seines Wunsches, der Lieblingssohn zu sein und über seine Geschwister zu triumphieren, mit Widerstand auf jegliche Veränderung reagieren, die eine Situation herbeizuführen droht, in der er erfolgreicher als seine Rivalen sein könnte. Oder ein Patient mit starken unbewußten Schuldgefühlen wegen bestimmter sexueller Wünsche mag mit heftigem Widerstand reagieren, wenn diese Wünsche durch den analytischen Prozeß freigelegt werden. Der „Über-Ich-Widerstand" läßt sich am folgenden Beispiel veranschaulichen: Ein Patient hat etwas gedacht, was in ihm Schuldgefühle weckte; er verdrängt diesen Gedanken wieder und kommt zur Behandlungsstunde mit einem Unlustgefühl; dieses wird schließlich als Schuldgefühl identifiziert, das ihn zum Widerstand gegen die analytische Arbeit veranlaßte. Die Extremform des Über-Ich-Widerstandes findet sich bei der „negativen therapeutischen Reaktion", die in Kapitel 8 besprochen wird.

Freud sah das Phänomen des Widerstandes in der Behandlung als eng (doch nicht ausschließlich) mit dem gesamten Bereich der Abwehrmechanismen des Patienten verknüpft, wenn er auch häufig den Ausdruck „Verdrängung" synonym mit der Abwehr im allgemeinen gebrauchte. Diese Mechanismen werden entwickelt und eingesetzt, um Gefahrensituationen zu bewältigen (insbesondere Gefahren, die sich einstellen würden, wenn unbewußten sexuellen oder aggressiven Wünschen im Bewußtsein oder Handeln unmittelbar und ungehinderter Ausdruck gestattet würde), und umfassen Abwehrmechanismen wie Projektion, Ungeschehenmachen, Intellektualisieren, Rationalisieren, Identifizierung mit dem Angreifer, Reaktionsbildung und so weiter. „Die entscheidende Tatsache ist nämlich, daß die Abwehrmechanismen gegen einstige Gefahren in der Kur als *Widerstände* gegen die Heilung wiederkehren. Es läuft darauf hinaus, daß die Heilung selbst vom Ich wie eine neue Gefahr behandelt wird" (Freud, 1937 c).

Freud hat sich mehrfach zur Beziehung zwischen der Art des Widerstandes und der Natur der dahinterliegenden Abwehrorganisation geäußert. Zum Beispiel beschrieb er bestimmte Arten von Entstellung der freien Assoziation, die er als charakteristisch für die Zwangsneurotiker betrachtete (1909 d). Aber wenn auch die Art des Widerstandes als Hinweis auf Aspekte der Pathologie des Kranken genommen wurde (1926 d), so betrachtete Freud sie doch im wesentlichen als Hindernisse für die analytische Arbeit.

1936 hob Anna Freud in ihrem Buch *Das Ich und die Abwehrmechanismen* hervor, in welchem Maße die Widerstände Hinweise auf das seelische Geschehen im Patienten bieten können. Insofern sie die Art des Konflikts und der dagegen eingesetzten Abwehr widerspiegeln, sind sie in sich Gegenstand analytischer Betrachtung. Die Widerstandsanalyse kann im wesentlichen als Analyse derjenigen Aspekte der Abwehr des Patienten gesehen werden, die in das pathologische Ergebnis seiner Konflikte Eingang gefunden haben und daran mitbeteiligt sind. „Abwehr-Analyse" auf dem Wege der Widerstandsanalyse ist zu einem wichtigen Teil der psychoanalytischen Technik geworden (A. Freud, 1965; Glover, 1955; Hartmann, 1951; Sandler & A. Freud, 1985).

In einer Arbeit zur Traumanalyse schrieb Gillman (1987), daß unter einem bestimmten Gesichtspunkt alle Träume „Widerstandsträume" seien, insofern ihr Inhalt unbewußtes Material verschleiere, das abgewehrt wird. Zugleich wird der Traum gesehen als „ein Fenster zu Material, das sonst nicht zugänglich sein könnte". Gillman sagt weiter, Träume spiegelten die charakteristischen Abwehrformen wider, die die Patienten einsetzten, um ein Gewahrwerden unverträglicher seelischer Inhalte zu verhindern.

In einer Reihe von Veröffentlichungen führte Wilhelm Reich (1928, 1929, 1933) aus, daß bestimmte Patienten festgelegte Charakterzüge entwickelt hatten, die Ergebnis einstiger Abwehrvorgänge waren und die sich sowohl in der Persönlichkeit als auch im analytischen Prozeß als charakteristisch „fixierte" Einstellungen zeigten. Reich bezeichnete sie als „Charakterpanzerung"; er war der Meinung, daß Widerstände aufgrund solcher „fixierter" Persönlichkeitsmerkmale den anfänglichen primären Fokus der analytischen Arbeit bilden sollten, während Anna Freud die Ansicht vertrat, daß sie nur dann in den Vordergrund gerückt werden sollten, wenn sich keine Spur eines aktuellen Konfliktes entdecken ließe (A. Freud, 1936); Sterba (1953) hat dies noch weiter ausgeführt.

1937 veröffentlichte Freud „Die endliche und die unendliche Analyse"; er setzte sich darin mit einer Reihe unterschiedlicher Faktoren auseinander, die die Wirkung der Analyse begrenzten. Dazu gehörten die konstitutionelle Triebstärke, die einen unverrückbaren „gewachsenen Felsen" in der Persönlichkeit darstellt. Ein weiterer Faktor war die Unerreichbarkeit latenter Konflikte, die sich nicht in der Übertragung wiederbelebten und daher auch nicht erfolgreich analysiert werden konnten. Freud meinte auch, daß spezielle Eigenschaften der Libido – Beweglichkeit und Klebrigkeit – sowie biologisch gegebene Konfliktquellen, z. B. Penisneid bei der Frau und konstitutionelle Passivität (gegenüber Männern) beim Mann zum Widerstand gegenüber Veränderungen beitrügen.

Kurze Zeit später, 1939, schlug Helene Deutsch eine dreifache Klassifizierung der Widerstandsarten vor: 1. die intellektuellen oder „intellektualisierenden" Widerstände, 2. die Übertragungswiderstände, und 3. diejenigen Widerstände, die infolge des Bedürfnisses des Kranken erscheinen, sich vor der Erinnerung des Kindheitsmaterials zu wehren. Sie gab eine *ausführliche* Darstellung der ersten Gruppe, worin sie bemerkte, daß Patienten mit intellektuellen Widerständen versuchen, das analytische *Erleben* durch intellektuelles *Begreifen* zu ersetzen. Solche Widerstände findet man bei hoch intellektuellen Personen, bei Zwangsneurotikern und Patienten „mit gehemmten oder gestörten Affekten, die nach Verdrängung der affektiven Seite ihres Lebens die intellektuelle Seite als einziges Ausdrucksmittel ihrer Persönlichkeit übrigbehalten haben".

Trotz der engen Verknüpfung von Widerstand und Abwehr ist

wiederholt betont worden, daß Widerstand nicht synonym mit Abwehr ist (Brenner, 1981; Gero, 1951; Laplanche & Pontalis, 1973; Loewenstein, 1954; Lorand, 1958; Stone, 1973). Blum (1985) stellt richtig fest:

> Der Abwehrbegriff reicht weiter als der des Widerstands, da letzterer eine Funktion der Behandlung ist und seine Bedeutung aus dem analytischen Prozeß herleitet. Üblicherweise erkennt man Widerstand an seinem Einfluß auf das freie Assoziieren und auf die Mitarbeit des Patienten an der Analyse im Behandlungsbündnis; man kann ihn jedoch auch von vielen anderen Gesichtspunkten her definieren und beschreiben, z. B. als Übertragungswiderstand, Überich-Widerstand, Es-Widerstand, negative therapeutische Reaktion, Wiederholungs- und Regressionstendenz usw. In allgemeinem Sinn verhindert Abwehr die Einsicht, und Einsicht ermöglicht Bewußtwerden und Aufheben der Abwehrmaßnahmen, die im analytischen Prozeß dem Widerstand dienen.

Die Abwehr des Patienten bildet einen integralen Bestandteil seiner psychischen Struktur, der Widerstand dagegen stellt die Versuche des Patienten dar, sich vor der Bedrohung seines psychischen Gleichgewichts zu schützen, die vom analytischen Verfahren ausgeht. Greenson (1967) formuliert es so: „Die Widerstände schützen den Status quo der Neurose des Patienten. Die Widerstände widersetzen sich dem Analytiker, der analytischen Arbeit und dem vernünftigen Ich des Patienten." Nach Ansicht von Rangell (1985) kann man Widerstand als eine zweite Abwehrschicht betrachten, die vom Ich aktiviert wird, wenn die vorhandenen Abwehrkräfte zu schwach sind. Stone (1973) hebt einen anderen Aspekt hervor; er verweist darauf, daß

> die Widerstandsphänomene überwiegend, wenn nicht zur Gänze dem Selbstschutz und der Wahrung des Bestehenden dienen. Weil ihre Zwecke gewöhnlich irrationaler Herkunft und weitgehend ichfremd sind, können sie durch analytische Arbeit zugänglich gemacht werden. Sie sind bekanntermaßen in einem subjektiv zweckdienlichen Sinne dazu da, die eingekapselten unbewußten Aspekte der Persönlichkeit zu schützen, und auf reziproke Weise ebenso auch das normale Funktionieren der erwachsenen Persönlichkeit ... vor poten-

tiell störenden Einbrüchen und Forderungen bislang unbewußter Inhalte.

Er fügt hinzu: „Der infantile Aspekt des Ich erlebt den Analytiker von Anfang an als eine Bedrohung." Dies weist wieder darauf hin, daß das analytische Setting zur Regression einlädt, die dazu führt, daß ein bisher verdrängter Wunsch oder Impuls eine Verstärkung erfährt, auf die hin der Konflikt intensiviert und der Widerstand erhöht wird.

Eine Untersuchung der analytischen Literatur nach Freud ergibt, daß der *Begriff* des Widerstandes in der Psychoanalyse im wesentlichen unverändert geblieben ist. Die *Formen* jedoch, die der Widerstand annehmen kann, sind detailliert beschrieben worden, und es ist nicht zu bezweifeln, daß die Sensibilität für feine Anzeichen von Widerstand immer mehr zu einem bedeutsamen Teil des therapeutischen Repertoires des Analytikers geworden ist. Es ist wichtig zu unterscheiden zwischen (1) dem Konzept eines innerseelischen Widerstand-Zustandes, der sich nicht direkt beobachten läßt, und (2) den beobachtbaren *Zeichen* dieses Widerstandes, gewöhnlich auch „Widerstände" genannt. Beträchtliche Verwirrung hat sich daraus ergeben, daß diese beiden Bedeutungen nicht voneinander unterschieden worden sind, weil die zweite Kategorie der „Widerstände" ja aus einem erhöhten inneren Widerstandszustand hervorgeht und weil es dem Analytiker um die Ursachen des inneren Zustands geht und nicht um die spezifischen Äußerungen dieses Zustandes (obwohl diese nicht vernachlässigt werden dürfen). Manche Widerstandsformen wie Einschlafen und Schweigen können in bestimmten Phasen der Analyse nicht nur als Widerstand, sondern auch als nichtverbale Ausdrucksweisen verdrängter Wünsche, Phantasien oder Erinnerungen betrachtet werden (Ferenczi, 1914; Khan, 1963).

Man kann mit einigem Gewinn der deskriptiven Differenzierung von Glover (1955) folgen und zwischen den „offenkundigen" oder „groben" Widerständen einerseits und den „unauffälligen" auf der anderen Seite unterscheiden. Die „groben" Widerstände umfassen Abbruch der Behandlung, Verspätung, Versäumen von Stunden, Schweigen, Weitschweifigkeit, automatisches Ablehnen oder Mißverstehen von allem, was der Analytiker sagt, gespielte Dummheit, ständige Zerstreutheit und Einschlafen. Die weniger

auffälligen Widerstände verbergen sich hinter einem scheinbaren Eingehen auf die Anforderungen der analytischen Situation. Sie können in Form von Zustimmung zu allem erscheinen, was der Analytiker sagt, im Angebot von Material (beispielsweise Träumen), von dem der Patient glaubt, daß es den Analytiker besonders interessiere, und in vielen anderen Formen. Glover sagt dazu: „Im ganzen sind diese unauffälligen Widerstände gerade dadurch gekennzeichnet, daß sie nicht explosiv sind, daß sie die Oberfläche der analytischen Situation nicht durchbrechen oder schädigen, sondern daß sie in die Situation einsickern, ihr durch die Poren dringen, oder, um ein anderes Bild zu gebrauchen, sich nicht gegen den Strom stemmen, sondern mit ihm schwimmen."
Fenichel (1945 a) unterschied zwischen „akuten" Widerständen und solchen mehr verborgener Form, wobei die letzteren hauptsächlich daran erkennbar sind, daß der Patient keine Veränderung zeigt, obwohl die analytische Arbeit unbehindert fortzuschreiten scheint. Eine wichtige therapeutische Unterscheidung, speziell im Zusammenhang mit der sogenannten „Charakter"-Analyse, ist die zwischen ich-gerechten und ich-fremden Widerständen (Dewald, 1980; Gill, 1988; Reich, 1933; Stone, 1973). Der Patient empfindet ichfremde Widerstände als etwas, das sich in die analytische Arbeit hineindrängt. Ichgerechte Widerstände dagegen erlebt der Patient nicht als Widerstände, sondern als angemessene Reaktionen auf die analytische Situation. Die Bezeichnungen „ichgerecht" und „ichfremd" stammen aus der Zeit vor der strukturellen Theorie (Freud, 1923 b) und sind als „bewußtseinsfähig" und „bewußtseinsfremd" zu verstehen.

In jüngerer Zeit haben Stone (1973) und Dewald (1980) etwas ähnliches mit ihrer Unterscheidung zwischen *taktischen* und *strategischen* Widerständen angesprochen. So heißt es bei Dewald:

Strategische Widerstände sind solche grundlegenden seelischen Vorgänge im unbewußten Kernbereich, durch die der Patient fortgesetzt infantile und frühkindliche Triebe, Triebabkömmlinge, Objektwahlen oder adaptive und defensive seelische Tätigkeiten zu befriedigen sucht... Die taktischen Widerstände sind darüber gelagerte individuelle Verhaltensmuster innerer oder interpersoneller Art in unterschiedlichen hierarchischen Strukturierungen; mit ihnen wehren

Patienten das Bewußtwerden der strategischen Kernwiderstände und -konflikte ab, mit denen sie verzahnt sind ... Sie im analytischen Prozeß zu verstehen und zu verarbeiten stellt einen wichtigen Zugang dar für die Analyse des Ich, dessen Synthesetätigkeiten und die Aufrechterhaltung der charakteristischen seelischen Strukturierung insgesamt.

Aufgrund der Schwierigkeiten, die sich einer Klassifizierung der Widerstandsformen stellen, tragen alle solche Klassifizierungsversuche den Charakter einer akademischen Übung, wenn auch Beispiele aus Behandlungen höchst nützlich sein können (Boesky, 1985; Boschán, 1987; Frank, 1985; Gill, 1988; Gillman, 1987; Lipton, 1977; Vianna, 1974, 1975). Die Anzahl der Formen des Widerstandes ist vermutlich unendlich, und es ist wohl fruchtbarer, die verschiedenen *Quellen* der Widerstände zu erforschen, da diese von viel geringerer Zahl sein dürften und die Motivation des einzelnen Widerstandes und seiner Funktion zu einem bestimmten Zeitpunkt aufzeigen können. Wie Dewald (1980) sagt: „Die Erscheinungsformen von Widerstand sind vielgestaltig, sie sind von Patient zu Patient und bei ein und demselben Patienten in verschiedenen Analysenphasen unterschiedlich."

Die Quellen des Widerstands, wie sie von Freud (1926 d) aufgeführt wurden, sind bis heute im Mittelpunkt der Theorie der Technik verblieben. Im Lichte der späteren Beiträge läßt sich seine Zusammenstellung jedoch erweitern und modifizieren; dabei ist zu beachten, daß sich in der nachstehenden Gliederung die einzelnen Kategorien deutlich überschneiden.

1. Widerstände aufgrund der Bedrohung, die das analytische Verfahren und seine Zielsetzungen für die jeweils vom Patienten vorgenommenen Adaptionen darstellt. Der Begriff der Adaption bezieht sich in diesem Zusammenhang auf die individuelle Anpassungsweise an die Kräfte, die von der Außenwelt und vom eigenen Inneren ausgehen (Sandler & Joffe, 1969). Der Verdrängungswiderstand kann hier eingeordnet werden, weil es sich um einen speziellen Fall von „Abwehrwiderstand" handelt und ja außer der Verdrängung noch andere Abwehrmaßnahmen Widerstand hervorrufen können. Die Abwehrmechanismen wiederum lassen sich als Anpassungsmechanismen betrachten; sie sind am normalen psychi-

schen Geschehen ebenso wie an pathogenen Vorgängen beteiligt (A. Freud, 1936).
2. Übertragungs-Widerstände, wie sie im wesentlichen von Freud beschrieben wurden. Die Beziehung zwischen Widerstand und Übertragung ist von Stone (1973) folgendermaßen zusammengefaßt worden:

> Erstens der Widerstand gegen das Bewußtwerden der Übertragung, einschließlich seiner subjektiven Ausgestaltung in der Übertragungsneurose. Zweitens der Widerstand gegen die dynamischen und genetischen Reduktionen (Stone meint die Zerlegung des Übertragungskonflikts und Verstehen seiner Entwicklung) der Übertragungsneurose, und schließlich der Übertragungsbindung selbst, nachdem sie bewußt gemacht worden ist. Drittens die Vermittlung der Übertragung durch den Analytiker an den „erlebten" Ich-Anteil des Patienten, gleichzeitig als Objekt des Es und als externalisiertes Über-Ich, in Gegenüberstellung zum Behandlungsbündnis zwischen dem Analytiker in seiner realen Funktion und dem vernünftigen „beobachtenden" Ich-Anteil des Patienten.

Stone (1937) bemerkt: „Vorrangige Bedeutung hat jedoch die Erstellung eines lebensfähigen wissenschaftlichen und praktisch brauchbaren Begriffs vom Widerstand gegenüber dem therapeutischen Prozeß als einer Manifestation eines reaktivierten innerseelischen Konflikts in einem neuen zwischenmenschlichen Kontext". Man mag sich daran erinnern, daß James Strachey 1934 schrieb: „Zu den Merkmalen eines Widerstandes gehört natürlich, daß er sich in der Beziehung zum Analytiker einstellt; deshalb ist die Widerstandsdeutung fast unausweichlich eine Übertragungsdeutung". Seither haben sich unsere Kenntnisse von der Beziehung zwischen Übertragung und Widerstand beträchtlich weiterentwickelt. Sowohl Stone (1978) als auch Gill (1982) unterscheiden zwischen „Widerstand gegenüber dem Bewußtwerden der Übertragung" – dem Widerstreben des Patienten, sich seiner Übertragungsgefühle und -einstellungen gewahr zu werden – und „Widerstand gegenüber der Auflösung der Übertragung".

Die verstärkte Beachtung des zwischenmenschlichen Aspekts der analytischen Situation in späteren Jahren führte natürlicherweise auch zu Überlegungen, womit der Analytiker selbst zum Widerstand des Patienten beitragen könnte. Stone (1978) verweist darauf, daß „eine abweisende oder feindselige oder aufsässige Haltung des Patienten manchmal spontane Antagonismen beim Arzt (hervorruft)". Er nennt dies dann den „Gegenwiderstand" des Analytikers. Ein solcher Gegenwiderstand kann ganz unbewußt bleiben und auf den Patienten projiziert werden (Vianna, 1975) und als unmittelbare Folge Widerstand entstehen lassen. Anna Freud (1954) äußerte dazu: „Bei allem Respekt für die notwendige strikte Handhabung und Deutung der Übertragung meine ich dennoch, daß wir irgendwo der Erkenntnis einen Platz einräumen müssen, daß Analytiker und Patient immer auch zwei reale Personen sind, daß sie beide erwachsen sind und eine reale Beziehung zueinander haben. Ich frage mich, ob nicht unsere – manchmal gänzliche – Vernachlässigung dieser Seite nicht auch für manche feindseligen Reaktionen verantwortlich sein könnte, die wir von unseren Patienten bekommen und die wir dann gerne der ‚eigentlichen' Übertragung zuschreiben." Anna Freud fügt aber auch warnend hinzu: „Dies sind in technischer Hinsicht subversive Gedanken, und man sollte damit vorsichtig umgehen."

Thomä und Kächele (1986) bemerken, daß „der Einfluß des Analytikers und seiner Behandlungstechnik auf die Entwicklung von negativen und erotisierten Übertragungen oft nur am Rande Erwähnung findet, obwohl weithin anerkannt wird, wie stark negative Übertragungen – und das gleiche gilt für die erotisierten Übertragungen – von der Gegenübertragung, der Behandlungstechnik und der theoretischen Einstellung des Analytikers abhängig sind".

3. Widerstand aus dem sekundären Krankheitsgewinn, wie von Freud beschrieben.
4. „Über-Ich-Widerstand", wie von Freud beschrieben. Spätere Entwicklungen wurden besonders durch Fairbairns Publikationen zum Verhältnis von Objektbeziehungen und Widerstand angeregt und haben die Objektbeziehungs-Theoretiker dazu

veranlaßt, immer weniger der strukturellen Theorie Freuds zu folgen und das innerseelische Leben überwiegend in Begriffen innerer Objektbeziehungen zu formulieren. So betrachten sie den Über-Ich-Widerstand unter dem Gesichtspunkt der Beziehung und Interaktion mit einer internalisierten kritischen oder sogar verfolgenden Figur. Der Zusammenhang zwischen inneren Objektbeziehungen und psychoanalytischer Therapie wird von Fairbairn (1958) mit der Formulierung treffend beschrieben, daß „in bestimmtem Sinne die psychoanalytische Behandlung auf ein Ringen zwischen Patient und Analytiker hinausläuft, bei dem der Patient versucht, auf dem Wege der Übertragung die Beziehung zu seiner Innenwelt durchzusetzen, während es das Ziel des Analytikers ist, in dieses geschlossene System einzubrechen und Bedingungen zu schaffen, unter denen der Patient im Setting einer therapeutischen Beziehung veranlaßt werden kann, das offene System der äußeren Wirklichkeit zu akzeptieren". Etwas ähnliches meint Kernberg (1985), wenn er in Zusammenhang mit dem Verstehen des Charakters des Patienten sagt, daß die darin enthaltenen konflikthaften internalisierten Objektbeziehungen in der Übertragung reaktiviert werden können, und dabei die Charakterabwehr zum Übertragungswiderstand wird.

Es ist kaum zu bezweifeln, daß aus der inneren reziproken Beziehungskonstellation zwischen dem Selbst und seinen Objekten ein Gefühl der Sicherheit gewonnen wird, selbst wenn diese Beziehung eine Quelle seelischen Schmerzes ist. Daraus ergibt sich, daß allein aus der Existenz strukturierter innerer Beziehungen ein Widerstand gegenüber Veränderung mittels Analyse hervorgehen muß (Sandler, 1990 a, 1990 b).

5. Widerstand, der durch falsches Vorgehen und ungeeignete technische Maßnahmen des Analytikers hervorgerufen wird. Solche Widerstände können im normalen Verlauf der Analyse bearbeitet werden, wenn ihre Quelle von Analytiker und Patient erkannt und zugestanden wird. Geschieht dies nicht, dann können diese Widerstände zu Behandlungsabbruch oder zu Weiterführung auf einer fragwürdigen Grundlage führen (Glover, 1955; Greenson, 1967).

6. Widerstände, die auf der Tatsache gründen, daß Veränderun-

gen im Patienten, die durch die Analyse bewirkt wurden, zu realen Schwierigkeiten in seinen Beziehungen zu wichtigen Personen seiner Umwelt führen können (Freud, 1916–17; Gill, 1988; Stone, 1973). So mag etwa ein masochistischer und unterwürfiger Ehepartner einen Widerstand gegenüber Einsicht und Veränderung entwickeln, weil eine solche Veränderung die Ehe bedrohen würde.

7. Widerstände, die durch die Gefahr einer Heilung und dem damit verbundenen Verlust des Analytikers ausgelöst werden. Viele Patienten bleiben in Analyse wegen der verborgenen Befriedigungen, die sie aus dem Verfahren und der analytischen Beziehung ableiten, insbesondere dann, wenn der Patient sich an eine Abhängigkeit von der Person des Analytikers als einer wichtigen Figur in seinem Leben gewöhnt hat. So mag ein Patient den Analytiker unbewußt als eine schützende oder versorgende Elternfigur wiedererleben, und sein Widerstand gegen die Heilung kann die Angst vor dem Aufgeben dieser Beziehung widerspiegeln. Solche Patienten lassen eine Verschlechterung erkennen, wenn die Beendigung der Behandlung erwogen wird, doch handelt es sich hier nicht um eine negative therapeutische Reaktion (Kap. 8).

8. Widerstände aufgrund der Gefährdung des Selbstwertgefühls durch die analytische Arbeit (Abraham, 1919). Besonders bedeutsam sind sie bei Patienten, bei denen die Erweckung von *Scham* ein Hauptmotiv für ihre Abwehr ist. Solche Patienten können Schwierigkeiten haben, infantile Aspekte ihrer selbst zu ertragen, die im Verlauf der Behandlung auftauchen, weil sie diese Aspekte als beschämend erleben.

Schon 1919 schrieb Abraham über das Problem, daß manche Patienten gegenüber der Analyse permanenten Widerstand leisten, indem sie ihre Assoziationen kontrollieren. Ihre narzißtische Persönlichkeitsstruktur erlaubt ihnen, hinter scheinbarer Bereitwilligkeit der Analyse zu trotzen. Nach Abrahams Ansicht wird die Arbeit dadurch behindert, daß ihr narzißtisches Liebesbedürfnis nicht zu befriedigen ist und daher keine eigentliche positive Übertragung zustande kommt. An Abraham anschließend hat die Widerstandsanalyse bei narzißtischen Patienten und solchen mit schweren Borderline-Störun-

gen zunehmende Beachtung gefunden (vgl. Vianna, 1974; Boschán, 1987; Kernberg, 1988). Besondere Bedeutung kommt in diesem Zusammenhang den Arbeiten von Melanie Klein (1946, 1957), Rosenfeld (1965 b, 1971) und Kohut (1971, 1977, 1984) zu.
Rosenfeld ist der Auffassung, daß Widerstände beim narzißtischen Patienten „nur durch detaillierte und gründliche Analyse von Aggression und Neid in der Übertragungsbeziehung sowie mit Deutung der damit zusammenhängenden, auf den Analytiker projizierten Verfolgungsängste" bearbeitet werden können (in Vianna, 1974). Kernberg (1988) hat die Verästelungen narzißtischer Impulse vom Gesichtspunkt der Objektbeziehungstheorie her untersucht, und im Zusammenhang mit der Widerstandsanalyse bei Patienten mit narzißtischen Persönlichkeitsstrukturen stellt er fest: „Wenn die verschiedenen Merkmale des pathologischen grandiosen Selbst und die entsprechenden bewundernden, entwerteten oder argwöhnisch gefürchteten Objektrepräsentanzen in der Übertragung auftauchen, kann es möglich werden, daß die ihnen zugrundeliegenden internalisierten Objektbeziehungen allmählich geklärt werden können, die zur Verdichtung des grandiosen Selbst auf der Basis von realem Selbst, idealem Selbst und idealem Objektrepräsentanzen geführt haben."
Viele Analytiker sind heute der Ansicht, daß man Narzißmus nicht als Gegenstück zu Objektbeziehungen betrachten, sondern ihn vielmehr im Sinne ganz spezifischer Arten innerer Objektbeziehung einschließlich der Beziehung des Individuums zum eigenen Selbst begreifen solle.

9. Widerstand gegenüber dem Aufgeben früherer adaptativer Lösungen (einschließlich neurotischer Symptome) aufgrund der Tatsache, daß solche Lösungen „zurückgelernt" oder aufgegeben werden müssen. Dieser Prozeß des Auslöschens braucht Zeit und ist ein integraler Bestandteil des Durcharbeitens (s. Kap. 12). Hierher gehört der sogenannte Es-Widerstand, aber auch Widerstände gegen Veränderung seelischer Funktionsweisen in den organisierten und kontrollierenden Persönlichkeitsanteilen (das heißt im Ich und im Über-Ich). In neuerer Zeit ist zunehmend betont worden (z. B. Stone,

1973; Thomä & Kächele, 1986), daß Widerstand „weniger dem explizit und ausschließlich Infantilen gilt, sondern gegen die Integration des Erlebens gerichtet ist" (Stone, 1973). Dies läßt sich mit einer von Erikson (1968) geäußerten Ansicht verbinden, daß es einen „Identitätswiderstand" gibt, der auf die Angst gegründet ist, das Gefühl von Identität zu verlieren, das mit der Selbstrepräsentanz verbunden ist. Je weniger das Selbst des Patienten strukturiert ist, desto größer ist die Gefahr und desto stärker daher auch der Widerstand. Ähnlich erörtert Ogden (1983), wie der Patient angesichts aktueller Erfahrungen Widerstand dagegen leistet, innere Objektbeziestand zur Kontrolle des „Abstands" zwischen sich und dem Analytiker benutzen, um einen Verlust an Kontrolle und damit auch an Sicherheitsgefühl zu verhindern (vgl. Sandler, 1968; Thomä & Kächele, 1986). Die meisten Analytiker (z. B. Fenichel, 1941) halten den Es-Widerstand nicht für ein haltbares Konzept, andere dagegen (z. B. Frank, 1985; Stone, 1973; Thomä & Kächele, 1987) sind der Ansicht, daß sich im Es-Widerstand quantitative Schwankungen der Triebstärke widerspiegeln.

10. Charakterwiderstände der von Wilhelm Reich beschriebenen Art (1928, 1929, 1933) aufgrund der „fixierten" Natur von Charakterzügen; sie können bestehen bleiben, auch wenn die ursprünglichen Konflikte durch welche sie entstanden waren, sich inzwischen vermindert oder gelöst haben; der Patient hat sie akzeptiert, da sie keine Beunruhigung darstellen. Boesky (1985) hat geäußert, man solle den Begriff des Charakterwiderstands überhaupt fallenlassen: „Es ist irreführend, wenn behauptet wird, daß mit sogenannten Charakterwiderständen anders als mit sonstigen Widerständen umzugehen sei." Demgegenüber tritt Kernberg (1980 a) entschieden für Beibehaltung des Begriffs ein und betont, daß solcher Widerstände wichtig für die Evaluierung der Analysierbarkeit seien.

Es steht außer Zweifel, daß Widerstände auf der Grundlage unveränderbarer Aspekte der Charakterstruktur des Patienten große Bedeutung für die Analyse haben. Sandler (1988) ist der Meinung, daß der unveränderbare „gewachsene Fels" (Freud, 1937 c) in Patienten als „ein *spezifischer* psychobiologischer Felsen zu betrachten ist, der weitgehend aus den Strukturen besteht, die durch die *spezifische* Entwicklung eines Individuums im Rahmen der *spezifischen* Wechselbeziehung zwischen der Person und ihrer Umwelt geschaffen wurden – insbesondere als Resultat der Wechselbeziehung zwischen dem Säugling und seiner umsorgenden Person. Dadurch ist sicherlich der Analyse ihre Grenze gesetzt ... es wäre ein technisches Armutszeugnis, wenn man solche Faktoren überginge und alles als ‚analysierbar' betrachten würde". Hierzu gehört auch Anna Freuds Begriff der Ich-Einschränkung (Sandler mit A. Freud, 1985):

Die Ich-Einschränkung gilt dem Unlustaffekt, der durch ein äußeres Erlebnis hervorgerufen wird. Der Gedanke dabei ist, daß es für ein Kind, das einmal die Erfahrung gemacht hat, daß ein solcher Affekt aufkommen kann, am einfachsten ist, sich nicht noch einmal auf die gleiche Situation einzulassen. Das hatte ich im Sinn, als ich sagte, es sei keineswegs ein neurotischer Mechanismus, sondern eigentlich einer von den Mechanismen, die uns dabei helfen, unsere verschiedenen Persönlichkeiten aufzubauen. Vom frühesten Alter an gibt es eine mehr oder minder automatische Vermeidung des Unlustvollen, und warum *sollten* wir denn überhaupt Unlusterlebnisse haben? Das Ich hat das Gefühl, es gebe doch anderes, was man statt dessen tun könnte.

Die Rolle des Widerstands in der Kinderanalyse wird im Detail von Sandler, Kennedy und Tyson (1980) behandelt. Sie stellen fest, daß es in der Kinderanalyse „erforderlich ist, weniger nach Widerständen gegenüber der freien verbalen Assoziation auszuschauen als vielmehr nach Widerständen gegenüber der Kommunikation oder Kooperation im allgemeinen".

Die beiden letztgenannten Widerstandsarten sind offensichtlich miteinander verwandt und können sogar als Formen des „Sekundärgewinns" betrachtet werden; die Grundlage des Widerstands ist jedoch anders als bei dem, was gewöhnlich als „Sekundärgewinn" bezeichnet wird. Es ist der Gedanke geäußert worden, daß eine adaptive Lösung – sei es ein neurotisches Symptom, ein Charakterzug oder eine sonstige Funktionsweise – durch die Tatsache verstärkt werden kann (und damit auch einen Widerstand gegenüber Veränderungen bilden kann, wenn der ursprüngliche „Primärgewinn" entfallen ist), daß seine Voraussagbarkeit und Verfügbarkeit als Funktionsmuster eine Verbesserung des individuellen Sicherheitsgefühls herbeiführt (Sandler, 1960 a). Sandler und Joffe (1968) haben dies hinsichtlich der Persistenz psychischer „Strukturen" ausgeführt, die als patternbildende Aspekte des Verhaltens angesehen werden. Dort heißt es:

Manche Strukturen werden entwickelt, damit ein bestehender Konflikt gelöst wird. Sie können dann aber beibehalten und benutzt werden, um das Gefühl von Sicherheit zu wahren, auch wenn die ursprünglich an ihrer Bildung beteiligten Impulse nicht mehr in derselben Weise wirksam sind. Wahrscheinlich handelt es sich bei den letzteren Strukturen um diejenigen, die einer Veränderung durch Verhaltenstherapie am ehesten zugänglich sind. So mag ein neurotisches Symptom (und die ihm unterliegenden Strukturen) etwa darauf abzielen, einen bestehenden Konflikt zwischen einem Triebwunsch und inneren (Über-Ich-)Anforderungen der Person zu lösen. Es kann zu einem späteren Zeitpunkt aber ebensogut ein Mittel werden, um ein Sicherheitsgefühl zu erzeugen; werden andere Wege zur Erlangung des Sicherheitsgefühls zugänglich, dann können andere und bequemere Mittel gefunden und der Einsatz der älteren Symptom-Struktur gehemmt werden ... Alle psychotherapeutischen Systeme und Verfahrensweisen (einschließlich der Verhaltenstherapie) bieten in reichem Maße potentiell Sicherheit gewährende Alternativlösungen an, die vom Patienten gebraucht werden können.

Übereinstimmung herrscht darüber, daß ein wesentlicher Teil des analytischen Prozesses darin besteht, dem Patienten seine Widerstände bewußt zu machen und ihn dahin zu bringen, daß er sie selbst als Hindernisse sehen kann, die es zu verstehen und zu überwinden gilt. Man ist sich auch darin einig, daß dies alles andere als eine leichte Aufgabe darstellt, weil der Patient oft alles unternimmt, um seinen Widerstand zu rechtfertigen und zu rationalisieren, sprich ihn als den gegebenen Umständen angemessen zu erklären. Die Bedrohung, die die analytische Arbeit für die gegebenen inneren Gleichgewichtsverhältnisse des Patienten bedeuten kann, ist möglicherweise so stark, daß er seinen Widerstand sogar durch eine „Flucht in die Gesundheit" aufrechterhält und den Behandlungsabbruch mit der Tatsache rechtfertigt, daß seine Symptome ja zumindest im Moment verschwunden seien. Hier ist die Angst vor dem, was durch die Analyse geschehen könnte, anscheinend größer als die primären und sekundären Gewinne aus den Symptomen. Die Mechanismen, mittels derer die „Flucht in die Gesundheit" bewerkstelligt wird, sind unserer Ansicht nach noch nicht wirklich verstanden, doch es ist wahrscheinlich, daß dieser Vorgang leichter stattfinden kann, wenn der sekundäre Krankheitsgewinn für das Beibehalten des Symptoms eine wichtige Rolle spielt, nachdem die primären Gewinne der Symptomatik schwächer geworden oder verschwunden sind. Die „Flucht in die Gesundheit" ist zu unterscheiden von der Symptomverleugnung, die Teil der Rechtfertigung des Patienten für den Behandlungsabbruch sein kann, wenn die aufgetretenen Widerstände stärker als das Behandlungsbündnis geworden sind.

Während Widerstand ursprünglich als Widerstände des Patienten gegenüber Erinnern und freiem Assoziieren aufgefaßt wurde, ist der Begriff bald dahingehend erweitert worden, daß er sämtliche Hindernisse einschloß, die sich seitens des Patienten den Zielen und Wegen der Behandlung widersetzen. In der Psychoanalyse und der psychoanalytischen Psychotherapie werden Widerstände mittels Deutungen und anderen Interventionen des Analytikers überwunden (s. Kap. 10). Form und Inhalt des Widerstands gelten heute als nützliche Informationsquellen für den Therapeuten. Eine solche Auffassung des Widerstands macht es möglich, den Begriff über die Analyse hinaus auf alle anderen Behandlungsformen zu erweitern, und wir können nun Widerstandsäußerungen sogar in der ärztlichen Allgemeinpraxis erkennen, in Form von vergessenen Einbestellungen, Mißverstehen der ärztlichen Anordnungen, Rationalisierungen für Behandlungsabbruch und ähnliches mehr. Verschiedene Behandlungsarten können unterschiedliche Widerstandsquellen stimulieren, was der Beobachtung Rechnung tragen mag, daß eine Behandlungsart bei einem Patienten anspricht, wo eine andere versagt hat. Wahrscheinlich verdanken manche Behandlungsarten ihren Erfolg der Tatsache, daß sie bestimmte Widerstandsquellen umgehen. Gleichzeitig aber dürfte auch zutreffen, daß andere Behandlungsmethoden fehlschlagen, weil keine ausreichenden Vorkehrungen für adäquaten Umgang mit den möglicherweise auftretenden Widerständen getroffen wurden. Der Widerstand kann also selbst in all diesen verschiedenen Situationen eine Quelle nützlicher Information sein.

8. Die negative therapeutische Reaktion

DER KLINISCHE BEGRIFF negative therapeutische Reaktion ist aus mehreren Gründen in dieses Buch aufgenommen worden. Er nimmt in der Geschichte der Psychoanalyse eine besonders wichtige Stellung ein, denn er repräsentiert das von Freud (1923 b) gewählte Phänomen, an dem er das „unbewußte Schuldgefühl" erläuterte und das er als Hinweis auf die Existenz dessen nahm, was er als eine besondere psychische Instanz formulierte – das *Über-Ich*. Darüber hinaus handelt es sich um einen Begriff, der in der analytischen Behandlung viel verwendet wird, obwohl seit Freuds ursprünglicher Formulierung wenig über dieses Thema geschrieben wurde. Im Unterschied zur *Übertragung* (Kap. 4 und 5) und zum *Agieren* (Kap. 9) ist dieser Begriff nicht wesentlich über die psychoanalytische Behandlung hinaus erweitert worden. Angesichts der Tatsache, daß er sich oft für eine unmittelbare Anwendung in therapeutischen Situationen ohne weiteres eignet, ist dies einigermaßen überraschend.

Das Phänomen der negativen therapeutischen Reaktion in der psychoanalytischen Behandlung ist von Freud zuerst folgendermaßen beschrieben und erklärt worden (1923 b):

Es gibt Personen, die sich in der analytischen Arbeit ganz sonderbar benehmen. Wenn man ihnen Hoffnung gibt und ihnen Zufriedenheit mit dem Stand der Behandlung zeigt, scheinen sie unbefriedigt und verschlechtern regelmäßig ihr Befinden. Man hält das anfangs für Trotz und Bemühen, dem Arzt ihre Überlegenheit zu bezeugen. Später kommt man zu einer tieferen und gerechteren Auffassung. Man überzeugt sich nicht nur, daß diese Personen kein Lob und keine Anerkennung vertragen, sondern daß sie auf die Fortschritte der Kur in verkehrter Weise reagieren. Jede Partiallösung, die eine Besserung oder zeitweiliges Aussetzen der Symptome zur Folge haben sollte und bei anderen auch hat, ruft bei ihnen eine momentane Verstärkung ihres Leidens hervor, sie verschlimmern sich, ... anstatt sich zu bessern.

Freud verknüpfte dies mit der Wirkung dessen, was er als ein unbewußtes Schuldgefühl betrachtete, welches auf den Einfluß des Gewissens des Patienten (einen Aspekt des Über-Ich) zurückgeht. In diesen Fällen dient die Krankheit zumindest teilweise einer Beschwichtigung oder Minderung des Schuldgefühls des Patienten. Seine Symptome können ein Straf- oder Leidensbedürfnis darstellen, einen Versuch, ein ungewöhnlich strenges und kritisches Gewissen zu besänftigen. Es folgt daraus, daß Besserung oder Aussicht auf diese eine besondere Form von Bedrohung für diese Patienten darstellt, nämlich die Gefahr des Erlebens akuter und vielleicht unerträglicher Schuldgefühle. Es wird angenommen, daß auf irgendeine Weise der symptomfreie Zustand für solche Patienten Erfüllung unbewußter Kindheitswünsche repräsentiert, deren Befriedigung als innerlich verboten erlebt wird.

Freud verband die negative therapeutische Reaktion eindeutig mit einem unbewußten Schuldgefühl; er hielt es zwar für verfehlt, Gefühle als „unbewußte" zu beschreiben (1923 b, 1924 c), meinte jedoch, daß dieselben Faktoren, die bewußte Schuldgefühle hervorrufen, auch außerhalb der bewußten Wahrnehmung wirksam sein können und daß der Begriff eines „unbewußten Schuldgefühls" trotz der philosophischen und semantischen Einwände nützlich sei.

In „Das ökonomische Problem des Masochismus" (1924) fügte Freud hinzu, daß das „unbewußte Schuldgefühl", das zur negativen therapeutischen Reaktion führen kann, in manchen Fällen durch eine unbewußte masochistische Tendenz verstärkt sein könne (Loewald, 1972, erörtert die Rolle des sogenannten Todestriebes im Zusammenhang mit Masochismus und negativer therapeutischer Reaktion). Dies könnte einen zusätzlichen Gewinn aus dem krankheitsbedingten Leiden ermöglichen und einen verstärkten Widerstand gegenüber der Besserung hervorrufen. Er sagt: „Das Leiden, das die Neurose mit sich bringt, ist gerade das Moment, durch das sie der masochistischen Tendenz wertvoll wird" und setzt hinzu, daß „gegen alle Theorie und Erwartung eine Neurose, die allen therapeutischen Bemühungen getrotzt hat, verschwinden kann, wenn die Person in das Elend einer unglücklichen Ehe geraten ist, ihr Vermögen verloren oder eine bedrohliche organische Erkrankung erworben hat. Eine Form des Leidens ist dann durch eine andere abgelöst worden..." Es mag von Interesse sein, daß Freud in dieser Arbeit meinte, die Vorstellung eines unbewußten Schuldgefühls sei für den Patienten schwer glaubhaft und ohnehin psychologisch inkorrekt. Die Bezeichnung „Strafbedürfnis" decke den beobachteten Sachverhalt genau treffend. 1923 merkte Freud an, daß die therapeutische Aufgabe oft glänzend gelöst werden könne, wenn die negative therapeutische Reaktion auf ein „entlehntes" Schuldgefühl zurückgehe; mit „entlehntem Schuldgefühl" meinte er Schuld, die von einem Liebesobjekt auf dem Wege der Identifizierung mit dessen Schuld übernommen wurde. Levy (1982) hat dieses Phänomen weiter erörtert und seine dynamischen Prozesse untersucht.

Freud verwandte somit die Bezeichnung „negative therapeutische Reaktion" zugleich in beschreibendem Sinne und als eine Erklärung. Sie diente ihm zur *Beschreibung* eines besonderen Behandlungsphänomens, nämlich der Verschlechterung des Zustands des Patienten nach einer ermutigenden Erfahrung (beispielsweise nachdem der Analytiker Zufriedenheit über den Behandlungsfortschritt ausgedrückt hatte oder der Patient selbst erkennen mußte, daß durch die Erhellung eines Problems ein Fortschritt erzielt worden war). Sie tritt gerade dann auf, wenn man normalerweise erwarten sollte, daß der Patient erleichtert ist. Anderseits gebrauchte er sie als *Erklärung* des Phänomens im Sinne eines psychischen Mechanismus, also einer Reaktion in der Form, daß Verschlechterung oder Gefühl von Verschlechterung statt Besserung eintritt, und die dazu dient, die durch die Besserung hervorgerufenen Schuldgefühle zu vermindern.

Die negative therapeutische Reaktion wurde von Freud als charakteristisch für bestimmte Typen von Analysepatienten angesehen; dabei ist interessant, daß er einige Jahre zuvor den im wesentlichen gleichartigen Mechanismus in ganz anderem Zusammenhang beschrieben hatte. 1916 führte er einige Charaktertypen auf, darunter „die am Erfolge scheitern". Ausgehend von dem Gedanken, daß die Neurose ihren Ursprung in der Versagung von Triebwünschen hat, fährt er fort: „Um so mehr muß es überraschend, ja verwirrend wirken, wenn man als Arzt die Erfahrung macht, daß Menschen gelegentlich gerade dann erkranken, wenn ihnen ein tief begründeter und lange gehegter Wunsch in Erfüllung gegangen ist. Es sieht dann so aus, als ob sie ihr Glück nicht vertragen würden, denn an dem ursächlichen Zusammenhange zwischen dem Erfolge und der Erkrankung kann man nicht zweifeln." Freud veranschaulichte diese These am Fall einer Frau, die jahrelang glücklich mit ihrem Liebhaber zusammengelebt hatte und der zum vollen Glück nur die Legalisierung ihrer Verbindung zu fehlen schien. Als sie dann endlich doch die Ehe eingehen konnten, brach sie völlig zusammen und entwickelte eine unheilbare paranoide Erkrankung. Weiter zitiert Freud den Fall eines akademischen Lehrers, der viele Jahre den Wunsch gehegt hatte, der Nachfolger seines Meisters zu werden, der ihn selbst in die Wissenschaft eingeführt hatte. Als er dann tatsächlich zu dessen Nachfolger berufen wurde, entwickelte er Zweifel und Unwürdigkeitsgefühle und verfiel in Melancholie, die mehrere Jahre andauerte (Freud zitierte auch Lady Macbeth und Rebekka West in Ibsens „Rosmersholm" als Beispiele). „Die analytische Arbeit zeigt uns leicht", sagte Freud, „daß es Gewissensmächte sind, welche der Person verbieten, aus der glücklichen realen Veränderung den lange erhofften Gewinn zu ziehen" (1916 a).

Die frühe psychoanalytische Literatur zur negativen therapeutischen Reaktion blieb relativ mager. Wilhelm Reich (1934) war der Meinung, daß das Auftreten der negativen therapeutischen Reaktion auf mangelhafte analytische Technik zurückzuführen sei, insbesondere auf unzulängliche Analyse der negativen Übertragung, und in einer Arbeit von Feigenbaum (1934) wird eine dafür kennzeichnende Fallepisode beschrieben. Zwei bald danach erschienene Arbeiten versuchen dann jedoch, Freuds ursprüngliches Konzept durch Einbeziehung einer Reihe verschiedenartiger Mechanismen zu erweitern (Horney, 1936; Riviere, 1936).

Riviere wies 1936 darauf hin, daß die negative therapeutische Reaktion, wie sie Freud gefaßt hatte, nicht bedeute, daß der Patient in jedem Falle unanalysierbar sei. Patienten, die in dieser Form reagieren, brechen nicht immer die Behandlung ab, und durch geeignete analytische Arbeit können Veränderungen bei ihnen bewirkt werden. Riviere meint dann weiter: „Freuds Bezeichnung für diese Reaktion ist jedoch nicht sehr spezifisch; man könnte alle Fälle von Patienten, die von einer Behandlung nicht profitieren, unter der Bezeichnung negative therapeutische Reaktion aufführen." Riviere scheint den Begriff weiter gefaßt zu haben als Freud; sie reiht darunter auch eine Anzahl schwerer Widerstände gegen die Analyse (bei besonders hartnäckigen Fällen) ein. Gemeinsam mit einer Anzahl späterer Autoren (etwa Rosenfeld, 1968) faßt sie darunter bestimmte Widerstandsarten, bei denen der Patient offen oder heimlich die Deutungen des Analytikers ablehnt. Ein beträchtlicher Teil der Erörterungen Rivieres bezieht sich auf das, was wir als Widerstand aufgrund der Gefährdung des Selbstwertgefühls durch die analytische Arbeit und als Widerstände aufgrund „fixierter" Charakterzüge beschrieben haben (Kap. 7). Andere Gesichtspunkte beziehen sich auf das Fehlen eines ausreichenden Behandlungsbündnisses bei bestimmten Patiententypen (Kap. 3).

Im Gegensatz zu Riviere geht Horney (1936) von der Formulierung aus, daß die negative therapeutische Reaktion nicht unterschiedslos jegliche Verschlechterung im Befinden des Patienten bedeute. Man solle darunter nur solche Fälle fassen, bei denen man billigerweise habe erwarten dürfen, daß der Patient eine Erleichterung erlebt. Sie fährt fort, daß in vielen Fällen negativer therapeutischer Reaktion

> der Patient tatsächlich sehr oft diese Erleichterung deutlich verspürt, um dann nach einer kurzen Weile in der genannten Weise zu reagieren, also mit verstärkten Symptomen, Entmutigung, Wünschen nach Abbruch der Behandlung und so weiter. Prinzipiell scheint dabei ein ganz bestimmter Reaktionsverlauf vorzuliegen. Zuerst erlebt der Patient deutliche Erleichterung, und dann erfolgt ein Zurückweichen vor der Aussicht auf Besserung, er bekommt Zweifel (an sich selbst oder am Analytiker), verliert die Hoffnung, wünscht abzubrechen und sagt beispielsweise, er sei zu alt, um sich noch zu ändern.

Horney meinte, die negative therapeutische Reaktion gründe in einer besonderen Art „masochistischer" Persönlichkeitsstruktur. Bei solchen Personen sei die Wirkung einer „guten" Deutung des Analytikers (in dem Sinne, daß die Deutung vom Patienten als richtig empfunden wird) von fünferlei Art. Diese fünf Arten brauchen nicht gleichzeitig vorhanden und auch nicht von gleicher Stärke zu sein, können jedoch in verschiedenen Kombinationen auftreten.

1. Solche Patienten nehmen eine „gute" Deutung zum Anlaß, um mit dem Analytiker zu rivalisieren. Der Patient empfindet ein Ressentiment gegüber dem, was er für die Überlegenheit des Analytikers hält. Nach Horney sind bei solchen sehr ehrgeizigen Patienten Konkurrenzhaltung und Rivalität überdurchschnittlich stark entwickelt. In ihren Ehrgeiz mischt sich ein ungewöhnliches Maß von Feindseligkeit. Sie drücken diese Feindseligkeit und ihr Gefühl von Unterlegensein oft dadurch aus, daß sie den Analytiker klein machen und ihn zu Fall zu bringen versuchen. In diesen Fällen reagiert der Patient nicht auf den Inhalt der Deutung, sondern auf das Können des Analytikers.
2. Die Deutung kann auch als Kränkung des Selbstwertgefühls des Patienten aufgefaßt werden, nämlich wenn er daraus entnimmt, daß er nicht vollkommen ist und ganz „normale" Ängste hat. Er erlebt das als Vorwurf und mag daraufhin eine negative Reaktion zeigen im Sinne eines Versuchs, das Blatt zu wenden, um dem Analytiker Vorwürfe zu machen.
3. Auf die Deutung hin tritt ein mehr oder minder flüchtiges Gefühl von Erleichterung ein, und der Patient reagiert, als bedeute die Lösung einen Schritt in Richtung von Besserung und Erfolg. Diese Reaktion scheint sowohl Angst vor Erfolg als auch Angst vor Mißlingen zu verkörpern. Während der Patient einerseits fühlt, daß er im Falle des Erfolgs denselben Neid und dieselbe Wut auf sich zieht, wie er es selbst angesichts von Erfolgen anderer empfindet, fürchtet er auf der anderen Seite, daß dann, wenn er sich in Richtung seiner ehrgeizigen Ziele bewegt und versagt, andere so über ihn herfallen werden, wie er gerne über andere herfallen möchte. Solche Patienten schrecken vor allen Zielen zurück, die in eine Konkurrenzsituation führen, und legen sich ständig Hemmungen und Einschränkungen auf.
4. Die Deutung wird als ungerechtfertigte Beschuldigung empfunden, und der Patient hat ständig das Gefühl, die Analyse sei ein Gerichtsverfahren. Die Deutung verstärkt die vorhandenen Gefühle von Selbstbeschuldigung, und der Patient reagiert darauf, indem er seinerseits den Analytiker anklagt.
5. Der Patient empfindet die Deutung als eine Zurückweisung und nimmt die Aufdeckung seiner eigenen Schwierigkeiten als Ausdruck von Ablehnung und Verachtung seitens des Analytikers.

Diese Reaktionsweise ist mit einem starken Bedürfnis nach Zuwendung und einer gleichstarken Empfindlichkeit gegenüber Ablehnung verknüpft.

Horney hat diese Reaktionstypen weiter ausgearbeitet; wir haben sie hier wegen ihrer offensichtlichen therapeutischen Bedeutsamkeit relativ ausführlich dargestellt. Trotz der anfänglichen genauen Beschreibung der negativen therapeutischen Reaktion faßt Horney aber dann (wie Riviere) darunter auch andere „negative" Reaktionen, die auf andersartigen psychischen Prozessen begründet sind. Diese sind zwar für die Behandlung von Patienten mit narzißtischen und masochistischen Persönlichkeitsstrukturen wichtig, sind aber qualitativ anderer Art als die von Freud beschriebenen negativen therapeutischen Reaktionen. Der Patient mit einer solchen Reaktion zeigt *Verschlimmerung*, wo eine Besserung zu erwarten ist, und unterscheidet sich darin von den Patienten, die eine „richtige" Deutung übelnehmen oder irgendeine Art von aggressiver „Gegenreaktion" zeigen. Klinische Evidenz für das Vorliegen einer negativen therapeutischen Reaktion bei Patienten mit starken Schuldgefühlen und „Strafbedürfnis" gewinnt man manchmal aus der paradoxen Reaktion solcher Patienten auf Deutungen, die sie als Angriff, Kritik oder Bestrafung empfinden. Dies zeigt sich im Falle einer stark masochistischen Patientin, von der Sandler berichtet (1959):

> Ein großer Teil ihres Schweigens und ihrer Assoziationsschwierigkeiten war darauf angelegt, mich ärgerlich zu machen, und da ich damals noch relativ wenig Erfahrung hatte, kam dieser Ärger über sie gelegentlich in meinen Äußerungen oder im Tonfall durch. Jedesmal, wenn dies geschehen war, konnte sie sich entspannen, und die nächste Stunde war dann eine ‚gute' Stunde; sie konnte leicht assoziieren und brachte neues Material. Ich faßte dies damals so auf, daß ich unwillentlich ihr ‚Strafbedürfnis' befriedigt hatte...

Die psychoanalytischen Arbeiten bis in die sechziger Jahre, die dieses Thema behandeln oder berühren (z. B. Arkin, 1960; Brenner, 1959; Cesio, 1956, 1958, 1960 a, 1960 b; Eidelberg, 1948; Feigenbaum, 1934; Greenbaum, 1956; Horney, 1936; Ivimey, 1948; Lewin, 1950; Riviere, 1936; Salzman, 1960), haben unseres Erachtens nicht viel zu unserem Wissen über diesen Mechanismus hinzugefügt, sofern man an den von Freud beschriebenen spezifischen Merkmalen dieser Reaktion festhält; indessen wurde die Bedeutung des Begriffs erweitert, mit der Folge, daß er auf unterschiedliche Weisen gebraucht wurde. Eine sehr brauchbare Übersicht von Olinick (1964) führt die zahlreichen Mißverständnisse auf, die hinsichtlich der Natur der negativen therapeutischen Reaktion herrschen. Auch er ist besorgt, daß der Begriff seine Schärfe verlieren könnte, und sagt: „Man begegnet immer noch gelegentlich einer Verwendung des Begriffs als Bezeichnung für jegliche Verschlechterung im Befinden des Patienten während der Analyse. Die präzisen klinischen Beobachtungen früherer Autoren werden auf diese Weise großzügig annulliert." Olinick spricht von „fälschlichen" negativen therapeutischen Reaktionen, um damit die Wirkung fehlerhafter Technik zu kennzeichnen, nämlich dort, wo ein unbewußter Wunsch gedeutet wird, ehe der Patient dafür ausreichend vorbereitet worden war. Anstelle einer Erleichterung fühlt sich der Patient nach der voreiligen Deutung schlechter, aber dies ist keine negative therapeutische Reaktion in dem von Freud gemeinten Sinne. Olinick schließt dann eine Betrachtung der negativen therapeutischen Reaktion als Sonderfall von Negativismus an. Er geht den Ursprüngen einer negativistischen Einstellung in den frühen Lebensjahren nach und verbindet sie mit Situationen, die beim Kinde Gefühle nachtragender Aggressivität und Widersetzlichkeit hervorrufen.

Es bestand zunehmend die Tendenz, die negative therapeutische Reaktion in Begriffen der Schicksale der kindlichen Beziehungen im ersten Lebensjahr zu fassen. Mehrere Analytiker (z. B. Asch, 1976; Lampl-De-Groot, 1967; Limentani, 1981; Olinick, 1964, 1970, 1978) verweisen darauf, daß es eine Prädisposition für diese Reaktion gebe, der zugrunde liege, daß beim Patienten ein regressiver Zug in Richtung einer Verschmelzung mit dem inneren Bild einer depressiven, ambivalent geliebten und gehaßten Mutter vorhanden sei. Besonders Limentani (1981) spricht von der Angst, den seelischen Schmerz erneut zu erleben, der mit frühen traumatischen Erlebnissen verbunden war. Wahrscheinlich spielt das Erleben von Schuld bei der Vorstellung, die Bindung an die Figur der frühen Kindheit zu lösen, eine bedeutsame Rolle beim Entstehen der negativen therapeutischen Reaktion. Diese enge innere Bindung kann von selbstbestrafender und masochistischer Art sein, und das Auftreten einer späteren negativen therapeutischen Reaktion mag das Bedürfnis des Patienten widerspiegeln, die masochistische selbstbestrafende Bindung an das Objekt erneut zu bestätigen (Loewald, 1972). Später wurde dann die Auffasung vertreten, den Patienten sei die Individuation und Separation von den frühen Beziehungsfiguren mißlungen (Mahler, 1968; Mahler, Pine & Bergmann, 1975); einige Analytiker verwendeten Bezugsrahmen von Separation-Individuation für ihre Überlegungen zur negativen therapeutischen Reaktion (etwa Valenstein, 1973; Asch, 1976; Grunert, 1979; Roussillon, 1985).

Asch (1976) verweist bei einer Erörterung der negativen therapeutischen Reaktion auf den Zusammenhang zwischen der frühen masochistischen Beziehung und narzißtischen Gewinnen:

> Wenn sich jemand unter der Aegide einer Mutterfigur entwickelt hat, deren Ideal ein Leben in Leiden und Verzicht zu sein schien, und diese Aspekte des (geliebten) Elternbildes introjiziert hat, dann wird er sich der Besserung durch die Analyse widersetzen und insbesondere solchen Deutungen Widerstand entgegensetzen, die darauf gerichtet sind, Hindernisse gegenüber Lustvollem zu beseitigen. Ist ein moralisches System einmal integriert, dann macht seine Befolgung nicht nur frei von Schuld, sondern bringt auch einen narzißtischen Gewinn, der schließlich zum Selbstzweck werden kann.

Wir möchten hinzufügen, daß der Patient auch einen Verlust an sogenannter narzißtischer Allmacht befürchten mag, einen Verlust des Gefühls, Herr im eigenen Hause zu sein, wenn er eine Besserung auf Deutungen hin zuließe, weil Besserung für ihn bedeutet, Unabhängigkeit und Selbstbestimmung aufzugeben und damit Verlust an Selbstwertgefühl zu erleiden (Kernberg, 1975; de Saussure, 1979; Brandschaft, 1983).

Im Verlauf der Entwicklung seiner selbstpsychologischen Theorien stellte Kohut die These auf, daß der narzißtisch gestörte Patient in seinen frühen Objektbeziehungen „Defizite" aufweise, und an Kohut anschließend führte Brandschaft (1983) die negative therapeutische Reaktion darauf zurück, daß es dem Patienten nicht gelungen sei, ein „zusammenhängendes und lebenskräftiges" Selbst zu entwickeln und zu bewahren. Mit einem verletzbaren Selbst habe er das Bedürfnis, eine Bindung an einen Analytiker aufrechtzuerhalten, den er als Partner erlebt, der ihn erbarmungslos im Stich läßt; nach Brandschaft ist dies eine Wurzel der negativen therapeutischen Reaktion.

Das Auftreten der negativen therapeutischen Reaktion bei Patienten mit Depressionsneigungen ist ein Thema, das von 1936 an in der Literatur erscheint (Gerö, 1936; Horney, 1936; Lewin, 1950, 1961; Olinick, 1970; Riviere, 1936). Es ist wahrscheinlich, daß für manche Patienten Erfolg paradoxerweise bedeutet, daß sie sich von einem „Ideal"-Zustand des Selbst entfernen oder seiner verlustig gehen, ein Idealzustand, den sie mit bestimmten strengen Gewissensforderungen verbinden. Vermutlich ist es der Verlust dieses „Ideals", der mit der Entwicklung einer depressiven Reaktion in Zusammenhang steht (Joffe & Sandler, 1965). Eine weitere, wenn auch weniger unmittelbare Verbindung zwischen negativer therapeutischer Reaktion und Depression läßt sich nach unseren eigenen therapeutischen Erfahrungen auf Versuche des Patienten zurückführen, Symptome zu entwickeln, die dazu dienen, die Entwicklung eines depressiven Zustands zu verhindern oder ihm vorzubeugen. Das Entstehen solcher Symptome ist am Beispiel des psychogenen Schmerzes beschrieben worden (Joffe & Sandler, 1967).

Seit dem Erscheinen von Melanie Kleins Buch *Neid und Dankbarkeit* (1957) ist der Rolle des Neides und damit verbundener Destruktivität zunehmende Beachtung zuteil geworden. Bei narzißtischen und Borderline-Patienten wurde die Bedeutung des Neides für das Entstehen der negativen therapeutischen Reaktion aufgezeigt (Bégoin & Bégoin, 1979; Kernberg, 1975; Rosenfeld, 1975; Segal, 1983; Spillius, 1979). Der Patient beneidet den Analytiker und nimmt ihm übel, daß er zutreffende Deutungen geben kann; er mag daher die Macht des Analytikers zu zerstören suchen, indem er eine negative therapeutische Reaktion entwickelt. Man wird hier an die Auffassung Karen Horneys von 1936 erinnert. Kernberg (1975) spricht von Patienten mit einem narzißtischen Bedürfnis, den Analytiker scheitern zu lassen, „die Bemühungen anderer, ihnen zu helfen, zu zerstören, obwohl sie selbst dabei den Schaden haben".

Baranger (1974) hat Melanie Kleins Auffassungen der negativen therapeutischen Reaktion gut beschrieben:

Melanie Klein gibt in *Neid und Dankbarkeit* wertvolle Hinweise, daß am Ursprung der negativen Reaktion immer Neid zu finden ist: denn genau an dem Punkt, da der Analytiker sich sicher ist, den Patienten verstanden zu haben, und wenn letzterer diese Überzeugung teilt, tritt das Problem der negativen therapeutischen Reaktion in Erscheinung; durch diese macht er den Erfolg des Analytikers zunichte und triumphiert über ihn. Sie ist für den Patienten die letzte Zuflucht: noch immer ist er in der Lage, den Analytiker scheitern zu lassen, selbst wenn er dafür mit dem eigenen Scheitern bezahlt.

In den vorangegangenen Kapiteln wurde mehrfach von der wachsenden Bedeutung der zwischenmenschlichen Aspekte der analytischen Situation gesprochen. Olinick (1970) sagt im Hinblick auf die negative therapeutische Reaktion, daß „man sie zwar in intrapsychischen, Ein-Personen-Begriffen darstellen kann, aber für ihr aktuelles Erscheinen eine andere Person anwesend sein muß... Die negative therapeutische Reaktion verlangt die Suche nach jemandem, der bestraft". Das hat offenkundige Bedeutung für die analytische Situation, wo sie im Analytiker Gegenübertragungs-Reaktionen hervorrufen kann (Kap. 6). Olinick bemerkt, daß „Gegenübertragungen bei allen Analytikern auftreten, besonders aber als Antwort auf die prävalente Charakterstruktur des negativ therapeutisch Reagierenden". Zu den Übertragungs- und Gegenübertragungsaspekten der Reaktion haben sich mehrere Analytiker geäußert (Asch, 1976; Brenner, 1959; Kernberg, 1975; Langs, 1976; Limentani, 1981; Loewald, 1972; Olinick, 1964, 1970; Spillius, 1979). Negative therapeutische Reaktionen können bewirken, daß der Analytiker enttäuscht ist, und seine analytische Neutralität belasten; man kann sie daher auch als ein Mittel betrachten, beim Analytiker eine Reaktion zu evozieren oder zu provozieren. Langs (1976) verweist darauf, daß in der Analyse der Patient auf eine Deutung hin so antwortet, daß diese

Deutung für den Analytiker eine Bestätigung erfährt. Im Falle der negativen therapeutischen Reaktion jedoch mag der Patient fortfahren, um sie ungeschehen zu machen und dem Analytiker jegliche solche Validierung zu verweigern.

Insofern die Neigung zu negativen therapeutischen Reaktionen nicht eine Funktion der analytischen Behandlungssituation ist, sondern etwas, das in der individuellen Charakterstruktur bereitliegt, kann man annehmen, daß solche anscheinend paradoxen Reaktionen auf die Möglichkeit von Besserung und Erfolg gleichermaßen auch in anderen Behandlungssituationen auftreten. Es läßt sich erwarten, daß sie bei jeglicher Form von Behandlung als Reaktionen bestimmter Personen auf Fortschritte (oder Zufriedenheitsäußerungen des Therapeuten) anzutreffen sind. Man könnte weiter folgern, daß die Vorgeschichten solcher Personen ähnliche „negative" Reaktionen auf Erfolgs- und Leistungserlebnisse nachweisen lassen.

Es gibt noch mehrere andere Gründe dafür, daß ein Patient in Situationen rückfällig wird, in denen eine Besserung erzielt wurde. Diese können sich von der negativen therapeutischen Reaktion, wie Freud sie beschrieben hat, ganz deutlich unterscheiden. Zum Beispiel können zum Zeitpunkt der Beendigung der Behandlung Symptome vorübergehend wieder auftauchen. Man beobachtet dies auch in andersartigen Behandlungssituationen, etwa bei der Entlassung aus einer Klinik oder wenn mit einem Patienten die Beendigung einer ambulanten Behandlung besprochen wird. Manche Rückfälle kann man in Begriffen einer unaufgelösten Abhängigkeit des Patienten von der Person des Arztes verstehen. Ähnlich können Rückfälle auch Versuche darstellen, mit Ängsten vor einem Zusammenbruch nach Beendigung der Behandlung fertig zu werden, mit denen so umgegangen wird, daß der Patient vor Behandlungsende wieder erkrankt.

Die negative therapeutische Reaktion scheint ein klar umrissenes klinisches Phänomen zu sein, das nicht unbedingt auf unzulängliche Technik oder unangebrachte Interventionen seitens des Therapeuten verweist. Wir möchten aber nochmals betonen, daß es vielerlei Ursachen für Mißlingen oder mangelnde Wirkung der Behandlung zu geben scheint, die keine negative therapeutische Reaktion darstellen. Kenntnis des Mechanismus und der prognostischen Bedeutung der speziellen Charakterstruktur, bei der die negative therapeutische Reaktion auftreten kann, läßt sich für die Praxis in vielfacher Hinsicht verwenden. Sie kann beispielsweise den Therapeuten zur Vorsicht mahnen, depressiven Patienten mit starken Schuldgefühlen und einem Reaktionsmuster, das der negativen Reaktion entspricht, zu raten, sie sollten einmal „Urlaub machen". Die dadurch mobilisierte Schuld kann zu schwerem Schmerz und Depression führen, unter Umständen eine Suizidbereitschaft verstärken.

In der vorliegenden Literatur ist der Begriff der negativen therapeutischen Reaktion hauptsächlich in zwei Richtungen entwickelt worden. In der ersten hat er an begrifflicher Schärfe verloren, infolge einer Tendenz, ihn mit allgemeineren Widerstandsarten und „negativistischen" Haltungen oder mit Masochismus in seinen verschiedenen Formen zu verbinden. Die Beiträge in dieser Richtung haben zwar unser Verständnis des *Widerstands* verbessert, doch das Besondere der negativen therapeutischen Reaktion liegt darin, daß es sich um einen Prozeß handelt, bei dem zuerst ein irgendwie gearteter „Schritt nach vorn" getan wird, auf den hin dann ein Rückzug erfolgt. Wir halten es für höchst wichtig, die Reaktion vom allgemeinen Begriff des Widerstands getrennt zu lassen und die Bezeichnung „negative therapeutische Reaktion" für das zweiphasige Phänomen beizubehalten, wie Freud es ursprünglich beschrieben hat. Roussillon (1985) hat indessen überzeugend dargelegt, daß es in der negativen therapeutischen Reaktion nicht nur zwei, sondern drei Phasen gibt. Dabei handelt es sich zunächst um eine Besserung im Zustand des Patienten; über diese äußert der Analytiker Zufriedenheit, und daraufhin verschlechtert sich der Zustand des Patienten. Die Reaktion wird hier als ein Übertragungsphänomen betrachtet. Man könnte darüber spekulieren, daß die einzelnen Phasen der negativen therapeutischen Reaktion, ganz abgesehen von aller sonstigen Pathologie, Kindheitserlebnisse widerspiegeln, in denen auf Zuversicht, positive Erwartung oder Optimismus regelmäßig Enttäuschung folgte.

Die zweite Hauptrichtung der Entwicklung des Begriffs ging dahin, darin enthaltene dynamische und pathologische Faktoren außer dem eines unbewußten Schuldgefühls zu verstehen. Wie wir in diesem Kapitel gezeigt haben, gibt es viele mögliche Quellen der negativen therapeutischen Reaktion. Man sollte daher „negative therapeutische Reaktion" weiter zur *Beschreibung* einer spezifischen Reaktion beibehalten, doch wie gezeigt, ist die Beschränkung der *Erklärung* des Phänomens durch die Wirkung eines unbewußten Schuldgefühls sicherlich viel zu eng.

9. Agieren

VON ALLEN IN DIESEM BUCH behandelten therapeutischen Grundbegriffen hat das *Agieren* seit seiner Einführung durch Freud wohl die stärkste Erweiterung und Bedeutungsveränderung erfahren (Atkins, 1970; Boesky, 1982; Erard, 1983; Freud, 1905 e [1901]; Holder, 1970; Infante, 1976; Langs, 1976; Thomä & Kächele, 1986). Blos bemerkt, daß
 der Begriff Agieren mit Bezügen und Bedeutungen überbürdet ist. Die recht klar gefaßte Definition, als unter Agieren in der Analyse eine legitime und analysierbare Form des Widerstands verstanden wurde, ist so ausgeweitet worden, daß sie nun delinquentes Verhalten und alle Arten von ... Pathologie und Impulshandlungen beherbergt. Mit dieser Ausweitung wurde der Zerreißpunkt des Begriffes erreicht. Ich komme mir vor ... (als müßte ich) mir einen Weg durch das Unterholz eines ausgewucherten Begriffs bahnen, um endlich an eine Lichtung zu gelangen, die einen freieren Ausblick gestattet (1966).

Der Begriff wird heute (von Analytikern und anderen) vielfach so verwendet, daß er ein weites Spektrum impulsiver, antisozialer oder gefährlicher Handlungen umfaßt, häufig ohne Bezug auf den Kontext, in dem solche Handlungen entstehen. Mitunter verwendet man ihn in abschätzigem Sinne, um damit Mißbilligung der Handlungsweisen von Patienten und sogar von Kollegen zum Ausdruck zu bringen. Eine Durchsicht der einschlägigen neueren Literatur zeigt die große Vielfalt der gegenwärtigen Verwendungsweisen, deren einziger gemeinsamer Nenner die Annahme zu sein scheint, daß die bestimmte, als „Agieren" bezeichnete Handlung unbewußte Determinanten besitzt.

Teilweise leitet sich die Konfusion über diesen Begriff aus der Übersetzung der ursprünglich von Freud verwendeten Bezeichnung ab. 1901, in der *Psychopathologie des Alltagslebens* hatte er das gängige deutsche Wort *handeln* bei der Beschreibung von „Fehl"-Handlungen oder Parapraxien verwandt, die sich so verstehen ließen, daß sie eine unbewußte Bedeutung besaßen. 1905 jedoch gebrauchte er bei der Schilderung des Falles „Dora" das weniger geläufige Wort *agieren* (das auch „handeln" bedeutet, jedoch eine etwas emphatischere Konnotation besitzt), in einem besonderen technischen Sinne. Agieren wurde mit „acting out" übersetzt, und wahrscheinlich hat die Wahl dieser Übersetzung, insbesondere durch Einbeziehung der Präposition „out", zu einigen Bedeutungsveränderungen des Begriffs in der englischen und amerikanischen Literatur beigetragen. So bemerkte Bellak: „Freud erwähnte ,acting out' zuerst in der *Psychopathologie des Alltagslebens*" (Bellak verwechselt hier jedoch *handeln* und *agieren*). Er beschreibt dann praktisch jeden Typus klinisch signifikanten Handelns als die eine oder andere Form von „acting out" (1965). Auch Greenacre (1950) und Rexford (1966) machen die implizite Gleichsetzung von *acting* (handeln) und *acting out* (agieren).

Freuds Patientin „Dora" brach nach etwa drei Monaten die Behandlung ab, und Freud erklärte sich diese abrupte Beendigung nachträglich damit, daß es ihm nicht gelungen war zu erkennen, daß die Patientin Gefühle gegenüber einer wichtigen Figur ihrer Vergangenheit (Herrn K.) auf ihn übertragen hatte. Er schrieb: „So wurde ich denn von der Übertragung überrascht und wegen des X, in dem ich sie an Herrn K. erinnerte, rächte sie sich an mir, wie sie sich an Herrn K. rächen wollte, und verließ mich, wie sie sich von ihm getäuscht und verlassen glaubte. Sie *agierte* so ein wesentliches Stück ihrer Erinnerungen und Phantasien, anstatt es in der Kur zu reproduzieren" (1905 e [1901]). Hier wurde Agieren zu Übertragung und Widerstand in Beziehung gesetzt und ferner als Ersatz für das Erinnern angesehen. Die Patientin konnte sich nicht an das Vergangene erinnern und es in ihren freien Assoziationen berichten, sondern sie inszenierte die Erinnerung im Handeln.

Freuds eingehendste Darstellung des Begriffs findet sich in seiner technischen Schrift „Erinnern, Wiederholen und Durcharbeiten" (1914 g). Hier wird das Agieren ganz strikt auf die analytische Behandlungssituation bezogen. Wie im Falle „Dora" steht es für Handlungen, die der Patient anstelle der Erinnerungen produziert. „... so dürfen wir sagen, der Analysierte *erinnere* überhaupt nichts von dem Vergessenen und Verdrängten, sondern er *agiere* es. Er reproduziert es nicht als Erinnerung, sondern als Tat, er *wiederholt* es, ohne natürlich zu wissen, daß er es wiederholt ...

Der Analysierte erzählt nicht, er erinnere sich, daß er trotzig und ungläubig gegen die Autorität der Eltern gewesen sei, sondern er benimmt sich in solcher Weise gegen den Arzt."

Freud macht dann auf die Tatsache aufmerksam, daß auch Übertragung als ein „Stück Wiederholung" anzusehen ist und daß Übertragung und Agieren zusammenfallen, wenn der Patient die Vergangenheit auf eine Weise wiederholt, die die Person des Arztes mit einbezieht. Er bringt das Agieren jedoch auch mit dem Widerstand in Verbindung. „Je größer der Widerstand ist, desto ausgiebiger wird das Erinnern durch das Agieren (Wiederholen) ersetzt sein ... wird (aber) im weiteren Verlaufe diese Übertragung feindselig oder überstark und darum verdrängungsbedürftig, so tritt sofort das Erinnern dem Agieren den Platz ab."

Freud unterschied zwischen Agieren *in* der analytischen Situation und Agieren *außerhalb* der Analyse. Beide Arten werden als Folge der analytischen Arbeit und der Behandlungssituation betrachtet. Innerhalb der Analyse bietet sich die Übertragung als Träger des Agierens an, und sie mag der alleinige Weg sein, auf dem die verdrängten Erinnerungen anfangs an die Oberfläche gelangen können. Agieren außerhalb der Analyse birgt potentielle Gefahren für die Behandlung und den Patienten, aber es ist oft nicht möglich, solches Agieren zu verhindern, ja ein Einschreiten dagegen ist gar nicht immer wünschenswert. Freud bemerkt, daß man zwar den Kranken am besten vor einer Schädigung durch die Ausführung seiner Impulse behüten könne, wenn man ihn dazu verpflichte, während der Dauer der Kur keine lebenswichtigen Entscheidungen zu treffen, fährt dann aber fort:

> Man schont dabei gern, was von der persönlichen Freiheit des Analysierten mit diesen Vorsichten vereinbar ist, hindert ihn nicht an der Durchsetzung belangloser, wenn auch törichter Absichten, und vergißt nicht daran, daß der Mensch eigentlich nur durch Schaden und eigene Erfahrung klug werden kann. Es gibt wohl auch Fälle, die man nicht abhalten kann, sich während der Behandlung in irgendeine ganz unzweckmäßige Unternehmung einzulassen, und die erst nachher mürbe und für die analytische Behandlung zugänglich werden. Gelegentlich muß es auch vorkommen, daß man nicht die Zeit hat, den wilden Trieben den Zügel der

Übertragung anzulegen, oder daß der Patient in einer Wiederholungsaktion das Band zerreißt, das ihn an die Behandlung knüpft (1914 g).

Da heute Analysen länger als früher dauern, hat man die Aufforderung an den Patienten, während der Dauer der Analyse keine wichtigen Lebensentscheidungen zu treffen (z. B. Eheschließung), modifiziert oder aufgegeben.

In den späteren Erörterungen dieses Themas blieben Freuds Auffassungen des Agierens im wesentlichen unverändert (1920 g, 1939 a, 1940 a [1938]), und es ist eindeutig, daß er Agieren als einen technisch-psychoanalytischen Begriff betrachtete, der ganz spezifisch auf die psychoanalytische Behandlung bezogen war (s. a. A. Freud, 1936). Abweichungen von Freuds ursprünglicher Verwendungsweise erschienen ziemlich früh in der anschließenden psychoanalytischen Literatur, und es scheint dafür eine Reihe von Faktoren verantwortlich zu sein. Einige davon seien im folgenden aufgeführt:

1. Eine aus ihrem Zusammenhang herausgenommene Bemerkung Freuds wurde zum Anlaß genommen, den Begriff beträchtlich zu erweitern. Bei der Überlegung, was der Patient unter den Bedingungen des Widerstands wiederholt, sagte Freud: „Wir dürfen jetzt fragen, was wiederholt oder agiert er eigentlich? Die Antwort lautet, er wiederholt alles, was sich aus den Quellen seines Verdrängten bereits in seinem offenkundigen Wesen durchgesetzt hat, seine Hemmungen und unbrauchbaren Einstellungen, seine pathologischen Charakterzüge. Er wiederholt ja auch während der Behandlung alle seine Symptome" (1914 g). Dies darf nicht so aufgefaßt werden, daß mit Wiederholen und Agieren dasselbe gemeint sei, auch wenn Agieren eine Form von Wiederholen ist. Freuds Formulierung nimmt das Agieren auch nicht aus dem Kontext der *Therapie* heraus.

2. Die Wahl von „acting *out*" als Übersetzung von *agieren* hat zur Folge gehabt, daß manche Autoren den Begriff auf ein Agieren *außerhalb* der analytischen Behandlungssituation einschränkten. Dies führte dann zur Prägung des Begriffs „acting in", zur Bezeichnung einiger Aspekte dessen, was Freud als Agieren in der Analyse gekennzeichnet hatte (Eidelberg, 1968; Rosen, 1965; Zeligs, 1957); der Begriff „acting in" wird jetzt seltener gebraucht.

3. Die Tendenz, die psychoanalytische Theorie zu einer allgemeinen Psychologie zu erweitern (Hartmann, 1939, 1944, 1964), hat zu einer Neuformulierung mehrerer technischer Begriffe in allgemeiner psychologische Sprache geführt. Diese Tendenz wurde natürlich auch durch die wiederholten Hinweise Freuds begünstigt, daß die in der psychoanalytischen Behandlung beobachteten Phänomene auch außerhalb derselben gesehen werden könnten. Eine Folge der Generalisierungsversuche technischer Begriffe ist, daß ihr klinische Präzision beeinträchtigt werden kann. Dies ist im Zusammenhang mit der Übertragung (Kap. 4) erörtert worden; die gleichen Überlegungen gelten auch für das Agieren.
4. Der Begriff Agieren ergab sich aus dem Kontext der Anwendung der psychoanalytischen Methode bei vorwiegend neurotischen Erwachsenen, die man für fähig hielt, die Grundregel des freien Assoziierens zu befolgen. Als die Psychoanalyse dann auch zur Behandlung von Patienten mit schweren Persönlichkeitsstörungen, von Psychotikern, Jugendlichen und Kindern herangezogen wurde, ergaben sich neue technische Probleme, die ihrerseits wieder eine Begriffserweiterung zur Folge hatten. Aufgrund der Ähnlichkeiten der impulsiven Verhaltensaspekte von Patienten der genannten Gruppen mit dem Agieren der neurotischen Patienten (unter dem Druck der Analyse) war die Versuchung sehr groß, alles impulsive Verhalten als „Agieren" zu bezeichnen (A. Freud, 1968).
5. Freud betrachtete das Agieren als eine besondere Äußerungsform des Widerstandes, die unerwünschte Folgen für den Patienten oder den Fortgang seiner Analyse haben könne. Für seine Kollegen und Nachfolge war es deswegen nur ein natürlicher Schritt, den Begriff auf Verhaltensweisen anzuwenden, die in allgemeinerem Sinne als ‚unerwünscht' gelten. In Extremfällen führte dies dazu, daß sozial oder moralisch unerwünschtes Verhalten (von Patienten und anderen) „agieren" genannt wurde.
Fenichel (1945 b) erörterte Agieren sowohl als Behandlungsphänomen als auch im Zusammenhang mit impulsiven Tendenzen, die in Persönlichkeit und Pathologie des Individuums verankert sind. Er setzte die Tendenz zu Impulshandlungen in Bezug zu

Schwierigkeiten im ersten Lebensjahr, die eine Bereitschaft aufkommen lassen, auf Versagungen mit Gewalttätigkeit zu reagieren. Er vertrat ferner die Ansicht, daß traumatische Kindheitserlebnisse zu ständig wiederholten Versuchen führen können, das einstmals passiv und traumatisch Erlebte mittels Aktivität zu bewältigen. Interessanterweise machte Fenichel zwischen Übertragung und Agieren einen schärferen Unterschied, als Freud es getan hatte, indem die Bereitschaft zum Agieren als persönlichkeitsverankert anzusehen, und deswegen in weiterem Kontext als dem der analytischen Behandlung zu betrachten sei. Wer zum Agieren neigt, wird agieren, ob er nun in Analyse ist oder auch nicht. Solche Personen haben

> miteinander gemeinsam, daß sie nur unzulänglich zwischen Gegenwart und Vergangenheit unterscheiden können, wenig lernbereit sind und dazu neigen, auf bestimmte Reize hin mit bestimmten rigiden Reaktionsmustern anstatt mit adäquaten Reaktionen zu antworten. Diese Reaktionsmuster sind aber ... nicht unbedingt reale Handlungsweisen – manchmal bestehen sie lediglich aus Gefühlseinstellungen; wir bezeichnen sie als ‚Übertragung‘, wenn sich die Einstellung auf bestimmte Personen bezieht, und als ‚Agieren‘, wenn etwas geschehen muß, gleichgültig wem gegenüber.

Fenichels Hauptthese, daß bestimmte Personen mehr als andere dazu neigen, ihre unbewußten Regungen in Handlungen auszudrücken, ist beachtenswert; da er jedoch die Bezeichnung „agieren" für solche Impulshandlungen beibehält, lockert er die zuvor bestehende Verbindung zwischen Agieren und Übertragungswiderstand. In seiner Erörterung des Agierens spricht er eigentlich über ein anderes Thema, über den Charakter von Personen, die dazu neigen, etwas in impulsiver Form zu inszenieren („to enact").

Auch Greenacre (1950) stellt Agieren als habituelle Erscheinung dar, die besondere Probleme für das therapeutische Vorgehen aufwirft. Sie definiert Agieren als „eine besondere Form des Erinnerns, bei der die alte Erinnerung mehr oder minder organisiert und oft kaum verhüllt wieder inszeniert wird. Es ist keine deutlich bewußte bildliche oder sprachliche Erinnerung, und es besteht auch keinerlei Bewußtsein, daß die betreffende Aktivität vom Gedächtnis her motiviert ist. Dem Betreffenden erscheint sein

Verhalten verständlich und angemessen". Dieses letztgenannte Merkmal des Agierens wird in der nachfolgenden Literatur häufig hervorgehoben (z. B. Blum, 1976; Greenson, 1966, 1967).

Greenacre erörtert auch die genetischen Determinanten gewohnheitsmäßiger Formen des Agierens, und fügt den von Fenichel (1945 b) aufgeführten hinzu: „... eine besondere Ausprägung der visuellen Sensibilisierung, die eine Neigung zum Dramatisieren hervorruft... und ein weitgehend unbewußter Glaube an die Magie des Handelns". Greenacres Formulierungen legen nahe, daß die spätere Neigung zu gewohnheitsmäßigem Agieren hauptsächlich auf bestimmte Schwierigkeiten in den ersten beiden Lebensjahren zurückgehe. Die Verbindung zwischen Agieren und präverbalen Erlebnissen ist in der weiteren nachfolgenden Literatur vielfach hervorgehoben worden, besonders von den Anhängern Melanie Kleins (z. B. Bion, 1962; Grinberg, 1968, 1987; Meltzer, 1967; Rosenfeld, 1965 b), doch auch andere haben darauf hingewiesen. Blum (1976) betont, daß „sehr frühe Kindheitstraumata den Vorgang des Agierens begünstigen und fixieren. Präödipale und präverbale Traumata stören die Entwicklung der Steuerungen von Kognition und Impulsen und können zu obligatorischem ‚Ausleben' führen... Die Störung in der Entwicklung Separation-Individuation (Mahler, 1968; Greenacre, 1968) prädisponiert zu späterem Agieren in Verbindung mit einem fragilen Ich". Anastasopoulos (1988) hat geäußert, daß Agieren, besonders im Jugendlichenalter, Ausdruck für eine Regression in der Symbolisierungsfähigkeit sein kann, die das abstrakte Denken verlangsamt. Er betrachtet Agieren auch als einen Ausdruck primitiver symbolischer Kommunikation.

Die Tendenz, den Begriff mehr oder weniger unterschiedslos auf Handlungen aller Art anzuwenden, ist in der letzten Zeit stärker geworden; wir finden ein ganzes Buch mit 2 Auflagen „Acting Out" (Abt & Weissman, 1965, 1976), das so weitgestreute Verhaltensstörungen wie Drogenabhängigkeit, Alkoholismus, psychosomatische Krankheiten, Fettsucht, Homosexualität, Lernstörungen und ähnliches mehr sämtlich als spezielle Formen des Agierens behandelt. Im Vorwort zu diesem Buch sagt Bellak (1965):

Selbst in der engeren Fassung des Begriffs ist Agieren von großer sozialer Bedeutsamkeit. Die Charakterstörung – möge sie in Gestalt des Trägers einer emotionellen Ansteckung in einer kleinen Familiengruppe oder in Gestalt eines Demagogen auf der nationalen Ebene erscheinen – ist ein ernstliches Problem. Der Delinquent, der erwachsene Kriminelle, der Drogenabhängige, der gewöhnliche Psychotiker ebenso wie der wahnwitzige Politiker bilden Probleme von großer sozialer Tragweite, die nach Lösung verlangen. Wir müssen lernen, der Entwicklung solcher Akteure vorzubeugen, sie so gut zu verstehen, daß sie therapeutisch oder sozial unter Kontrolle gebracht werden können, und wir müssen gerade jetzt mit aller Dringlichkeit lernen vorherzusagen, wer eventuell agieren wird und wann.

Ähnlich hat auch Helene Deutsch (1966) den Begriff vom Therapeutischen auf Allgemein-Psychologisches ausgedehnt.

In gewissem Maß sind wir alle Agierer, weil niemand frei von regressiven Neigungen ist, von verdrängten Regungen, von der Last mehr oder minder bewußter Phantasien und so weiter. Künstler können im Agieren ihr Kunstwerk schaffen; Neurotiker aller Arten benutzen ihre Symptome zum Agieren, Hysteriker in Konversionssymptomen und oft höchst dramatische Dämmerzuständen, Zwangsneurotiker in ihren Ritualen, Psychotiker in Halluzinationen und Wahnbildungen und Delinquenten in ihren asozialen Verhaltensweisen.

Eine derartige Ausweitung des Begriffs dürfte ihn gänzlich seiner ursprünglichen Bedeutung berauben, und es ist bedauerlich, daß man in der Literatur nicht eine Bezeichnung wie etwa „handlungsmäßiges Inszenieren" (enactment) dazu verwandte, um die allgemeine Tendenz zu impulsiver oder irrationaler Aktivität vom Agieren im Zusammenhang mit dem Behandlungsprozeß abzuheben. Darüber hinaus dürfte auch eine solche Ausweitung die abschätzige Konnotation des Begriffs unterstützen.

Fenichel (1941) bemerkte dazu: „Wir müssen das sogenannte Agieren unter dem therapeutischen Gesichtspunkt betrachten. Bei Personen, die sich nicht ganz allgemein so verhalten, ist Agieren ein willkommenes Anzeichen, daß in der Analyse etwas geschehen ist, das wir dazu verwenden können und müssen, um die dahinterliegenden unbewußten Vorgänge aufzudecken." In der jüngeren Literatur ist jedoch eine Reaktion auf die unterschiedslose Verwendung der Bezeichnung festzustellen; einige analytische Autoren haben sich wieder für Rückkehr zur engeren Begriffsfassung eingesetzt und insbesondere seine Verwendung im Sinne der Inszenierung unbewußt determinierter Regungen während der Behandlung befürwortet (etwa Bilger, 1986; Blum, 1976; Erard, 1983; A. Freud, 1968; Greenson, 1967; Limentani, 1966; Rangell, 1968). Damit kam man auch davon ab, das Agieren als etwas gänzlich Unerwünschtes, lediglich als eine Äußerung von Widerstand gegen den analytischen Prozeß (Kap. 7) anzusehen; statt dessen betrachtet man es immer mehr als Informationsquelle und als Sonderform der Kommunikations- oder Äußerungsweise. In dieser Hinsicht hat die Einschätzung des Agierens als Phänomen der Behandlung eine ähnliche Veränderung erfahren wie die Übertragung (Kap. 4) und die Gegenübertragung (Kap. 6), die beide zunächst als Hindernisse in der Behandlung, später jedoch als wertvolle Informationsquellen betrachtet wurden. Damit hat man sich auch von der Auffassung entfernt, Agieren ausschließlich als eine Form von Widerstand zu betrachten, insbesondere gegen die Übertragung (Blum, 1976; Erard, 1983; Greenson, 1967; Khan,1963; Mitscherlich-Nielsen, 1968; Rangell, 1968; Rosenfeld, 1965 b; Winnicott, 1949).

Mit der Erweiterung des Begriffs durch Einbeziehung von Formen des Handelns, die nicht einfach Widerstandsäußerungen sind, haben sich auch weitere Probleme bei der Begriffsbestimmung eingestellt. Laplanche und Pontalis (1971) bemerken dazu: „Es wäre eine der Aufgaben der Psychoanalyse, für die Unterscheidung zwischen Übertragung und Acting out andere Kriterien zu erarbeiten als rein technische ... dies würde ein erneutes Nachdenken, namentlich über die Auffassung von *Aktion, Aktualisierung* und das, was die verschiedenen *Kommunikationsweisen* ausmacht, voraussetzen." Damit gehen auch die Versuche überein, die verschiedenen Formen von Handeln voneinander zu unterscheiden. Greenson (1966) schlägt vor, man solle zwischen Wiederholen früherer Handlungsweisen (re-living), Symptomhandlung und Agieren unterscheiden. Rangell (1968, 1981) vertritt eine Unterscheidung zwischen Agieren, normalem Handeln und neurotischem Handeln.

Thomä und Kächele (1986) bemerken, daß jegliche Erörterung des Begriffs folgende Themen einschließen müsse:
affektive und impulsive Abreaktion und Kontrolle; blindes Sichausleben und zielstrebiges Handeln; motorische Abfuhr und hochorganisierte Handlungen wie Spiele und szenische Darstellung, Beziehungsgestaltung, kreative Leistungen, andere Spannungs- und Konfliktlösungen durch differenzierte und komplexe Bewegungs- und Handlungsabläufe; Agieren als Ergebnis und Lösung von Abwehr- und Anpassungsmöglichkeiten aus dem Repertoire eines bestimmten Menschen in Beziehung zu seiner Umgebung.

Sie führen dann eine Liste unbewußter Bedingungen auf, durch die eine Tendenz zum Agieren verstärkt werden kann. Dazu gehören:
frühe Traumata mit einer defizienten Fähigkeit zur Symbolbildung, weil Gedächtnis und Erinnerung mit dem Erwerb von Wortsymbolen zusammenhängen, die ihrerseits erst zu einer brauchbaren Struktur des Erinnerungsapparats führen... Störungen des Realitätssinns, visuelle Sensibilisierung, Fixierungen auf der Ebene der „Magie des Handelns" sind verschiedenartige Bedingungen, die eine Betonung der Handlungssprache gegenüber der Wortsprache bewirken können. Gleichzeitig sind Phantasie und Aktion präverbale Problemlösungs- und Kommunikationsmöglichkeiten.

Es besteht weitgehend Einigkeit darüber, daß in jeder Analyse Handlungen vorkommen, die man als Agieren bezeichnen kann (Boesky, 1982). Dabei ist hervorgehoben worden, daß selbst dann, wenn Agieren als Widerstandsäußerung angesehen wird, es zugleich auch der Kommunikation dienen kann (z. B. Erard, 1983; Greenson, 1966; Langs, 1976). In jüngerer Zeit ist sogar die Beziehung von Agieren in der Analyse zur Gegenübertragung des Analytikers nachdrücklich betont worden.

Der Analytiker beurteilt den Patienten anhand seines eigenen Wertsystems und seiner eigenen Persönlichkeit (Klauber, 1981). Daher mag der eine Analytiker ein Stück Verhalten als Agieren betrachten, ein anderer dieselbe Verhaltensweise als angemessen und adaptiv. Die Flexibilität des Analytikers und seine Fähigkeit, die Handlung des Patienten zu tolerieren und ihre unbewußte Bedeutung zu verstehen, muß seine Beurteilung beeinflussen, ob sie ein Agieren ist oder nicht (Bilger, 1986; Thomä & Kächele, 1986). Seine Gegenübertragungs-Reaktion auf das Agieren des Patienten ist potentiell eine wertvolle Quelle von Informationen über die Rollen-Interaktion, mit der der Patient die Situation zu gestalten sucht (Sandler, 1976). Klüwer (1983) legt dar, daß die Verführung des Therapeuten zum Mitagieren mit dem Patienten, d. h. „in einen Handlungsdialog einzutreten" (agieren und mitagieren), zu neuen Einsichten führen kann, ebenso wie die Gegenübertragung im allgemeineren Sinne. Ähnlich meint Bilger (1986), daß die Bezeichnung von Verhalten als Agieren weniger vom Verhalten selbst her begründet wird als vielmehr dadurch, daß sich der Analytiker davon bedrängt fühlt, so als seien damit Grenzen überschritten worden; die Diagnose Agieren hängt daher von der Art der Gegenübertragung ab. Er weist darauf hin, daß die zunehmende Hervorhebung der positiven, kreativen und auf den Dialog bezogenen Aspekte des Agierens den Analytiker nicht zum Verleugnen von dessen negativen Seiten führen dürfe, d. h. derjenigen, die der Analytiker als Zeichen von Widerstand erlebt. Verstehen der Widerstandsaspekte des Agierens kann einen besseren Zugang zur negativen Übertragung in der Analyse ermöglichen (s. Kap. 4).

Es gibt nun eine Tendenz, Agieren als erstes mögliches Anzeichen für das Auftauchen neuen Materials aus unbewußten Quellen anzusehen (Bilger, 1986). Limentani (1966) zum Beispiel erwähnt zur Veranschaulichung dessen einen Patienten, der zur üblichen Zeit in die Praxis seines Analytikers kam, jedoch übersehen hatte, daß die Stunde an diesem Tag wegen eines Nationalfeiertages ausfiel. Er meint, daß ein solches Verhalten wenig Anhaltspunkte für Widerstand biete, jedoch als nützliche Quelle analytischen Materials genommen werden könne. Balint (1968) hat sich im Zusammenhang mit der Analyse von Patienten, die eine „Grundstörung" ihrer Persönlichkeit aufweisen, ähnlich geäußert.

Die „positiven" Aspekte des Agierens als eine Form der *Anpassung* sind von mehreren Analytikern unterstrichen worden. Blos (1963) und Anastasopoulos (1988) schrieben über die beschützenden und anpassenden Funktionen des Agierens bei Jugendlichen als Ausdruck des Bedürfnisses, die Selbst-Integrität zu waren. Andere (z. B. Mitscherlich-Nielsen, 1968) betonen den Wert, den Agieren als „Probe"-Verhalten im Anschluß an Deutung und Einsicht besitze.

Zusammenfassend läßt sich sagen, daß der Begriff Agieren in der Psychoanalyse hauptsächlich in zwei Bedeutungen verwendet wurde:

1. Zur Beschreibung bestimmter Verhaltensphänomene, die sich während einer Analyse einstellen und eine Folge dieser Behandlung sind. Der Begriff bezieht sich auf psychische Inhalte (Wünsche, Erinnerungen usw.), die infolge ihrer Wiederbelebung in der analytischen Behandlungssituation an die Oberfläche drängen, wobei diese Inhalte mehr handlungsmäßig inszeniert denn wiedererinnert werden. Man bezeichnet das handelnde Inszenieren als „Agieren in der Übertragung", wenn dabei die Person des Analytikers mit einbezogen wird, doch umfaßt Agieren auch andere Formen des handlungsmäßigen Inszenierens, die sich auf die Behandlung beziehen und durch sie ausgelöst worden sind. Seiner ursprünglichen Definition nach kann Agieren innerhalb oder außerhalb der analytischen Behandlungssituation auftreten. Die neuerdings geprägte Bezeichnung „acting in" bedeutet schlicht Agieren in der Behandlungssituation. Dem Agieren ist eine kommunikative Funktion in der Analyse zuerkannt worden, die gleichzeitig mit Widerstand vorhanden sein kann, denn auch der Widerstand selbst mag Sinn und Bedeutung enthalten.

2. Zur Beschreibung habitueller Aktions- und Verhaltensweisen, die aus der bestehenden Struktur und Pathologie der Persönlichkeit hervorgehen und sich weniger auf den Behandlungsprozeß als auf die individuelle Persönlichkeitsstruktur beziehen. Die beste Charakterisierung dieses Persönlichkeitstyps stammt wohl von Hartmann (1944/1972):

> Es gibt ... eine große Zahl von Menschen, deren aktives Sozialverhalten nicht vernünftiges Handeln, sondern ein „Agieren" darstellt, das in Bezug zur sozialen Wirklichkeit mehr oder weniger neurotisch ist. In diesem „Agieren" wiederholen sie infantile Situationen und suchen im Sozialverhalten eine Lösung ihrer inner-

psychischen Konflikte zu finden. Eine starke Anklammerung an die Realität kann auch zur Bewältigung von Angst benützt werden. Sie kann, muß aber nicht unbedingt den Charakter eines Symptoms besitzen. Es hängt auch von der Besonderheit des sozialen Milieus ab, welche inneren Konflikte und Ängste durch das Sozialverhalten bewältigt werden können. Auf der anderen Seite führt manchmal eine Veränderung in der Sozialstruktur, die diese Möglichkeiten einschränkt, ... zum Wiederauftreten der Konflikte, die zeitweilig auf diese Weise bewältigt werden konnten, und beschleunigt dann die Bildung einer Neurose.

Die Verwendung des Begriffs Agieren für Verhalten, das nicht im Zusammenhang mit einer psychoanalytischen Behandlung auftritt, bietet einige Schwierigkeiten. Sie entfallen, wenn wir den Begriff in seiner weitesten Fassung verwenden, also bezogen auf individuelle Persönlichkeitszüge, da diese ja unabhängig von der Behandlungssituation existieren. Problematisch wird es hingegen bei der engeren, behandlungstechnischen Fassung, wenn wir daran festhalten, daß Agieren ein Ersatz für Erinnern ist. Es gibt viele nicht-analytische Behandlungsformen mit entsprechend andersartigen Methoden und Zielen, bei denen das Wiedererinnern der Kindheit weder einbezogen noch stimuliert wird. Der Begriff könnte sich jedoch für eine Erweiterung als geeignet erweisen, wenn man ihn mit Situationen (therapeutischer oder sonstiger Art) verknüpfte, in denen eine enge Beziehung Tendenzen zur Wiederbelebung früherer und infantiler Regungen und Haltungen verstärkt. Ein handelndes Inszenieren dessen kann dann in Erscheinung treten, das unserer Ansicht nach legitim als Agieren zu bezeichnen wäre. Ein Beispiel dafür bietet etwa ein Patient in Verhaltenstherapie, der als Folge seiner Abhängigkeit vom Therapeuten diesem gegenüber unbewußte feindselige Gefühle entwickelt und sie dann gegenüber einer anderen Person handlungsmäßig inszeniert. Ähnlich mag ein stationärer Patient mit irrationalen Schuldgefühlen gegenüber seinem Arzt, die durch die regressionsfördernde Krankenhaussituation hervorgerufen wurden, so umgehen, daß er Ablehnung oder „Bestrafung" durch das Personal provoziert. Wenn der Arzt in der Lage ist, in einer wie immer gearteten Behandlungssituation solche Tendenzen zum Agieren zu erkennen und zu verstehen, so kann dies nicht nur für den Umgang mit dem Patienten nützlich sein, sondern auch Hinweise auf dessen psychische Probleme bieten. Das Agieren beschränkt sich aber nicht nur auf die Sicht des Patienten. Man kann auch irrationale Handlungsweisen des Arztes gegenüber seinem Patienten, die sich aus der Gegenübertragung ergeben, als Agieren des Arztes bezeichnen. Insofern die Beziehungen der Mitglieder eines Teams untereinander infantile Einstellungen begünstigen, kann Irrationalität etwa als Reaktion auf den Tod oder das Ausscheiden einer Schlüsselperson der Institution auch zu Verhaltensweisen führen, die als Agieren zu beschreiben wären. Es steht jedoch außer Zweifel, daß eine solche Ausweitung des Begriffs Bedeutungsveränderungen gegenüber seiner urspünglichen psychoanalytischen Verwendungsweise zur Folge hat. Er muß dadurch etwas von seiner begrifflichen Schärfe verlieren.

10. Deutungen und andere Interventionen

BISHER GING es um Begriffe, die sich auf die Mitteilungen und Äußerungen des Patienten bezogen sowie auf Faktoren, sowohl beim Patienten als auch beim Therapeuten, die den freien Fluß und das Verstehen dieser Kommunikation fördern oder behindern. Im Kapitel über das *Durcharbeiten* (Kap. 12) werden wir uns mit Interventionen des Analytikers beschäftigen, deren Ziel es ist, dauerhafte Veränderungen im Patienten herbeizuführen, und ferner mit der unerläßlichen Aufgabe ständiger Verstärkung und Vertiefung dieser Interventionen. Man bezeichnet solche Interventionen – zumindest soweit sie verbal sind – oft ganz allgemein als „Deutungen". In der *Standard Edition* von Freuds Werken wird das deutsche Wort *Deutung* mit „interpretation" übersetzt. Laplanche und Pontalis (1971) weisen jedoch darauf hin, daß sich die beiden Worte terminologisch gesehen nicht genau decken; „Deutung" scheint mehr „Erklärung", „Aufklärung" nahe zu kommen, und Freud schreibt, daß die *Deutung* des Traumes darin bestehe, „seine Bedeutung oder seinen Sinn zu bestimmen".

In der Literatur zur psychoanalytischen Technik nimmt die Deutung eine besondere Stellung ein. Bibring (1954) bemerkte dazu, daß „*Deutung* die höchste Instanz in der Hierarchie der für die Psychoanalyse charakteristischen Prinzipien ist". Ihre zentrale Rolle wird in gleicher Weise auch von M. Gill (1954) unterstrichen, wenn er feststellt, daß „Psychoanalyse eine Behandlungstechnik ist, deren Anwendung durch einen neutralen Analytiker zum Entstehen einer regressiven Übertragungsneurose führt, und bei der die letztliche Auflösung dieser Neurose einzig durch die Deutungstechnik erfolgt". Loewald (1979) bemerkt, daß „psychoanalytische Deutungen im Eigenverständnis gründen und daß in der dem Patienten vermittelten Deutung das Eigenverständnis reaktiviert wird"; Arlow (berichtet von Rothstein, 1983) stellt fest: „Die Psychoanalyse ist von Anfang an eine Wissenschaft des Seelischen gewesen, eine Lehre des Deutens, zunächst der seelischen Störungen und dann des seelischen Geschehens allgemein ... ,Deutung' gilt ... allgemein als der entscheidende Bestandteil der Psychoanalyse, durch den therapeutische Wirkungen erzielt werden ... das charakteristischste Merkmal der Tätigkeit des Analytikers besteht darin, Deutungen zu geben."

Die psychoanalytische Technik bedient sich überwiegend *verbaler* Mittel, und die analytische Ausbildung ist hoch spezialisiert; von daher erscheint es wohl ganz natürlich, daß sich um die „Deutungen" des Analytikers eine Aura des Geheimnisvollen gebildet hat. Manche Analytiker nehmen sogar einen besonderen Tonfall an, wenn sie Deutungen geben. Menninger (1958) meinte dazu:
Deutung ist eine recht anspruchsvolle Bezeichnung, die (manche) Analytiker großzügig für jede beabsichtigte verbale Beteiligung des Analytikers am analytischen Behandlungsprozeß gebrauchen. Mir mißfällt das Wort, weil es angehenden Analytikern ein falsches Bild von ihrer Hauptaufgabe vermittelt. Man muß ihnen klarmachen, daß sie nicht Orakel, Zauberer, Linguisten, Detektive oder große Weise sind, die wie Joseph und Daniel Träume ‚deuten' – sondern stille Beobachter und Zuhörer, gelegentlich Kommentatoren. Ihre Beteiligung am Zwei-Personen-Prozeß ist vorwiegend passiver Art ... die *gelegentliche* aktive Teilnahme sollte man lieber als Intervention bezeichnen. Es mag damit etwas ‚gedeutet' werden oder auch nicht. Vielleicht ist es eine Unterbrechung, vielleicht auch nicht. Aber immer, wenn der Analytiker etwas sagt, trägt er zu einem Prozeß bei ...

Wir erwähnten, daß Freud in seinen frühen Schriften (1895 d) davon sprach, seine Patienten hätten ihre „vergessenen" Erinnerungen wiederaufzufinden. Zu jener Zeit beschränkte er sich in der Behandlungssituation auf solche verbalen Interventionen, die zur Förderung des freien Flusses der Einfälle des Patienten notwendig waren. Direkte Suggestion, wie sie für die hypnotische Methode kennzeichnend war, aus der er die analytische Technik abgeleitet hatte, suchte er zu vermeiden. Seine Bemerkungen und Hinweise zielten allein darauf ab, dem Patienten die Äußerung verbaler Mitteilungen zu *erleichtern*, in der Überzeugung, daß der Fluß der Assoziationen schließlich mehr oder minder von selbst zu den affektbesetzten Erinnerungen führen würde, die sich auf wichtige Ereignisse im früheren Leben des Patienten bezogen. In der ersten Zeit der Psychoanalyse galt das affektive Abreagieren, das das Wiedererinnern begleitete, als das eigentlich therapeutisch Wirksame, denn die Entstehung der Symptome wurde ja auf fortgesetzte „Stauung" von Affekten zurückgeführt. Freud gelangte dann allmählich zu der Auffassung, daß die Symptome der Hysteriker, ohne daß es ihnen bewußt war, auch Aspekte des vermutlichen traumatischen Ereignisses und der mit dem (nun vergessenen) Ereignis verknüpften Gedanken und Gefühle in symbolischer Form darstellten. 1897 gab er dann die Traumatheorie der Hysterie auf und wandte sich dem eingehenden Studium symbolischer Darstellungsvorgänge zu, insbesondere wie sie sich im Traum ereigneten. Die Ergebnisse seiner Untersuchungen über eigene Träume und Träume seiner Patienten veröffentlichte er dann in der *Traumdeutung* (1900 a). Freuds erste Äußerungen über die Deutung betrafen das Deuten von Träumen. Der Begriff bezog sich in diesem Zusammenhang auf das Verstehen und Rekonstruieren verborgener Quellen und Sinngehalte des Traumes (des „latenten Trauminhalts"). Dies erfolgte durch die Untersuchung der freien Assoziation des Patienten zur bewußten Erinnerung an den eigenen Traum (an den „manifesten Trauminhalt"). In der Frühzeit der Psychoanalyse teilte der Analytiker die Deutung und deren Erklärung dem Patienten mit, jedoch mehr im Sinne einer didaktischen Vermittlung der vom Analytiker gefundenen Deutung.

Als Freud dann seine Arbeiten zur psychoanalytischen Technik schrieb (1911 e, 1912 b, 1912 e, 1913 c, 1914 g, 1915 a), legte er dar, daß sich inzwischen Veränderungen in der Art, wie der Analytiker sein Verständnis über Äußerungen des Patienten diesem mitteilt, ergeben hatten. Das Deuten der Träume und freien Assoziationen des Patienten sollte nicht mehr unmittelbar erfolgen, sondern bis zum Auftreten von Widerständen zurückgehalten werden. Freud sprach nun von der „Verurteilung eines Verfahrens, welches dem Patienten die Übersetzungen seiner Symptome mitteilen wollte, sobald man sie selbst erraten hat..." (1913 c). Von dieser Zeit an unterschied Freud mehr oder weniger beständig zwischen Deutung und *Mitteilung* der Deutung. So schrieb er (1926 e): „Wenn Sie die richtigen Deutungen gefunden haben, stellt sich eine neue Aufgabe her. Sie müssen den richtigen Moment abwarten, um dem Patienten Ihre Deutung mit Aussicht auf Erfolg mitzuteilen... Sie begehen einen schweren Fehler, wenn Sie... dem Patienten Ihre Deutungen an den Kopf werfen, sobald Sie sie gefunden haben..."

1937 unterschied Freud zwischen Deutungen und „Konstruktionen" in der Analyse. „Deutung bezieht sich auf das, was man mit einem einzelnen Element des Materials, einem Einfall, einer Fehlleistung u. dgl. vornimmt. Eine Konstruktion ist es aber, wenn man dem Analysierten ein Stück seiner vergessenen Vorgeschichte... vorführt" (1937 d). Eine Konstruktion (heute zumeist „Rekonstruktion" genannt) stellt eine „Vorarbeit" dar, die das Wiederauftauchen von Erinnerungen an die Vergangenheit oder deren Wiederholung in der Übertragung fördern soll. Diese Definition, die erst spät in Freuds Schriften erscheint, klingt etwas eigenartig. In der hier zitierten Form ist sie in der nachfolgenden Literatur nicht beibehalten worden. Das „Einzel"-Element als Gegenstand der Deutung findet heute keine spezielle Beachtung mehr.

Solange man anfangs die Deutung als einen Vorgang betrachtete, der sich im Analytiker vollzog, machte es wenig aus, wenn man die Bezeichnung auch auf das anwandte, was der Analytiker dem Patienten mitteilte, denn (von Beschränkungen abgesehen, die das „analytische Taktgefühl" verlangte) es handelte sich ja in beiden Fällen um den gleichen Inhalt. Als dann zunehmend deutlich wurde, daß auch Widerstände und Abwehr dem Patienten aufgezeigt werden müssen, begann man größeren Wert auf die *Form* zu legen, in welcher der Analytiker seine Mitteilungen und Erklärungen dem Patienten vermittelte. Dies hat dazu geführt, daß in der psychoanalytischen Literatur nach Freud die Bezeichnung „Deutung" oft so verwendet wurde, daß sie sich vorwiegend auf das bezieht, was der Analytiker dem Patienten sagt, und nicht mehr darauf beschränkt ist, wie der Analytiker das Material des Patienten versteht. Heute wird sie normalerweise so verwendet, daß damit der eine oder andere Aspekt in den Mitteilungen des Analytikers gemeint ist. Die „Kunst des Deutens", die der Analytiker beherrschen soll, ist heute nicht so sehr die Kunst, den unbewußten Sinn im Material des Patienten zu verstehen, sondern vielmehr die Kunst, wirksame verbale Interventionen einer besonderen Art zu vollziehen. So spricht Fenichel (1945 a) vom Deuten als „einem unbewußten Inhalt zum Bewußtwerden zu verhelfen, indem man ihn genau dann ‚deutet', wenn er aufzutauchen versucht".

Der Bedeutungswandel des Begriffs war offenbar eine unausweichliche Folge der Einführung der Strukturtheorie durch Freud (1923 b, 1926 d) und der Abkehr von der bisherigen „topischen" Auffassung (s. Kap. 1). Im Bereich der psychoanalytischen Technik ging es nun mehr und mehr um Fragen, wie man Deutungen formuliert, die vom Patienten angenommen werden können oder zu einem bestimmten Zeitpunkt besonders wirksam sein könnten. Wichtig wurde, *was* der Analytiker dem Patienten mitteilen solle, *wann* und *in welcher Form* dies geschehen könnte (Fenichel, 1941, 1945 a; A. Freud, 1936; Greenson, 1967; Hartmann, 1939, 1951; Kris, 1951; Loewenstein, 1951; W. Reich, 1928). Darüber hinaus fanden nun auch die nichtverbalen Faktoren mehr Beachtung, die an wirksamen Deutungen beteiligt sind. Brenner (nach Rothstein, 1983) machte klar, daß für ihn „Ton und Affekt einer Mitteilung wichtige Aspekte einer therapeutischen Intervention sind, insofern sie den vom Analytiker gemeinten Sinn verdeutlichen und daher Einsicht erleichtern". Von anderen Analytikern (z. B. Gedo, 1979; Klauber, 1972, 1980; Rosenfeld, 1972) wird die Bedeutung herausgestellt, die der Kontext der Beziehung zwischen Analytiker und Patient für das Zustandekommen einer kreativen und einsichtfördernden Deutung besitzt. Blum (berichtet von Halpert, 1984) spricht von der „Bedeutung der Realitäten der analytischen Situation, wie etwa die realen Merkmale des Analytikers, sein Stil und seine Funktion (auch mögliche Fehlfunktion) als Faktoren außerhalb der Übertragung, die Übertragungsphantasien und Befriedigungen hervorrufen oder Wirklichkeit verleihen können". Offensichtlich spielt die Überzeugung, mit der der Analytiker seine Deutung gibt, und die Toleranz, die er für die unbewußten Wünsche und Phantasien des Patienten zeigt, für die Wirkung der Deutung eine wichtige Rolle.

Man erinnert sich, daß von 1897 bis 1923 die freien Assoziationen des Patienten als oberflächliche Abkömmlinge unbewußter Regungen und Wünsche betrachtet wurden, die „sich aus der Tiefe ihren Weg zur Oberfläche bahnen". Das Problem der Deutung lag vorwiegend darin, das „tiefere" unbewußte Material durch die

Analyse der bewußten Mitteilungen zu verstehen. Unter dem strukturellen Gesichtspunkt hob man nach 1923 die Vermittlungsfunktion des organisierten Teils der Persönlichkeit (des Ich) zwischen den Triebregungen (dem Es), den Anforderungen des Gewissens und dem der Ideale (dem Über-Ich) sowie der äußeren Realität hervor. Deutungen richteten sich also an das Ich des Patienten und mußten dessen Stärken und Schwächen Rechnung tragen. Der Analytiker mußte die *Wirkungen* seiner Mitteilungen bedenken. Veranschaulicht wird dies durch Fenichels (1941) Anekdote vom Analytiker, der seinem Patienten wochenlang ohne jeden Erfolg gedeutet hatte, der Patient habe den Wunsch, ihn umzubringen. Während der Analytiker wohl den unbewußten Wunsch des Patienten richtig verstanden hatte, war die Art, wie der Analytiker es dem Patienten mitteilte, offenbar verfehlt. „Eine solche Deutung in dieser Situation *steigert* die Angst und damit die Abkehr des Ich, anstatt sie zu mindern. Die richtige Deutung wäre (nach Fenichel) gewesen: ‚Sie können nicht sprechen, weil Sie Angst haben, daß dann bei Ihnen Gedanken und Gefühle erscheinen könnten, die gegen mich gerichtet sind.'" Es gibt immer noch Analytiker (glücklicherweise nimmt die Zahl ab), die ihre Aufgabe darin sehen, dem Patienten ständig tief unbewußtes Material zu deuten, und die anscheinend meinen, „je tiefer, desto besser".

Heute wird offenbar die Bezeichnung „Deutung" einmal als gleichbedeutend mit fast allen verbalen (und gelegentlich sogar nicht-verbalen) Interventionen des Analytikers angesehen, zum anderen jedoch als eine *spezielle Variante* der verbalen Intervention.

In der Literatur finden sich relativ wenig Versuche, auf einer deskriptiven Ebene die verschiedenartigen Komponenten der verbalen Interventionen voneinander zu unterscheiden. Loewenstein (1951) meinte, daß alle Äußerungen des Analytikers, die „Bedingungen herstellen, ohne die das analytische Verfahren unmöglich wäre", keine Deutungen, sondern Kommentare seien und dem Freiwerden der Assoziationen des Patienten dienen (etwa „solche, die den Patienten veranlassen, die Grundregel zu befolgen, deren Absicht in der Lockerung der Barriere oder Zensur liegt, die normalerweise zwischen den bewußten und vorbewußten Vorgängen existiert..."). Eigentliche Deutungen sind verbale Interventionen, die „jene dynamischen Veränderungen, die wir Einsichten nennen" hervorrufen. Er trennt somit Anweisungen und Erklärungen vom Begriff der Deutung ab und betrachtet diesen als Bezeichnung „für jene Erklärungen, die der Analytiker dem Patienten gibt, um dessen Wissen von sich selbst zu erweitern. Der Analytiker bezieht dieses Wissen aus Elementen, die in den Gedanken, Gefühlen, Worten und Verhaltensweisen des Patienten selbst enthalten und ausgedrückt sind". An Loewensteins Formulierung ist problematisch, daß er die Deutung auf der Grundlage der von ihr hervorgerufenen Wirkung definiert, also als Ursache dynamischer Veränderungen, die zu Einsicht führen. Man kann sich leicht Deutungen vorstellen, die richtig, aber nicht wirksam sind, und umgekehrt auch Deutungen, die unrichtig, aber wirksam sind (Glover, 1931). Definition der Deutung anhand ihres Zieles anstelle ihrer Wirkung könnte die begriffliche Klarheit verbessern.

Loewenstein macht auch auf Interventionen aufmerksam, die man „Vorbereitungen zur Deutung" nennen könnte, wie etwa ein Hinweis des Analytikers auf ähnliche Erlebnisabläufe im Patienten, die dieser noch gar nicht mit der augenblicklichen Situation in Verbindung gebracht hatte.

Eissler (1953) hebt hervor, daß manche Interventionen (beispielsweise Aufforderungen gegenüber phobischen Patienten) nicht zum „Grundmodell der psychoanalytischen Technik" gehören. Er nennt sie „technische Parameter". In der gleichen Arbeit sagt Eissler weiter, daß manche verbalen Interventionen, die keine Deutungen sind, wesentliche Teile des „Grundmodells" darstellen. Hierzu gehören Anweisungen, die man in bezug auf einen bestimmten Patienten für angemessen hält (z. B. zur Grundregel der freien Assoziation), und Fragen, die der Erhellung des Materials dienen. Seiner Ansicht nach ist „die Frage als Kommunikationsmittel ein grundsätzliches und infolgedessen unerläßliches Werkzeug der Analyse, das sich ganz wesentlich von der Deutung unterscheidet". Olinick (1954) bietet eine wertvolle Erörterung der Rolle des Fragens in der psychoanalytischen Technik an.

Greenson betrachtete einige verbale Komponenten der analytischen Technik genauer (1967): „Die Bezeichnung ‚analysieren' ist eine Kurzformel, die sich auf ... (bestimmte) ... einsichtsfördernde Verfahrensweisen bezieht." Hierunter gehören:

Konfrontation. Hier handelt es sich um den Vorgang, die Aufmerksamkeit des Patienten auf ein bestimmtes Phänomen zu lenken, es explizit zu machen und ihn dahin zu führen, daß er etwas erkennt, dem er bisher ausgewichen war und das er besser zu verstehen lernen muß.

Klarifizierung. Sie kann sich an die Konfrontation anschließen und mit ihr verschmelzen, doch geht es hier mehr darum, die psychischen Phänomene, mit denen der Patient konfrontiert wurde (und die er nun bereitwilliger zur Kenntnis nimmt), sehr genau zu beleuchten. Dazu gehört das Herausarbeiten wesentlicher Details und deren Loslösung von nebensächlichen Dingen. Eine im wesentlichen gleiche Unterscheidung zwischen Klarifizierung und Deutung wie bei Greenson findet sich in einer interessanten Arbeit von Bibring (1954).

Deutung. „Die unbewußte Bedeutung, Quelle, Geschichte, Art oder Ursache eines gegebenen psychischen Ereignisses bewußtmachen. Dies erfordert gewöhnlich mehr als nur eine Intervention."

Zusätzlich zu diesen drei (oft miteinander verflochtenen) Verfahrensweisen fügt Greenson als vierte Komponente des analytischen Verfahrens noch das *Durcharbeiten* an.

Zusammenfassend ist zu sagen, daß die Bezeichnung *Deutung* in der psychoanalytischen Literatur in folgenden Bedeutungen gebraucht wurde:
1. die Ableitungen und Schlußfolgerungen des Analytikers aus den Mitteilungen und Verhaltensweisen des Patienten hinsichtlich ihres unbewußten Sinngehaltes;
2. die Mitteilung der Ableitungen und Schlußfolgerungen des Analytikers an den Patienten;
3. sämtliche Kommentare des Analytikers. Dies ist ein weit verbreiteter populärer Gebrauch der Bezeichnung „Deutung";
4. verbale Interventionen, die spezifisch darauf abzielen, auf dem Wege der Einsicht eine „dynamische Veränderung herbeizuführen.

Manche Analytiker trennen folgendes von der eigentlichen

Deutung ab, doch ist offensichtlich manches an diesen Unterscheidungen recht willkürlich:
1. Instruktionen über das analytische Verfahren, die dazu dienen, das analytische Setting zu schaffen oder aufrechtzuerhalten;
2. Konstruktionen (oder Rekonstruktionen) bestimmter Aspekte des frühen Lebens und Erlebens des Patienten, die aus dem Material abgeleitet sind, das der Patient in der Analyse mitteilte oder handlungsmäßig inszenierte;
3. Fragen, mit deren Hilfe Material gewonnen oder erhellt werden soll;
4. Vorbereitungen für Deutungen (z. B. Hinweise auf wiederkehrende Erlebnis- oder Verhaltensmuster im Leben des Patienten);
5. Konfrontationen im Sinne Greensons (1967);
6. Klarifizierungen im Sinne Greensons (1967).

In der analytischen Literatur ist man sich ziemlich einig darüber, daß keine Deutung jemals vollständig sein kann, und die meisten Autoren (z. B. Bibring, 1954; Klauber, 1972; Loewald, 1979; Schafer, 1983) sind wie Greenson der Ansicht, daß der Deutungsvorgang in mehreren Schritten stattfindet. Arlow (1987) schreibt:

> Die Deutung ist kein Einzelgeschehen. Sie stellt einen Prozeß dar, der sich in einer logischen Abfolge vollzieht... Der Analytiker deutet die dynamische Wirkung jedes einzelnen Beitrags zu den unbewußten Konflikten des Patienten. Er zeigt auf, wie zu verschiedenen Zeiten Vorstellungen von Schuld, Strafangst, Liebesverlust, Realfolgen Einfluß auf die Wunschphantasien des Kindes Einfluß nahmen, ihnen entgegenwirkten oder sie möglicherweise sogar unterstützten. Der Analytiker läßt den Patienten gewahr werden, wie die dynamischen Verläufe seiner Assoziationen Zeugnis für die Einflüsse der vielen Kräfte ablegen, die sich in ihm in Konflikt miteinander befinden. Der Deutungsprozeß kann sich daher über längere Zeitspannen erstrecken, indem der Analytiker in angemessenen Schritten vorangeht und offen ist für das dynamische Wechselspiel zwischen Wunsch, Abwehr und Schuld auf jeder Deutungsebene.

Nach Arlow geht die Bedeutung der Intervention des Analytikers „weit hinaus über Erhellung, Klarifizierung, Konfrontation, Affirmation oder welche Bezeichnungen man sonst noch wählen kann, um den Deutungsinhalt zu kennzeichnen. Es ist der Prozeß, dem unsere Aufmerksamkeit gilt. Die eigentliche Bedeutung liegt im dynamischen Potential der Intervention, darin, wie das Gleichgewicht von Impuls und Abwehr verändert wird".

Es wäre vielleicht am praktischsten, unter dem Begriff der Deutung sämtliche Kommentare und sonstigen Interventionen zusammenzufassen, die darauf abzielen, den Patienten unmittelbar auf einen Aspekt seines seelischen Geschehens hinzuweisen, dessen er sich bisher noch nicht bewußt war. So gebraucht etwa Brenner (in Rothstein, 1983) ähnlich wie Menninger (1958) die Bezeichnung „therapeutische Intervention" und faßt damit die Bezeichnungen „Deutung" und „Rekonstruktion" zusammen. Es würde dann vieles an dem *einbezogen*, was „Vorbereitung zur Deutung", Konfrontation, Klarifizierung, Rekonstruktion usw. genannt wird. *Ausgegliedert* würden dadurch die normalen und unumgänglichen sozialen Kommunikationen und die Hinweise auf das analytische Verfahren. Natürlich können auch diese eine Wirkung auf den Patienten haben (zum Beispiel ein Stück Sicherheit, das aus der Vereinbarung regelmäßiger Stunden gewonnen wird), aber die Deutung muß unseres Erachtens unter dem Gesichtspunkt der Absicht des Analytikers betrachtet werden, Einsichten zu vermitteln, und nicht auf der Grundlage der Wirkungen, die Äußerungen des Analytikers auf den Patienten haben. Rycroft hat elegant formuliert, was von seinem Standpunkt aus das zentrale Element der Deutung ist. Er sagt (1958):

Der Analytiker fordert den Patienten auf, zu ihm zu sprechen, er hört zu, und von Zeit zu Zeit spricht er auch. Wenn er etwas sagt, dann spricht er aber weder zu sich selbst noch über sich selbst, sondern zum Patienten und über den Patienten. Seine Absicht ist dabei, das Bewußtsein des Patienten von sich selbst zu erweitern, indem er die Aufmerksamkeit des Patienten auf bestimmte Vorstellungen und Gefühle lenkt, die dieser noch nicht explizit mitgeteilt hat, die aber dennoch zu seinem augenblicklichen Zustand gehören und dafür relevant sind. Diese Vorstellungen, die der Analytiker zu beobachten und zu formulieren vermag, weil sie in dem enthalten sind, was der Patient sagte oder wie er es sagte, sind entweder unbewußt, oder werden, falls sie bewußt sind, nicht in ihrer augenblicklichen und unmittelbaren Relevanz erkannt. Rycroft fügt hinzu: Mit anderen Worten, der Analytiker sucht das innerseelische Wahrnehmungsfeld des Patienten zu erweitern, indem er auf Details oder Zusammenhänge im Gesamtbild der augenblicklichen psychischen Aktivität des Patienten hinweist, welche dieser aufgrund seiner Abwehr nicht selbst wahrnehmen oder mitteilen kann.

Bemühungen um Einengung des Deutungsbegriffs haben eine Nebenwirkung auf die Deutungstechnik, besonders wenn man glaubt, daß bestimmte Deutungen die einzig wirklich „guten" Interventionen seien. Solch eine Wirkung zeigt sich in Zusammenhang mit dem Wert, der den Übertragungsdeutungen zugeschrieben wird. Weil manche Analytiker sie als die einzig „richtige" Form der Deutung betrachteten, sind sie dazu übergegangen, nur noch Übertragungsdeutungen zu geben. Die Folge davon ist, daß man versucht, alle Deutungen in eine „Übertragungs"-Form hineinzupressen (s. Kap. 4 und 5 und die Bemerkung über „mutative" Deutungen weiter unten).

Viel Aufmerksamkeit ist in der Literatur dem Inhalt von Deutungen gewidmet worden, insbesondere unter dem Gesichtspunkt der relativen Wirksamkeit verschiedenartiger Deutungstypen. Hier sollen einige Varianten von Deutungen aufgeführt werden, die in der Literatur beschrieben wurden.

Inhalts-Deutung verwendet man als Bezeichnung, um die „Übersetzung" des manifesten oder oberflächlichen Materials in seinen (aus der Sicht des Analytikers) tieferen Sinngehalt zu kennzeichnen, meist mit besonderer Betonung infantiler sexueller oder aggressiver Wünsche und Phantasien. Dies war der in den ersten Dekaden der Psychoanalyse vorherrschende Typus von Deutung. Dabei geht es allein um den Sinn (den unbewußten Inhalt) des Verdrängten und nicht um das konflikthafte Ringen, das die Erinnerungen und Phantasien im Unbewußten hält. Zusammen mit den *Symbol*deutungen, die eine Übersetzung der symbolischen Bedeutungen von Träumen, Fehlleistungen usw. darstellen, werden die Inhaltsdeutungen üblicherweise als Hauptanteil in der

Tätigkeit des Analytikers betrachtet; ein Irrtum, der auf Freuds frühe Schriften zurückgeht.

Abwehr-Deutungen sind eine besondere Form der Widerstandsanalyse (s. Kap. 7). Sie zielen darauf ab, dem Patienten die Mechanismen und Manöver vor Augen zu führen, die er zur Bewältigung schmerzlicher Gefühle bei einem bestimmten Konflikt verwendet, und sollen ihm, falls möglich, die Ursprünge dieser Operationen aufzeigen. Abwehrdeutungen gelten als unerläßliche Ergänzung der Inhaltsdeutungen, weil letztere unzulänglich bleiben, wenn man dem Patienten nicht zugleich auch zeigt, in welcher Weise er mit seinen eigenen infantilen Regungen umgeht. Anna Freud (1936) bemerkte dazu: „Eine Technik..., die sich in zu ausschließlicher Weise der Symbolübersetzung bedienen würde, wäre in Gefahr, auch in zu ausschließlicher Weise Es-Inhalte zutage zu fördern... Man könnte die Berechtigung einer solchen Technik damit verteidigen, daß man meint, sie hätte den Umgang über das Ich eben nicht nötig... Aber ihre Ergebnisse bleiben doch unvollständig." Abwehrdeutungen sind auch besonders wichtig zur Herbeiführung einer Veränderung im neurotischen Patienten, denn seine Störung ist auch in seiner besonderen Organisation der Abwehr verwurzelt, das heißt, in der spezifischen Weise, wie er mit Konflikten umgeht. Die Veränderung dieser Abwehrorganisation gilt als wesentlicher Teil des therapeutischen Prozesses (s. Kap. 7).

Der Gedanke, bestimmte Deutungen seien von größerer Wirksamkeit als andere, liegt auch dem Konzept der *mutativen* Deutung zugrunde. Strachey (1934) meinte, daß die entscheidenden Veränderungen im Patienten, die durch Deutungen bewirkt werden, sein Über-Ich betreffen. Deutungen mit dieser Wirkung werden als „mutative" bezeichnet; um so wirksam werden zu können, müssen sie auf Vorgänge bezogen sein, die im unmittelbaren „Hier-und-jetzt" der analytischen Situation stattfinden (da nach Stracheys Auffassung nur Deutungen solch unmittelbarer Vorgänge, insbesondere von Übertragungsvorgängen, genügend Kraft besitzen, um grundlegende Veränderungen zu bewirken). Wie schon früher erwähnt, hat dieser Gedanke zu der Auffassung beigetragen, der Analytiker solle nur *Übertragungs*-Deutungen geben, da sie die einzigen Deutungen seien, die Wirksamkeit besäßen (s. Kap. 4 und 5). So hatte sich Strachey das wohl nicht gedacht, es entspricht auch nicht dem praktischen Vorgehen der meisten Analytiker, die ebenso *Außer-Übertragungs*-Deutungen (bzw. *Nicht-Übertragungs*-Deutungen) geben (Halpert, 1984; Rosenfeld, 1972).

Seit Strachey hat es, insbesondere aufgrund von Melanie Kleins Veröffentlichungen, eine wachsende Tendenz gegeben, sich in der analytischen Arbeit mehr oder weniger ausschließlich auf Übertragungsdeutungen zu konzentrieren (Gill, 1982; Joseph, 1985). Seit einiger Zeit jedoch ist das Interesse an *Außerübertragungs-Deutungen* wiederbelebt worden. In einer Übersicht zu diesem Thema bemerkte Blum (1983):

Unter Außerübertragungs-Deutung versteht man Deutungen, die relativ außerhalb der analytischen Übertragungsbeziehung liegen. Obwohl die Auflösung der Übertragungsneurose durch Deutung den zentralen Bereich der analytischen Arbeit bildet, ist die Übertragung nicht der einzige oder ganze Fokus der Deutung, oder die allein wirksame „mutative" Deutung, oder immer die wichtigste Deutung ... Die Außerübertragungs-Deutung besitzt eine Stellung und einen Wert, die bezüglich der Übertragungsdeutung nicht bloß untergeordnet, vorbereitend oder ergänzend sind. Die Übertragungsanalyse ist essentiell, doch Außerübertragungs-Deutung, einschließlich der genetischen Deutung und der Rekonstruktion, ist ebenfalls notwendig ... Das analytische Verstehen sollte beide sich überschneidenden Bereiche von Übertragung und Außerübertragung umfassen. Phantasie und Wirklichkeit, Vergangenheit und Gegenwart. Eine Position, die allein Übertragung gelten läßt, ist theoretisch unhaltbar und könnte zu künstlicher Reduktion aller Assoziationen und Deutungen in ein Übertragungskorsett und zu einer idealisierten folie à deux führen.

In einer Paneldiskussion zum Thema „Der Wert der Außerübertragungsdeutung" (berichtet von Halpert, 1984) bemerkte Stone, „Es gibt Situationen, in denen Übertragungen spontan im Alltagsleben des Patienten auftreten, ohne daß eine Aktivierung durch die analytische Situation nachweisbar ist, und Deutung solcher Übertragungen kann über ihre unmittelbaren therapeutischen Wirkungen hinaus einen bedeutsamen Beitrag zum psychoanalytischen Prozeß liefern". Leites weist darauf hin, daß „nicht alles, was der Patient sagt, immer latent mit dem Analytiker befaßt ist... Gefühle gegenüber den primären Personen der Vergangenheit die durch die Analyse wiederbelebt wurden, können unmittelbar auf andere Personen in seinem Leben übertragen werden, und diese Übertragungen sind nicht immer Verschiebungen von Übertragungen auf den Analytiker". Dennoch gibt es heute weitreichende Übereinstimmung über die zentrale Bedeutung der Übertragungsdeutung, und, wie Gray es ausdrückt, „je mehr die Analyse auf das analytische Material fokussiert werden kann, wie es innerhalb der analytischen Situation erscheint, um so wirksamer ist die Deutung".

Kohut und die psychoanalytische selbstpsychologische Schule haben sich besonders mit einer spezifischen technischen Verfahrensweise beschäftigt, die auf die Analyse von narzißtischen und Borderline-Patienten ausgerichtet ist. Ornstein und Ornstein (1980) bemerken dazu:

Die psychoanalytische Selbstpsychologie hat zu einer therapeutischen und theoretischen Erweiterung unserer zentralen Begriffe von Übertragung und Widerstand geführt, und damit zusammen auch zu einer zweifachen Veränderung in der Art, wie wir unsere therapeutischen Deutungen formulieren und fokussieren. Diese zweifache Veränderung führt (a) von einzelnen Deutungsaussagen weg zu umfassenderen Rekonstruktionen, oder, wie wir jetzt sagen, rekonstruktiven Deutungen; (b) von einem vorwiegend schlußfolgernden Modus zu einem vorwiegend empathischen Modus der Beobachtung und Kommunikation.

Es ist zwar schwer zu verstehen, daß psychoanalytische Selbstpsychologen empathischer als andere Analytiker sein können, doch offensichtlich betrachten sie die Empathie des Analytikers als etwas ganz Wesentliches, das dem Patienten in der Deutung vermittelt werden soll. Da zudem die Bedeutung von Defizit im frühen Erleben (im Unterschied zu Konflikt) ganz besonders betont wird, sind „rekonstruktive Deutungen die eigentliche Methode der Analyse, unabhängig davon, ob die Störung des Patienten auf Konflikten oder auf Defiziten beruht" (Ornstein & Ornstein, 1980). Obwohl Kohut (1984) die Rolle der Empathie des

Analytikers hervorhebt, räumt er dennoch ein, daß sich die Empathie des Selbstpsychologen nicht von der anderer Analytiker unterscheidet, die nicht Selbstpsychologen sind. Er fügt jedoch hinzu: „Ich weiß, einige meiner selbstpsychologischen Kollegen werden mit meiner verneinenden Antwort nicht einverstanden sein."

Struktur und Inhalt von Deutungen sind offenkundig in hohem Maße von speziellen psychoanalytischen Bezugsrahmen des Analytikers abhängig. So wie sich die psychoanalytische Theorie auf der Grundlage therapeutischer Erfahrung entwickelte und veränderte, wobei sich neue Schwerpunkte bildeten, hat sich auch die psychoanalytische Deutung verändert. Sie richtet sich heute verstärkt – bei manchen ausschließlich – auf die Übertragung und darauf, wie sich frühe präödipale Entwicklungsprozesse und -konflikte in der Gegenwart manifestieren. Darüber hinaus wird die Deutung davon beeinflußt, welchen Stellenwert der Analytiker dem „Defizit" gegenüber dem Konflikt zumißt (Wallerstein, 1983).

Mehrere Autoren haben sich mit der Beziehung zwischen Therapieerfolg und „richtigen" Deutungen beschäftigt. Zum Beispiel meinte Glover (1931), daß unter bestimmten Umständen auch falsche, ungenaue und unvollständige Deutungen zu therapeutischem Fortschritt führen können. Eine Erklärung dieser Wirkung sieht er darin, daß dem Patienten eine alternative Organisation geboten wird, die als „neues Ersatzprodukt" (anstelle des bisherigen Symptoms) wirken kann und „vom Ich des Patienten dann akzeptiert wird". Susan Isaacs (1939) vertrat in ihrer Erörterung des Deutungsvorgangs die Ansicht, der gut ausgebildete Analytiker gebrauche Deutungen im Sinne wissenschaftlicher Hypothesen über die psychischen Prozesse seines Patienten. Sie stellt fest, daß

> dieses Entdecken des tieferen Sinnes im Material des Patienten manchmal als eine Intuition aufgefaßt wird. Ich möchte diese Bezeichnung ihres mystischen Beiklangs wegen lieber vermeiden. Der Verstehensvorgang mag weitgehend unbewußt sein, aber er ist nichts Mystisches. Man bezeichnet ihn besser als eine *Wahrnehmung*. Wir nehmen die unbewußte Bedeutung, die Wort und Benehmen des Patienten haben, als einen objektiven Vorgang wahr. Unsere Fähigkeit ihn zu erkennen hängt ... von einer Fülle von Vorgängen in uns

selbst ab, die teils bewußt und teils unbewußt sind. Es ist jedoch eine objektive Wahrnehmung von dem, was im Patienten vor sich geht, und gründet auf realen Daten. Die Betonung einer „objektiven Wahrnehmung objektiver Daten" wurde von Rycroft (1958) in Frage gestellt; er meint, daß es Freud nicht darum ging, ein Phänomen kausal zu erklären, sondern vielmehr

> es zu verstehen und ihm einen Sinn zu geben; der Vorgang, den er vollzog, war nicht wissenschaftliche Aufdeckung von Ursachen, sondern ein semantisches Auffinden eines Sinngehaltes. Man kann in der Tat argumentieren, daß Freud in vieler Hinsicht semantisch arbeitete und eine revolutionäre Entdeckung in der Semantik machte, wenn er zum Beispiel sagt, daß neurotische Symptome verborgen sinnhaltige Kommunikationen sind, daß er jedoch aufgrund seiner wissenschaftlichen Ausbildung und Verpflichtung seine Entdeckungen im begrifflichen Bezugssystem der Physik formulierte.

Isaacs' Behauptung, die Wahrnehmung unbewußter Bedeutungen durch Analytiker sei ein objektiver Vorgang, ist zumindest höchst anfechtbar. Auf der anderen Seite ist aber auch die Gegenüberstellung von „wissenschaftlich" und „semantisch" bei Rycroft fraglich. Eine Mittelstellung scheint die Ansicht von Kris (1956 a) einzunehmen, der sich auf

> die wohlbekannte Tatsache bezieht, daß die Rekonstruktion von Kindheitserlebnissen durchaus mit etlichen Denkvorgängen und Gefühlen zu tun haben mag – meiner Ansicht nach ist dies immer so –, die nicht unbedingt damals ‚existierten', als das ‚Ereignis' stattfand. Sie mögen entweder nie bewußt geworden oder zu einem späteren Zeitpunkt in einer ‚Kette von Ereignissen' aufgetaucht sein, an die das ursprüngliche Erlebnis Anschluß fand. Durch rekonstruierende Deutungen können sie zu einem Teil der ausgewählten Erlebnisse werden, die das biographische Bild ausmachen, das sich in günstigen Fällen im Verlauf der analytischen Behandlung ergibt.

Balint (1968) hat darauf hingewiesen, daß die besondere analytische Sprache und der besondere Begriffsrahmen eines Analytikers unausweichlich mitbestimmen, auf welchem Wege ein Patient zum Verständnis seiner selbst gelangt. Von diesem Gesichtspunkt aus erscheint es so, als hänge therapeutische Veränderung als Folge der Analyse in hohem Maße von dem Angebot eines strukturierten Bezugssystems von Vorstellungen und Gefühlen ab, innerhalb dessen der Patient sich und sein subjektives Erleben seiner selbst sowie das anderer Menschen in für ihn nützlicher Weise einordnen kann (vgl. auch Novey, 1968). Die Auffassung der Analyse als eine Art archäologischer Expedition in die Vergangenheit des Patienten mit dem Ziel, Einsicht in die unbewußten seelischen Wurzeln seiner Pathologie und seines Charakters zu gewinnen, ist in den vergangenen Jahren zunehmend in Frage gestellt worden. Die Vorstellung, die sogenannte historische Wahrheit aufzudecken, wurde angezweifelt, und recht radikale Ansichten von der psychoanalytischen Rekonstruktion haben z. B. Michels (berichtet von Compton, 1977), Schafer (1979, 1980, 1983) und Spence (1982, 1986) vorgetragen. Michels vertritt die Auffassung, daß

jede Deutung ein Mythos ist, das heißt, die Deutung bietet ein organisierendes Prinzip für das Verstehen des eigenen Erlebens; sie integriert die Vergangenheit in einen Sinnzusammenhang, der bisher nicht zugänglich war. Jede Deutung ist ein Mythos in dem Sinne, daß jede Geschichte ein Mythos ist. Deutungen sind nicht richtig oder falsch. Für jede Sammlung von „Fakten" über die Vergangenheit gibt es viele dazu passende Mythen. Nicht die historische Wahrheit wird aufgedeckt, sondern es wird vielmehr ein Sinn geschaffen, wenn auch nicht ohne Beachtung von Erzwungenheiten.

Schafer (1983) entwickelte eine Auffassung der Analyse als eine *erzählende Transaktion*. Er stellt fest, daß „der Analytiker im wesentlichen die Rede des Analysanden und seine oder ihre Unterbrechungen der Rede als eine Art Erzählhandlung betrachtet, d. h. als eine Art des Erzählens oder Berichtens der Lebensereignisse in Vergangenheit und Gegenwart". Er fährt fort:

In der Sicht, daß der Analysand mit einer Erzählhandlung befaßt ist, versteht man ihn auch so, daß dabei nur einer aus einer großen Zahl möglicher Berichte von diesen Lebensereignissen gegeben wird. Aus dieser Sicht kann man auch niemals einen direkten Zugang zu diesen Ereignissen bekommen, denn sie existieren nur als erzählte Berichte, die vom Analysanden oder Analytiker mit unterschiedlicher Absicht und in unterschiedlichen Zusammenhängen hervorgebracht sein mögen ... man kann sagen, daß der Analytiker damit befaßt ist, wiederzuerzählen oder das Erzählte zu revidieren ... der Analytiker folgt bestimmten Linien in der Erzählung, wie persönliche Entwicklung, Konfliktsituationen und subjektives Erleben, die die kennzeichnenden Merkmale für seine analytische Theorie oder Vorgehensweise sind ... von der analytischen Deutung kann man also feststellen, daß sie weit davon entfernt ist, alte und archaische Erlebnisse als solche auszugraben und auferstehen zu lassen, sondern daß sie neue, lebendige, verbalisierbare und verbalisierte Versionen dieser Erlebnisse darstellt und entwikkelt. Nur dann können diese neuen Versionen einen festen Platz in einer kontinuierlichen, zusammenhängenden, überzeugenden und auf den aktuellen Stand gebrachten psychoanalytischen Lebensgeschichte erhalten.

Spence (1982) weist darauf hin, daß man niemals wirklich wissen kann, ob eine Deutung oder Rekonstruktion der Wahrheit entspricht. Der Analytiker konstruiert eine „Geschichte", die bestimmten ästhetischen und pragmatischen Kriterien genügt, und er deutet in einer Erzähltradition, in der es auf Kohärenz, innere Stimmigkeit und Überzeugungskraft der Erzählung ankommt. Anstelle von historischer Wahrheit eröffnet die narrative Wahrheit eine Möglichkeit, die Tatsachen der Vergangenheit zu erklären und zu verstehen, und anstelle von unerreichbarem Wissen bietet sie eine wahrscheinliche Gewißheit. Die Formulierungen von Spence und von Schafer stellen zweifellos einen wichtigen Aspekt der Rekonstruktion heraus. Ihre Auffassung geht mit der von Balint wie auch der Wallersteins (1988) überein, der anmerkt, daß „alle unsere theoretischen Perspektiven, Kleinsche, aber auch ich-psychologische und sämtliche anderen, die von uns gewählten erklärenden *Metaphern* sind, heuristisch für uns von Nutzen, im Sinne unserer unterschiedlichen intellektuellen Wertverpflichtungen, um das klinische Ausgangsmaterial in der Behandlung zu erklären, d. h. ihm einen Sinn zu verleihen". Er fährt fort: „Ganz schlicht ausgedrückt macht diese Konzeptualisierung unsere ganze großartige allgemeine Theorie (und unseren gesamten Pluralismus der allgemeinen Theorie) zu nichts anderem als der von uns gewählten Aufstellung von Metaphern". Die Auffassung Wallersteins könnte indessen die fragwürdige Implikation enthalten, daß alle Deutungssysteme gleichwertig seien, solange sie nur bestimmten Kriterien entsprächen.

Das Konzept der Deutung ist nicht auf die psychoanalytische Behandlungssituation oder Formen psychodynamischer Psychotherapie begrenzt. Auch wenn ein praktischer Arzt die unausgesprochenen Krankheitsängste seines Patienten verbalisiert, kann man dies als eine Deutung auffassen, weil damit die Absicht verbunden ist, dem Patienten Einsicht zu vermitteln, indem ihm ein Aspekt seiner Gefühle und Verhaltensweisen vorgelegt wird, dessen er sich bisher nicht voll bewußt war. Daraus folgt natürlich nicht, daß der innerhalb eines bestimmten Settings angemessene Typus einer Deutung auch in anderen Situationen immer angemessen ist.

11. Einsicht

DER BEGRIFF EINSICHT wird in der Psychoanalyse, in den von ihr abgeleiteten Systemen der Psychotherapie und in der dynamischen Psychiatrie oft verwendet. Die Bezeichnung wird allgemein so gebraucht, als sei ihre Bedeutung unmittelbar verständlich; eine nähere Untersuchung zeigt jedoch bald, daß sie alles andere als klar ist. Zilboorg (1952) bemerkte dazu: „Zu den Unklarheiten, die für die Therapie von größter Bedeutung sind und zugleich größte Verwirrung verursachen, gehört die Verwendung des Begriffes Einsicht. Er kommt sozusagen nirgendwo her. Niemand weiß, wer ihn zuerst gebrauchte und in welchem Sinne er das tat." Und Poland (1988) stellt fest: „Einsicht ... hat bis jetzt noch keinen eindeutigen Platz in den analytischen Konzeptualisierungen gefunden." Diese Ansicht äußert auch Barnett (1978); er beklagt, daß „die Einsichtskonzepte so undeutlich und weit geworden sind, daß unsere Versuche, sie alle in den Entwurf wirksamer Einsichtstherapien einzubeziehen, oft als frustrierend und vergeblich empfunden werden".

Zwischen den psychoanalytischen und psychiatrischen Bedeutungen dieser Bezeichnung scheint eine komplexe Beziehung zu bestehen. In der allgemeinen Psychiatrie hat man sie eingeführt, um damit „das Wissen (des Patienten), daß seine Krankheitssymptome Abnormitäten oder morbide Phänomene" (Hinsie & Campbell, 1970) seien, zu kennzeichnen. In dieser spezifischen Bedeutung wurde der Begriff in der Psychiatrie seit Beginn des Jahrhunderts verwendet und wird er weiterhin verwendet. Jung bemerkte in einer Erörterung psychotischer Patienten mit schweren intellektuellen und emotionellen Beeinträchtigungen, daß sie „Zeichen mehr oder minder weitreichender Einsicht in die Krankheit" erkennen lassen (1907). Kraepelin (1906), Bleuler (1911) und Jaspers (1913) zufolge ist das „Fehlen von Einsicht" prinzipiell mit psychotischen Zuständen verknüpft. Der Begriff „Einsicht" wurde – besonders während der letzten zwanzig Jahre – aus der Psychiatrie in die Psychoanalyse übernommen. Mit dieser Erweiterung seines Anwendungsbereiches außerhalb der Psychiatrie ging seine speziell psychiatrische Bedeutung verloren. *Vorher* besaß die Anwendung des Begriffes in der Psychoanalyse keine technische Bedeutung. Im Index der *Standard Edition of the Complete Psychological Works of Freud* ist er nicht aufgeführt, obwohl er an verschiedenen Textstellen in einem nicht-technischen Sinne erscheint. Vermutlich wurde ein im Deutschen wie im Englischen relativ umgangssprachliches Wort irgendwann in der Geschichte der Psychoanalyse zu einem technischen Begriff erhoben.* Dennoch ist das Konzept in seinen mehr technischen Formen, in denen es heute in der Psychoanalyse verwendet wird, auch schon fest in Freuds Formulierungen über die zur „Heilung" führenden Veränderungsvorgänge verankert.

In den *Studien über Hysterie* (1895 d) hatte Freud berichtet:
Wir fanden nämlich, anfangs zu unserer größten Überraschung, *daß die einzelnen hysterischen Symptome sogleich und ohne Wiederkehr verschwanden, wenn es gelungen war, die Erinnerung an den veranlassenden Vorgang zu voller Helligkeit zu erwecken, damit auch den begleitenden Affekt wachzurufen, und wenn dann der Kranke den Vorgang in möglichst ausführlicher Weise schilderte und dem Affekt Worte gab.*

Affektloses Erinnern ist fast immer völlig wirkungslos. Freud meinte dazu auch, wenn es gelänge, beim Patienten die Erinnerung zu voller lebendiger Frische zu wecken, so daß er die Dinge wie in Wirklichkeit vor sich sähe, dann könne man auch beobachten, daß er ganz von einem Affekt beherrscht sei. Bringe man ihn dann dazu, den Affekt in Worte zu fassen, träten auch gleichzeitig mit dem Affekt seine Schmerzsymptome ganz akut in Erscheinung, um von da an als chronisches Symptom zu verschwinden.*

---

* An dieser Stelle bringen die Verfasser im englischen Original eine Fußnote über die lexikalische Bedeutung des Wortes im Englischen und deren Bezüge zur analytischen Bedeutung; sie wurde aus linguistischen Gründen hier weggelassen. (Anm. d. Übersetzers)
* Die wörtliche Formulierung Freuds stammt aus einem Vortrag, der in der *Wien. med. Presse*, Jg. 34 (4), S. 121–126, vom Jan. 1893 abgedruckt wurde, jedoch nicht in den Gesammelten Werken enthalten ist. (Anm. d. Übersetzers)

Das „kognitive" Wissenselement, die „Erinnerung an das Ereignis", war von Freud in der ersten Phase der Psychoanalyse *in Zusammenhang mit der Affektentladung* herausgestellt worden. Der Gedanke einer Heilung durch Affektabfuhr in Gestalt einer Abreaktion war mit der Vorstellung verknüpft, daß die Hysterie auf einem spezifischen traumatischen Ereignis mit pathogener Wirkung beruhe. Das Wiederaufdecken verdrängter Erinnerungen mit begleitendem Affekt hat viel Ähnlichkeit mit dem, was Analytiker heutzutage als „emotionelle Einsicht" bezeichnen.

Als sich Freuds Auffassung der Pathogenese änderte (ab 1897), an die Stelle des äußeren traumatischen Ereignisses die Schicksale der Triebe traten und sich sein Interesse zunehmend auf die Traumdeutung (1900 a) verlagerte, rückte offenbar auch das affektive Moment mehr in den Hintergrund. Die Einsicht des Analytikers wurde nun mehr oder minder mit dem Sinnverständnis der Äußerungen des Patienten gleichgesetzt; dieses Verstehen gab er an den Patienten weiter, wobei häufig Erklärungen und logische Argumente verwandt wurden. Als sich dann allmählich die Erkenntnis durchsetzte, daß es unumgänglich war, Übertragung und Übertragungswiderstände zu analysieren, wurde von neuem offenbar, welche Bedeutung der emotionelle Kontext besitzt, in den das Verständnis des Patienten eingebettet ist. Wie Freud (1913 c) es ausdrückte: „In den frühesten Zeiten der analytischen Technik haben wir allerdings in intellektualistischer Denkeinstellung das Wissen des Kranken um das von ihm Vergessene hoch eingeschätzt und dabei kaum zwischen unserem Wissen und dem seinigen unterschieden ... Es war eine schwere Enttäuschung, als der erwartete Erfolg ausblieb."

Im Titel einer analytischen Arbeit ist die Bezeichnung nicht erschienen, bis French 1939 „Insight and distortion in dreams" veröffentlichte. French teilte ausdrücklich mit, daß er die Bezeichnung von dem Gestaltpsychologen W. Köhler (1925) übernommen hatte. Köhler hatte beschrieben, wie die Wahrnehmung einer Problemlösung bei einem Versuchstier sich plötzlich wie eine „Einsicht" einstellt. French betrachtete die Einsicht in der Psychoanalyse als ein ähnliches Phänomen, das heißt als „ein ‚praktisches Begreifen' der Konfliktsituation". Nach Frenchs Meinung ist solche Einsicht *in sich* noch nicht das therapeutisch Wirksame, aber eine

Vorbedingung für das weitere „Problemlösen", das zur Heilung führen kann.

In der auf Freud folgenden psychoanalytischen Literatur scheint das Hauptproblem darin zu bestehen, die Merkmale zu bestimmen, die „echte" oder „emotionelle" Einsicht auf der einen, und rein intellektuelle Einsicht auf der anderen Seite voneinander unterscheiden. Die Psychoanalytiker glauben allgemein, daß diese Unterscheidung möglich ist und vom Standpunkt der analytischen Technik her entscheidende Bedeutung besitzt. Das bloße intellektuelle Wissen über die psychoanalytische Sicht der Störungsquellen ist völlig wirkungslos (da ja sonst ein Patient geheilt werden könnte, wenn man ihm ein psychoanalytisches Buch zu lesen gäbe). Vom Standpunkt der analytischen Therapie her ist emotionelles Erleben eine wesentliche Komponente der wirksamen Einsicht. Die Frage, wie man definieren kann, was die „echte", „emotionelle" oder „wirksame" Einsicht ausmacht, hat indessen Probleme aufgeworfen, mit denen viele Autoren gerungen haben (z. B. Barnett, 1978; Blacker, 1981; Bush, 1978; A. Freud, 1981; Hatcher, 1973; Horowitz, 1987; Kerz-Rühling, 1986; Kris, 1956 a; Kubie, 1950; Martin, 1952; Michels, 1986; Myerson, 1960, 1963, 1965; Poland, 1988; Pressman, 1969 a, 1969 b; Rangell, 1981; Reid & Finesinger, 1952; Richfield, 1954; Segal, 1962; Silverberg, 1955; Valenstein, 1962; Zilboorg, 1952).

Eine von den Schwierigkeiten, die dem Problem einer geeigneten Definition wirksamer psychoanalytischer Einsicht innewohnen, ist die Versuchung gewesen, einer Tautologie zu erliegen, wie zum Beispiel: Wenn Einsicht unwirksam bleibt und keine Veränderung hervorruft, dann ist es keine ‚wahre' Einsicht; *ergo* ist Einsicht wirksam, die Veränderung hervorruft. Wenn wir diese Schwierigkeiten vermeiden wollen, müssen wir offenbar das Konzept der emotionellen Einsicht vom Konzept der „Heilung" trennen, denn es folgt nicht, daß solche Einsicht notwendigerweise zu progressiven und therapeutischen Veränderungen des Patienten führt. Richfield (1954) sowie Reid und Finesinger (1952) haben versucht, bei ihren Bemühungen um Klärung des Problems eine philosophische Analyse anzuwenden. Die letztgenannten Autoren nehmen die Bezeichnung „dynamische Einsicht" für die wirksame Form und zitieren dabei Kubies (1950) Feststellung, daß „Einsicht sich erst dann therapeutisch auszuwirken beginnt, wenn sie zu einer Wahrnehmung der Beziehung zwischen verschiedenartigen Erlebnissen und den unbewußten Konflikten führt, aus der die neurotischen Persönlichkeitskomponenten und die neurotischen Symptome selbst entstanden sind". Reid und Finesinger suchen zwischen „neutraler" und „emotioneller" Einsicht zu trennen. Die erstere Bezeichnung soll besagen, „daß in der Beziehung, deren Bedeutung durch den Einsichtsakt erfaßt wird, keine emotionelle Komponente vorhanden ist und zudem der Einsichtsakt selbst zur Zeit seines Vollzuges in der Person keine emotionelle Reaktion vermittelt oder auslöst". Bei der „emotionellen" Einsicht „ist die Emotion Teil des Inhalts, in den der Patient Einsicht gewinnt, oder genauer ausgedrückt, er ist eine Komponente der Beziehung, deren Bedeutung durch Einsicht erfaßt wird". Entsprechend handelt es sich dann um „emotionelle" oder „dynamisch wirksame" Einsicht, wenn „sie dem Patienten eine Tatsache bewußtmacht, die eine Emotion sein kann oder auch nicht, die aber eine Gefühlsreaktion *anstößt* oder *auslöst*". Offenbar ist dies eine Definition von Einsicht, die vom psychoanalytischen Standpunkt her der Sache am nächsten kommt, und die auch nicht notwendigerweise an das Kriterium der „Richtigkeit" oder der therapeutischen Veränderung geknüpft ist.

Wenn auch die Tatsache akzeptiert ist, daß die „intellektuellen" Anteile der Einsicht für sich allein wirkungslos bleiben, so ist man doch zunehmend auf die Rolle der kognitiven Prozesse aufmerksam geworden, die am Zustandekommen von Einsicht beteiligt sind (Barnett, 1978; Bush, 1978). Barnett bemerkt dazu, daß „Wissen nur dann zur echten Einsicht wird, wenn damit eine deutliche Veränderung seelischer Vorgänge beim Patienten und seinen Methoden des Ordnens seiner Erfahrungen einhergeht. Unser Bemühen um Einsicht muß sich darauf richten, die Erkenntnisweisen unserer Patienten umzugestalten und neu zu formen, als Brücke zwischen Einsicht und therapeutischer Veränderung".

Gleichzeitig mit dem neubelebten Interesse an den kognitiven Anteilen der Einsicht haben Kinderanalytiker Überlegungen angestellt, wie sich die Fähigkeit zur Einsicht entwickelt. Kennedy (1979) spricht von einer Entwicklungslinie der Einsicht und erläutert, wie diese sich vom Vorschulkind bis zum Jugendlichen und

Erwachsenen verändert. Die Fähigkeit entwickelt sich „vom passageren Erleben lustvoller und schmerzlicher Gefühlszustände beim Säugling hin zur detachierten und objektiven Selbstbeobachtung des Erwachsenen mit einem innerseelischen Fokus, die im Verein mit den integrativen Fähigkeiten des Ich zu Einsicht in brauchbare seelische Zusammenhänge führt". Kennedy fügt hinzu, daß
> wir uns in der Kinderanalyse nicht zum Ziel setzen, dem Kind ein echtes und „objektives" Bild seiner Vergangenheit zu rekonstruieren, sondern uns darauf richten, seine Anpassungsweisen an die Anforderungen aufzuschlüsseln, die es aktuell bei sich verspürt.... Die Interventionen der Analytikerin organisieren und artikulieren, was das Kind erlebt. Immer wenn die Analytikerin seine „Einsichten" auf eine Weise deutet und ausdrückt, die das Kind verstehen kann, findet eine neue Integration statt ... Wir müssen annehmen, das „analytische Verstehen" der Kinder in ihre allgemeine Erlebensmatrix eingeht.

Neubauer (1979), ebenfalls Kinderanalytikerin, betont, daß sich die Kinderanalyse an die Phasen der kognitiven Organisation wenden muß ... Damit wird die Rolle der Selbstbeobachtung als wichtige Komponente der Einsicht deutlich gemacht. Eine weitere Voraussetzung von Einsicht bildet die Fähigkeit zur Unterscheidung von Selbst- und Objektrepräsentanzen im Zusammenhang mit einer stabilen Strukturierung von Zeit und Raum. Alle diese verschiedenen Komponenten der Einsicht sind für das Verständnis der Rolle von Einsicht in der Psychoanalyse von Bedeutung.

Anna Freud (1981) bietet einen Überblick über die Entwicklung der Fähigkeit zur Einsicht und erörtert ihr Vorhandensein oder Fehlen als einen Aspekt der normalen Entwicklung. Sie meint, das Jugendalter biete dem Kinde, das noch keine zureichende Einsicht entwickeln konnte, in dieser Hinsicht eine „zweite Chance".

Der Erwerb von Einsicht ist ein normales Phänomen der Entwicklung. Michels (1986) bemerkt, eine psychoanalytische Theorie der Einsicht
> würde der Tatsache Rechnung tragen, daß die seelische Entwicklung nicht nur eine Geschichte von Triebimpulsen, Ängsten, Beziehungen, seelischen Funktionsmustern, Eigen-

und Fremdwahrnehmungen und Weltverstehen ist, sondern auch von wechselnden, sich entwickelnden und Verstehens- und Erfahrungsweisen des eigenen Selbst. Die seelische Entwicklung erfolgt während des gesamten Lebenszyklus, und unterschiedliche Gesichtspunkte können sehr hilfreich für die Strukturierung unseres Verständnisses der unterschiedlichen Entwicklungsphasen sein. Eine Phase, die unter dem Triebgesichtspunkt relativ „latent" ist, kann vom Gesichtspunkt der Einsicht höchst bedeutsam sein.

Gray (1990) vertritt die Ansicht, daß jedes neugewonnene Stück Einsicht des Patienten „von der wichtigen, *durch Erleben erworbenen Einsicht* in die Tatsache begleitet ist, daß ... (das) Ich des Erwachsenen fähig ist, bewußt und willentlich Triebe zu beherrschen oder auszuleben ... Dieser Aspekt therapeutischer Wirkung ist eine Form des *Erfahrens* der Befähigung zu Ich-Stärke *durch das Erleben,* daß durch allmähliche, autonome Ausübung die Kontrolle über die Triebimpulse wiedergewonnen wird". Gray bemerkt dazu: „In passenden Momenten und mit geeigneten Worten biete ich dem Patienten an, die Beobachtung des Geschehens mit mir zu teilen".

Mangham (1981) beschreibt die Rolle, die eine Wiederherstellung früher Gefühlsbindung an die Mutter und die Wiedereinsetzung des infantilen Allmachtsgefühls bezüglich der Einsichtgewinnung spielt. Er erweitert dabei die Auffassung von Kris (1956 b), der in einer älteren Veröffentlichung zu diesem Thema feststellte, daß „bei der Einsicht ‚kognitive Elemente' mit einer besonderen Art von Sicherheit verschmolzen sind". Diese Ergebnisse von Kris hat Abend (1988) im Lichte späterer Fortschritte erörtert.

Blum (1981) betont, es sei wichtig, daß der Analysand ein „Einsichtsideal" entwickle. Er meint dazu: „Psychoanalytische Einsicht in unbewußte Vorgänge und Inhalte schließt eine allmähliche Wandlung innerer Verbote und Ideale durch Toleranz von bisher verbotener Neugier und Wissens ein. Der analytische Prozeß hängt davon ab, daß die Zensur gelockert und die Motive und Modi von Selbstkritik und Selbstbestrafung analysiert werden."

Weiter wurde erörtert, welche Rolle die Einsicht in der Wechselbeziehung zwischen Patient spielt (z. B. Joseph, 1987; Mangham, 1981; Neubauer, 1979; Segal & Britton, 1981). So meint

Shengold (in einem Panelbericht von Blacker, 1981), der Einsichtsvorgang werde durch die analytische Situation und die Art der Interaktion von Patient und Analytiker angeregt. Ähnlich unterstreicht Anthony (in demselben Panel) die Bedeutung der Einsicht des Analytikers in seine eigenen Gegen-Reaktionen auf den Patienten und die wachsende Kenntnis vom Innenleben des Patienten. Anthony betont (ebenso wie Blacker, 1981; Hatcher, 1973; Horowitz, 1987; Poland, 1988; Rangell, 1981), die analytische Einsicht müsse als *Prozeß* betrachtet werden.

Horowitz (1987) weist darauf hin, daß dieser Prozeß von Entdeckung und Einsicht auch nach Ende der Analyse fortgesetzt und erweitert werden kann: „Aus bestimmten erfolgreichen Analysen gewinnt man den Eindruck, daß Reaktionen auf Deutungen, die nützliche Einsicht brachten, in der Analyse und auch nach deren Beendigung ständigen Revisionen unterzogen werden. Fortgesetzte Revision ermöglicht dem Patienten eigene Entdeckungen und ist mit den Erinnerungen und Rekonstruktionen der eigenen Lebensgeschichte verknüpft."

In einem Panel über „Psychische Veränderung" (Naiman, 1976) zeigt Sandler, daß „Einsicht, die durch Interventionen des Analytikers gewonnen wurde, eine neue Integration herbeiführt, bei der neue Aspekte der inneren Struktur geschaffen werde. Über das Durcharbeiten kann eine solche Einsicht „automatisch" werden, d. h. sie kann zur vorbewußten Hemmung früherer Funktionsweisen führen und zur Nutzung von mehr angemessenen". In diesem Zusammenhang führt der Erwerb von Einsicht zu „Einsichtsstrukturen", d. h. zu dauerhaften Gestalten innerer Beziehungen, die dazu genutzt werden können, früher erworbene Funktionsweisen zu modifizieren und zu kontrollieren. Dies schlösse dann auch Veränderungen in den inneren Objektbeziehungen mit ein.

Schließlich gibt Poland (1988) einen wertvollen Hinweis zur analytischen Einsicht, wenn er feststellt:

> Einsicht verbindet Vergangenheit und Gegenwart, Inhalt und Prozeß zu einer mentalen Einheit, die von logischer Folgerung und Theorie nicht gut repräsentiert wird. Die therapeutische Analyse läßt innere Kräfte innerhalb eines einzigartigen dyadischen Kontexts lebendig werden, der durch seine Unmittelbarkeit impliziten Sinn bedeutungsvoll werden

läßt und es damit möglich macht, daß lebensgeschichtliche Fakten zu persönlichen Wahrheiten reifen ... ein Analytiker kann nicht eine Einsicht „geben". Seine Deutungen können neues Wissen zur Verfügung stellen, seine Interaktionen neue emotionelle Erfahrung bieten, doch es liegt beim Patienten, das Wissen oder die Erfahrung zu verarbeiten, um sie in Einsichten umzuwandeln.

Nach unserem Eindruck führt die Vorstellung von der „richtigen" Einsicht zu zahlreichen Schwierigkeiten: Nach wie vor kann das Konzept „wirksame" Einsicht in ein tautologisches Argument münden. Möglicherweise besteht der zweckmäßigste Zugang zum Problem darin, daß man „intellektuelle" Einsicht von anderen Formen von Einsicht unterscheidet, die entweder Gefühle auslösen oder bei denen ein Aspekt eines Gefühlszustandes Teil des Inhalts der Einsicht selbst bildet. Dies würde sich auch mit dem Standpunkt vereinbaren lassen, den wir an früherer Stelle in diesem Kapitel erörterten und zu dem wir sagten, daß die therapeutische Veränderung als Folge der Analyse in hohem Maße davon abhängt, daß ein strukturiertes und organisiertes Bezugssystem von Vorstellungen und Gefühlen angeboten wird, innerhalb dessen der Patient sich und sein subjektives Erleben seiner selbst und anderer in für ihn nützlicher Weise einordnen kann. Es würde uns verstehen lassen, warum unterschiedliche psychoanalytische und psychotherapeutische Gesichtspunkte in den Deutungsangeboten an den Patienten sich mitunter im Hinblick auf die therapeutischen Ergebnisse als gleichermaßen wirksam erweisen.

12. Durcharbeiten

DIE PSYCHOANALYTISCHE BEHANDLUNG hat mit einigen anderen Formen der Psychotherapie gemeinsam zum Ziel, dauerhafte Veränderungen im Patienten herbeizuführen. Sie verwendet hierzu, wie andere „Einsicht"-Therapien auch, Deutungen und andere verbale Interventionen (Kap. 10). Diese dienen zum Teil dazu, unbewußte Inhalte und Vorgänge bewußtzumachen, doch schon seit den Anfängen der psychoanalytischen Behandlung stellte man fest, daß „Unbewußtes bewußtmachen" und Gewinnung von Einsicht gewöhnlich noch nicht ausreichen, um eine grundsätzliche Änderung im Patienten zu bewirken. Im Unterschied zum hypnotischen und kathartischen Verfahren hängt bei der psychoanalytischen Methode der Erfolg von mehreren zusätzlichen Faktoren ab. Einige davon wurden in den vorangegangenen Kapiteln behandelt, speziell das Behandlungsbündnis (Kap. 3), die Übertragung (Kap. 4 und 5) und die Widerstandsanalyse (Kap. 7). In diesem Kapitel wollen wir diese zusätzlichen Faktoren in der analytischen Behandlungssituation untersuchen, die man unter dem Oberbegriff *Durcharbeiten* zusammenfaßt.

Freud verwendete in seinen frühesten Schriften (1895) zwar schon Worte wie „abtragen" und „überarbeiten". In den *Studien über Hysterie* (1895 d) gebrauchte er zwar einmal den Ausdruck „durcharbeiten", aber in ganz anderem Sinne, als er ihn später verstand. Der therapeutische Begriff Durcharbeiten erscheint erst in der Arbeit „Erinnern, Wiederholen und Durcharbeiten" (1914 g). Dort führte Freud aus, daß es in der ersten Phase der Psychoanalyse das Behandlungsziel war, das pathogene traumatische Ereignis wiederzuerinnern, das man sich an der Wurzel der Neurose vorstellte, und den mit diesem Ereignis verbundenen Affekt abzureagieren. Nach dem Aufgeben der Hypnose bestand dann die therapeutische Aufgabe darin, mittels der freien Assoziationen des Patienten vergessene signifikante Inhalte und damit verbundene Affekte wiederaufzudecken; dies stellte eine „Arbeitsanforderung" an den Patienten, weil seine Widerstände gegenüber der Freilegung des Verdrängten überwunden werden mußten. Anstelle der Wiedererinnerung bedeutsamer Erlebnisse nahm nun deren unbewußte *Wiederholung* in Form der Übertragung und des Agierens den wichtigsten Platz ein (Kap. 9). Die analytische Arbeit zielte nun weitgehend darauf ab, die Widerstände zu deuten und dem Patienten zu zeigen, wie sich die Vergangenheit in der Gegenwart wiederholt. Aber selbst wenn der Analytiker einen Widerstand aufgedeckt und ihn dem Patienten benannt hat, bewirkt dies allein noch keinen Fortschritt in der Behandlung. Freud sagte dazu (1914 g):

> Man muß dem Kranken die Zeit lassen, sich in den ihm unbekannten Widerstand zu vertiefen, ihn *durchzuarbeiten*, ihn zu überwinden, indem er ihm zum Trotze die Arbeit nach der analytischen Grundregel fortsetzt ... Dieses Durcharbeiten der Widerstände mag in der Praxis zu einer beschwerlichen Aufgabe für den Analysierten und zu einer Geduldsprobe für den Arzt werden. Es ist aber jenes Stück der Arbeit, welches die größte verändernde Einwirkung auf den Patienten hat und das die analytische Behandlung von jeder Suggestionsbeeinflussung unterscheidet.

Obgleich Freud später eine Reihe von verschiedenartigen Quellen des Widerstandes unterschied (s. Kap. 7), verknüpfte er doch das Erfordernis des Durcharbeitens mit einer besonderen Widerstandsform, die sich als „Wiederholungszwang" (1920 g) und „Es-Widerstand" (1926 d) zeigt. Man kann dies als eine Widerspiegelung des „Widerstrebens" der Triebe gegen ihre Ablösung von ihren früheren Objekten und Abfuhrwegen betrachten (1915 a, 1915 f). Freud sprach auch von der psychischen „Trägheit" (1918 b; der Ausdruck war von Jung entliehen), der „Klebrigkeit" (1916/17) und der „Schwerbeweglichkeit" (1940 a [1938]) der Libido als Kräften, die sich der Heilung widersetzen. Diese Ausdrücke geben Freuds Auffassung der Triebe als Energie zu erkennen, die mit bestimmten Vorstellungen verknüpft werden kann, insbesondere die Vorstellungen der Liebesobjekte aus der Kindheit. 1937 brachte er „psychische Trägheit" mit angeborenen konstitutionellen Faktoren und mit dem Altern in Verbindung (1937 c). Er meinte, daß durch das Alter der psychoanalytische Prozeß weniger wirksam gemacht würde, so daß man fortgeschrittenes Alter als eine Kontraindikation für die analytische Behandlung ansah; heute ist diese Ansicht nicht mehr sehr verbreitet. Unter Durcharbeiten verstand Freud somit die Arbeit (sowohl des Analytikers als auch des Patienten), welche zur Überwindung von Widerständen gegenüber Veränderung erforderlich ist, die in erster Linie auf der Tendenz der Triebe beruhen, an gewohnten Abfuhrwegen festzuhalten. Durcharbeiten bedeutete analytische Arbeit, die zu der des Aufdeckens von Konflikten und Widerständen *hinzukam*. Intellektuelle Einsicht ohne Durcharbeiten ist für die therapeutische Aufgabe nicht ausreichend, weil die Tendenz der früheren Funktionsweisen, sich in gewohnter Form zu wiederholen, unverändert fortbestehen bleibt.

Historisch ist von Interesse, daß Fenichel in einem Kommentar zu dem Buch von Ferenczi und Rank *The Development of Psycho-Analysis* (1925) darauf hinweist, daß darin das Wiedererleben von Gefühlserlebnissen in der Übertragung besonders hervorgehoben sei, und bemerkt (1941), die Verfasser seien „in ihrer Betonung des Erlebens zu Anhängern von Abreagieren und Agieren geworden; Verlierer war dabei das Durcharbeiten".

Fenichel (1937, 1941) betrachtete das Durcharbeiten vorwiegend als eine Tätigkeit des Analytikers, weniger als gemeinsame Aufgabe von Analytiker und Patient, und bezeichnete es als „einen besonderen Typus von Deutung". Er verwies darauf, daß der Patient gegen die Wahrnehmung von unbewußtem Material, das bereits gedeutet worden war, einen erneuten Widerstand entwickelt und daß neuerliche Deutungsarbeit erforderlich ist, wenn auch der Prozeß dann leichter und rascher vonstatten gehen mag. Während manchmal genau dasselbe Bild beim Patienten wiedererscheint, tauchen bei anderen Gelegenheiten *Varianten* davon in ganz anderem Kontext auf. „Der Vorgang, der verlangt, daß man dem Patienten dieselbe Sache zu verschiedenen Zeiten oder in unterschiedlichen Zusammenhängen immer wieder vorführt, wird nach Freud ,Durcharbeiten' genannt".

Interessant ist, daß Fenichel zwar auf der einen Seite Freuds Konzept einengt, indem er das Durcharbeiten als einen Deutungstypus bezeichnet, auf der anderen Seite aber erweitert und mit den Widerständen des Ich und Über-Ich gegen Veränderung in Verbindung bringt. Ebenso wie einige spätere Autoren (z. B. Parkin, 1981) vergleicht er dann das Durcharbeiten mit der *Trauerarbeit:*

„Wenn jemand einen Freund verloren hat, dann muß er sich in allen Situationen, die ihn an den Freund erinnern, von neuem klarmachen, daß der Freund nicht mehr ist und daß er auf diesen verzichten muß. Das Bild dieses Freundes ist in vielen Komplexen von Erinnerungen und Wünschen als *Repräsentanz* enthalten, und die Ablösung vom Freund muß in jedem Komplex einzeln stattfinden" (1941). Fenichel betrachtete das Durcharbeiten als einen Vorgang, der zur Lösung kleiner „Energie"-Quantitäten aus ihrer Bindung an die Repräsentanz führt; er ähnelt darin der Abreaktion, wenn er auch ganz das Gegenteil einer einzelnen massiven Abreaktion ist. Gleichzeitig sagte Fenichel über die Deutungen, sie bewirkten, daß „der Patient dazu erzogen wird, immer weniger entstellte Abkömmlinge zu produzieren..." (1937). Der Gedanke einer solchen ‚Mikro-Abreaktion' im Durcharbeiten ist seit Fenichel kaum mehr aufgenommen worden. Es hat sich im Gegenteil der Aspekt des ‚Lernens' und ‚Verlernens' in den Vordergrund geschoben (Ekstein, 1966; Schmale, 1966; Thomä & Kächele, 1986).

Das Wesentliche des Durcharbeitens ist das (manchmal mühselige) Aufspüren der Verzweigungen eines Konflikts in den verschiedenen Lebensbereichen des Patienten. So heißt es bei Fromm-Reichmann: „Jedes Verstehen, jedes neue Stück Bewußtsein, das durch klärende Deutungen gewonnen wurde, muß ständig in neuen Verbindungen und Kontakten mit anderen Erlebniszusammenhängen wiedererobert und geprüft werden, wobei offenbleibt, ob jedes für sich durch Deutung angegangen werden muß oder nicht..." (1950).

1956 hob Greenacre die Bedeutung des Durcharbeitens bei solchen Fällen hervor, wo ein traumatisches Kindheitserlebnis weitreichende Auswirkungen auf verschiedene Persönlichkeitsbereiche hatte:

> Man hat schon früh erkannt, daß zu rasches Aufdecken der Kindheitserinnerungen oder unzulängliche Deutung ihres *Agierens* in der Übertragung wohl zu einer feststellbaren Abreaktion führen kann, die jedoch dann keine dauerhafte Wirkung besitzt. In solchen Fällen erschien das Durcharbeiten für das Bewußtmachen der Erinnerung nicht notwendig, doch dann wurde es unerläßlich für den Erhalt jeglichen

therapeutischen Effekts – nicht zur Beseitigung des Widerstands und zum *Auffinden* der Erinnerung, sondern um dem Patienten immer und immer wieder die Wirkungsweise der Triebregungen in den verschiedenen Lebensbereichen aufzuzeigen.

Greenacre merkt an, daß „der Abwehrkonflikt etwas von seiner Struktur beibehielt, falls man nicht wiederholt und im Zusammenhang mit seinen Auswirkungen in vielerlei Situationen daran arbeitete..." Sie ist auch der Ansicht, daß die verstärkte Zuwendung zur Analyse der Abwehrmechanismen zur „Erkenntnis geführt hat, daß ständiges Arbeiten an den Abwehrstrukturen notwendig ist... in dieser Arbeit ist vieles von dem enthalten, was man früher *Durcharbeiten* genannt hätte".

Im gleichen Jahr wies Kris (1956 a) darauf hin, daß die Deutungsarbeit schließlich zur Rekonstruktion der Vergangenheit des Patienten führt und daß ein Aspekt des Durcharbeitens in der Erfordernis liegt, diese Rekonstruktionen auf vielerlei verschiedene Bereiche und Schichten im Material des Patienten anzuwenden. Damit steht die mehr allgemeine Feststellung Loewalds (1960) im Zusammenhang, der die Analyse als einen Prozeß betrachtet, der zu strukturellen Veränderungen im Patienten führt. Die Bezeichnung ‚Struktur' wird in der psychoanalytischen Literatur speziell für die Dreiheit von Es, Ich und Über-Ich gebraucht, neuerdings aber auch mehr allgemein im Sinne von ‚psychischen Organisationen mit einem langsamen Veränderungsprozeß'.

Jedoch
> strukturiert und artikuliert der Analytiker... das vom Patienten angebotene Material. Wenn eine Deutung eines unbewußten Sinngehaltes zur rechten Zeit erfolgt, dann erfährt der Patient die Worte, mit denen der Sinngehalt vermittelt wird, als Ausdruck dessen, was er erlebt. Sie strukturieren für ihn das, was zuvor für ihn weniger Struktur besaß, und vermitteln ihm eine ‚Distanz' zu sich selbst, aus der er sehen, verstehen, in Worte fassen und ‚handhaben' kann, was zuvor nicht zu sehen, nicht zu verstehen, nicht zu formulieren und nicht zu greifen war... Der Analytiker funktioniert als Repräsentant einer höheren Organisationsstufe und vermittelt diese an den Patienten, insoweit als das Verstehen

des Analytikers auf das Strukturierungsbedürftige und die Art seiner Strukturierungsbedürftigkeit eingestimmt ist. Loewalds Formulierung dieser Funktion des Analytikers gestattet es, den theoretischen Bezugsrahmen und die Technik des Analytikers nicht unter dem Gesichtspunkt von ‚richtig‘ oder ‚falsch‘ zu betrachten, sondern danach, ob es in dem genannten Sinne brauchbar ist.

In einer stringenten Diskussion des Durcharbeitens erörtert Novey (1962) die dem Begriff anhaftenden Schwierigkeit und meint, daß es zwischen Analytiker und Patient Faktoren gebe, die in anderen Therapieformen ebenso wie in der Psychoanalyse vorhanden sind und zum Durcharbeiten beitragen. Diese Faktoren (stützende Techniken usw.) sind notwendig und spielen sich jenseits des Angebotes richtiger Deutungen ab. Novey bemerkt, daß sich das Durcharbeiten außerhalb der Analysenstunde vollzieht. „Vieles von dem, was wir als Durcharbeiten im eigentlichen Sinne betrachten, ist einfach die Zeit, die für das aktuelle Erleben und Wiedererleben in intellektueller und affektiver Hinsicht benötigt wird, so daß eine konstruktive Veränderung stattfinden kann". Ähnlich äußert sich Valenstein (1962) in bezug auf die „Arbeit", die auch nach Beendigung der Analyse weitergehen kann: „Da in jener nie endenden Phase selbst-analytischer Arbeit, die auf die formale Beendigung der Analyse folgt, das Durcharbeiten rasch vorangehe, können die neuen Muster des Handelns ebenso wie die neuen Denk- und Affektmuster eine fortschreitende Strukturverfestigung erfahren." Stewart (1963) wie auch Greenson (1965 b) halten an der Ansicht Freuds fest, daß sich das Durcharbeiten in erster Linie gegen den „Es-Widerstand" richtet. Greenson kommt jedoch zu einer Definition des Durcharbeitens, die sich um Einsicht und Veränderung zentriert, d. h.

> wir betrachten die analytische Arbeit erst dann als Durcharbeiten, wenn der Patient Einsicht erlangt hat, nicht aber zuvor. Das Durcharbeiten hat zum Ziele, Einsicht wirksam werden zu lassen, das heißt signifikante und dauerhafte Veränderungen im Patienten zu bewirken ... Die Arbeit beim Durcharbeiten liegt in der Analyse jener Widerstände, die verhindern, daß Einsicht zur Veränderung führt. Analytiker und Patient tragen beide zu dieser Arbeit bei. Durch-

arbeiten ist im wesentlichen die Wiederholung, Vertiefung und Erweiterung der Widerstandsanalyse.
Greenson (1965 b, 1966) fügt hinzu:
Man kann die analytische Arbeit, die zur Einsicht führt, als die eigentliche analytische Arbeit bezeichnen. Die analytische Arbeit von der Einsicht zu Veränderungen in Verhalten, Einstellung und Struktur ist das Durcharbeiten.
Er stellt dann eine Liste der Elemente dieser Arbeit auf:
1. Wiederholen von Deutungen, insbesondere Analyse der Übertragungswiderstände;
2. Aufheben der Isolierung der Affekte und Triebregungen vom Erleben und der Erinnerung;
3. Erweiterung, Vertiefung und Verfeinerung von Deutungen, Aufdecken der vielfältigen Funktionen und Determinanten der Vorläufer und Abkömmlinge eines Verhaltensmerkmals;
4. lebensgeschichtliche Rekonstruktion, die den Patienten und seine wichtigen Beziehungspersonen in einen lebendigen Zusammenhang bringen; dazu gehören auch Rekonstruktionen seines Selbstbildes in den verschiedenen Lebensabschnitten;
5. Förderung von Veränderungen der Reaktions- und Verhaltensweisen, die den bislang gehemmten Patienten in die Lage versetzen, neue Reaktions- und Verhaltensweisen gegenüber den bis dahin als gefährlich angesehenen Regungen und Objekten zu wagen. Meist wird das neue Verhalten zuerst in der analytischen Situation und dann in der Außenwelt ausprobiert. Es stellt einen weniger entstellten Abkömmling der kindlichen Vergangenheit dar.

Einen entwicklungsbezogenen Zugang zum Durcharbeiten hat Shane (1979) vorgetragen; seiner Auffassung nach ähnelt der Prozeß dem, der in der normalen Entwicklung des Kindes abläuft. Er sagt: „Die Deutung ist ein notwendiges, aber unzureichendes Konstrukt zur Begründung therapeutischer Veränderung ... der Prozeß des Durcharbeitens besteht nicht nur aus wiederholten Deutungen des Widerstands und der Inhalte der vielfältigen Erlebnisse des Patienten, sondern auch eines ebenso bedeutsamen Entwicklungsprozesses." Diese Entwicklung fördert den strukturellen Wandel, der aus mehreren Schritten hervorgeht, die auf

richtige Deutungen hin erfolgen. Das Durcharbeiten besteht aus folgenden Schritten:
1. die neue Einsicht aufnehmen und verstehen (einschließlich Überwindung der Widerstände gegenüber der Einsicht);
2. die neue Einsicht anwenden, um neue Fähigkeiten zu erwerben (beginnende strukturelle Entwicklung);
3. aufgrund der neuen Fähigkeiten sich selbst anders verstehen (Fortsetzung der strukturellen Entwicklung);
4. den Verlust des alten Selbsts und oft auch alter Objektbindungen betrauern und überwinden (Verfestigung der strukturellen Entwicklung).

Wie wir schon an früherer Stelle zeigten, waren einige vergleichsweise ältere Autoren (z. B. Fenichel, 1941, 1945 a; Glover, 1955) der Ansicht, Durcharbeiten sei überwiegend eine Tätigkeit des Analytikers und nicht des Patienten. Auch einige Anhänger Melanie Kleins nehmen diese Position ein. So heißt es bei Pick (1985):

> Das Wesentliche der Analyse ist das ständige Projizieren des Patienten auf den Analytiker; jede Deutung zielt darauf ab, daß eine Bewegung von der paranoid-schizoiden zur depressiven Position hin erfolgt. Dies gilt nicht nur für den Patienten, sondern auch für den Analytiker, der immer wieder regredieren und durcharbeiten muß. Ich überlege, ob es nicht beim Thema wirklich tiefer oder oberflächlicher Deutung weniger darum geht, welche innere Schicht angesprochen wurde, sondern vielmehr, in welchem Maße der Analytiker den Prozeß innerlich beim Akt des Deutens durchgearbeitet hat ... die eigentliche Frage ist, wie der Analytiker sich selbst gestattet, das Erleben zu haben, zu verarbeiten und als eine Deutung zu formulieren.

Dies entspricht den Konzepten Bions (1962) von mütterlicher „Reverie" und der Funktion der Mutter (und des Analytikers) als „Container" für die Ängste und Nöte des Patienten. Barande (1982) bemerkt dazu, das Kleinsche Vorgehen bedeute offenbar schwere und dramatische Arbeit sowie unablässige Wachsamkeit des Analytikers.

Im Unterschied dazu betont O'Shaughnessy (1983), eine andere Analytikerin der Kleinschen Richtung, die vom Patienten zu leistende Arbeit:

... wenn sich der Patient durch die Worte des Analytikers (die mutativen Deutungen) verstanden fühlt, kann er langsam seine primitiven Methoden des Sichbeziehens erkennen, bis er schließlich ... selbst in der Lage ist, sein Selbstverstehen mit eigenen Worten auszudrücken. Dies führt zu struktureller Veränderung und Wiederaufnahme der Ich-Entwicklung, es bildet ein mutatives Moment. Kurz gesagt, mutative Deutungen sind nicht selbst dasjenige, das Veränderung bewirkt. Vielmehr versetzen sie den Patienten in die Lage, sich zu verändern. Das aktive, mutative Durcharbeiten muß er selbst mit seinen eigenen Worten vollziehen.

Auch andere Analytiker (z. B. Stewart, 1963; Valenstein, 1983) betrachten Durcharbeiten als eine Arbeit des Patienten. So äußert Sedler (1983) in einer umfassenden Darstellung des Konzepts:
Die Psychoanalyse hat das Problem der Neurose klar definiert, aber sie kann es nicht lösen; jeder einzelne muß das für sich selbst tun. Die analytische Situation ist speziell so strukturiert, um diese Lösung zu ermöglichen, und ... der Analytiker, sein behandlungstechnisches Können und das Übertragungsgeschehen sind unerläßliche Faktoren für den Gesamtprozeß ... Durcharbeiten benennt denjenigen Aspekt dieses Prozesses, den der Analysand letztlich am höchsten schätzen sollte, denn er bedeutet seinen eigenen Triumph – nicht den unsrigen – über die geheimen Vorgänge des neurotischen Lebens.

Kohuts Entwicklung der Selbstpsychologie führte zu einer neuen Ausgestaltung des Begriffs. Das Ziel des Durcharbeitens sieht Kohut als das Wiederaufnehmen der Entwicklung des Individuums, im Sinne der Bereitschaft des Selbst zu empathischer Interaktion. Kohut spricht von der Interaktion zwischen dem Selbst einer Person und ihrem „Selbstobjekt" (s. Kap. 4). In der Analyse, so Kohut (1984), „wird der Empathiefluß zwischen Analytiker und Analysand, der durch die ursprünglich hergestellte Selbstobjekt-Übertragung eröffnet wurde, neu in Gang gebracht. Das Selbst des Patienten wird dann erneut von einer Selbstobjekt-Matrix getragen, die empathisch in Einklang mit ihm ist".

Selbstpsychologen betrachten somit das Durcharbeiten als die

Überwindung der Widerstände gegen das Zulassen archaisch-narzißtischer Übertragungen. Muslin (1986) erläutert: „Aus selbstpsychologischer Sicht läßt sich das Durcharbeiten am besten als die analytische Arbeit begreifen, die der Auflösung der Widerstände des Patienten dient, eine neue Beziehung zwischen Selbst und Selbstobjekt einzugehen. Diese Widerstände stellen Versuche dar, archaische Kindheitsbindungen aufrecht zu erhalten, die bislang die einzige diesen Individuen bekannte Form primärer Sicherheit boten, wie sehr sie auch ein Wachstum verhinderten."
Im wesentlichen unterscheidet sich somit die selbstpsychologische Auffassung des Durcharbeitens in vielfacher Hinsicht nicht von der traditionellen. Der Unterschied scheint nicht in der Art des Prozesses zu liegen, sondern vielmehr in dem, *was* durchgearbeitet wird. So heißt es bei Kohut (1984): „Die Selbstpsychologie bedient sich zwar derselben Mittel wie die traditionelle Analyse (Deuten und anschließendes Durcharbeiten in einer Atmosphäre von Abstinenz), um die analytische Kur durchzuführen, doch sie betrachtet nicht nur das damit Erreichte in anderem Licht, sondern gerade die Rolle, die Deutung und Durcharbeiten im analytischen Prozeß spielen."
Von einem ganz anderen psychoanalytischen Gesichtspunkt betrachtet Brenner (1987) die verschiedenen Bedeutungen, die dem Durcharbeiten und seiner Beziehung zur analytischen Arbeit verliehen wurden. Er kommt zu folgendem Ergebnis:

Kurz gesagt, was jeder einzelne Autor zu diesem Thema als das eigentliche Wesen der Analyse ansah, war genau das, was er in einer erfolgreichen Analyse als Durchzuarbeitendes anführte: der Wille zur Erinnerung, Handlungen ebenso wie Worte, die reale Beziehung zwischen Patient und Analytiker, Reifung und Entwicklung und so weiter. Jeder hat somit dasselbe gesagt, nämlich: „Um einen Patienten zu analysieren, braucht es viel Zeit. Die Analyse ist langwierige Arbeit. Man heilt die Patienten nicht mit einer einzelnen Deutung, so profund und zutreffend sie auch immer sein mag."

Und weiter:

Durcharbeiten ist keine bedauerliche Verzögerung im Prozeß der analytischen Kur. Es ist Analyse. Es ist die Deutungsarbeit, wie Freud 1914 schrieb, die zu wirklich wertvoller Einsicht und zu verläßlicher und dauerhafter therapeutischer Veränderung führt... Die Analyse des seelischen Konflikts in allen seinen Aspekten ist es, was eigentlich Durcharbeiten genannt werden sollte.

Der Begriff des Durcharbeitens ist wohl zum Teil deswegen so unscharf geworden, weil viele Analytiker versäumt haben, eine klare Unterscheidung zwischen Durcharbeiten als *Beschreibung* eines wichtigen Teils der analytisch-therapeutischen Arbeit und denjenigen *psychischen Prozessen* vorzunehmen, die das Durcharbeiten erforderlich machen und auf das Durcharbeiten hin erfolgen. Die „beschwerliche Aufgabe" für den Patienten und die „Geduldsprobe" für den Analytiker (Freud, 1914 g), dieselben Dinge immer wieder durchzugehen, die Verzweigungen aufzuspüren, wann immer sie im Material des Patienten erscheinen und wiedererscheinen, ist das Wesentliche am Durcharbeiten. Eine solche Beschreibung des Durcharbeitens wäre vermutlich für die meisten Analytiker akzeptabel; Meinungsverschiedenheiten treten aber sofort auf, wenn der Begriff erweitert wird. Sie beruhen wahrscheinlich auf unterschiedlichen theoretischen Standpunkten innerhalb der Psychoanalyse und auf der Betonung unterschiedlicher Aspekte des psychischen Geschehens in verschiedenen historischen Phasen der analytischen Theorie. Freud hatte sorgfältig unterschieden zwischen dem Durcharbeiten, den Faktoren, die es notwendig machen (insbesondere „Es-Widerstand"), und den Resultaten, die sich daraus ergeben sollen (Veränderungen dauerhafterer Art, als sie allein durch Suggestion oder Abreaktion herbeigeführt werden können).

Die an Freud anschließenden Entwicklungen der psychoanalytischen Theorie haben das Konzept in mehrfacher Hinsicht beeinflußt, so daß von der ursprünglichen deskriptiven Einfachheit manches verlorenging. Novey (1962) sprach sogar von „unserem Versagen, den Vorgang des Durcharbeitens zu verstehen"; Sedler (1983) vertritt dieselbe Ansicht. Bird (in Schmale, 1966), meint, es bestehe für die Bezeichnung kein Bedarf. Dennoch wird sie von vielen nach wie vor verwendet und gilt allgemein als grundlegender therapeutischer oder technischer Begriff. Es ist ratsam, ihn trotz seiner Unzulänglichkeiten als ein im wesentlichen deskriptives technisches Konzept beizubehalten. Es umfaßt sowohl die Arbeit des Analytikers als auch des Patienten und hängt mit der Erfordernis zusammen, Widerstände aus allen Quellen zu überwinden. Die Möglichkeit indessen, daß sich der Patient auch nach Deutung und Einsicht nicht verändert, kann auch auf anderen Faktoren als Widerstand beruhen. Der Begriff Widerstand ist ein weiteres Beispiel für Erhebung eines deskriptiven Konzepts in den Status eines Erklärungsprinzips. Wir haben schon an früherer Stelle betont, daß man zwischen *Formen* und *Quellen* von Widerstand unterscheiden muß; über die letzteren wurde gesagt, daß der „Es-Widerstand" ein Sonderfall des mehr allgemeinen Widerstandes gegen das Aufgeben früherer adaptativer Lösungen darstelle (einschließlich neurotischer Symptombildungen), der auf die Erfordernis zurückgeht, Erlerntes rückgängig zu machen oder zu löschen. In diesem Zusammenhang ist es von Bedeutung, daß Rückverstärkung und Belohnung für das Lernen (einschließlich des Lernens durch „Einsicht"), für die Bildung neuer Strukturen und für Hemmung oder Löschen von älteren erforderlich sind. Eine solche Veränderung von Strukturen durch Lernen ist allerdings nicht Teil des Durcharbeitens, sondern dessen Folge.

Vielleicht sollte man hier zum Abschluß anmerken, daß Psychoanalytiker einhellig der Meinung sind, Durcharbeiten sei zwar ein wichtiger Teil des analytischen Prozesses, aber die Deutung unbewußter Inhalte und der Wiederholung in der Übertragung sowie die Gewinnung von Einsicht seien gleichermaßen wesentlich. Eine Technik, die nicht alle diese Elemente heranzieht, kann daher nicht als psychoanalytische Technik gelten. Dies bedeutet indessen nicht, daß das Durcharbeiten nicht auch in anderen Therapieformen eine Rolle spielen kann, insbesondere dort, wo der Gesichtspunkt des „Neu-Einübens" oder der „Umerziehung" entscheidend ist.

Bibliographie

Abend, S. M. (1982): Serious illness in the analyst: countertransference considerations. *J. Amer. Psa. Assn.*, 30, S. 365–379.
- (1986): Countertransference, empathy, and the analytic ideal: the impact of life stresses on analytic capability. *Pychoanalytic Quarterly*, 55, S. 563–575.
- (1988): Neglected classics: Ernst Kris's „On some vicissitudes of insight in psycho-analysis". *Psychoanalytic Quarterly*, 57, S. 224–228.
-, M. Porder u. M. S. Willick (1983): *Borderline Patients: Psychoanalytic Perspectives*, New York, International Universities Press.

Abraham, K. (1908): The psycho-sexual differences between hysteria and dementia praecox. In: *Selected Papers on Psycho-Analysis*, London, Hogarth Press, 1927 – *Psychoanalytische Studien*, Bd. 2, Frankfurt a. M., S. Fischer, 1971.
- (1919): A particular form of neurotic resistance against the psychoanalytic method. In: *Selected Papers on Psycho-Analysis*, London, Hogarth Press, 1927 – *Psychoanalytische Studien*, Bd. 2, Frankfurt a. M., S. Fischer, 1971.

Abt, L. u. S. Weissman (Hrsg.) (1965): *Acting Out. Theoretical and Clinical Aspects,* New York, Grune & Stratton Inc.
- (Hrsg.) (1976): *Acting Out: Theoretical and Clinical Aspects* (2. Aufl.), New York, Grune & Stratton.

Adler, G. (1980): Transference, real relationship and alliance. *Int. J. Psa.*, 61, S. 547–558.
- (1981): The borderline-narcissistic personality disorder continuum. *Amer. J. Psychiatry*, 138, S. 46–50.
- (1984): Issues in the treatment of the borderline patient. In: P. E. Stepansky u. A. Goldberg (Hrsg.): *Kohut's Legacy: Contributions to Self Psychology*, Hillsdale, NJ., Analytic Press.
- (1985): *Borderline Psychopathology and its Treatment*, New York, Jason Aronson.
- (1989): Transitional phenomena, projective identification, and the essential ambiguity of the psychoanalytic situation. *Psychoanalytic Quarterly*, 58, S. 81–104.
- u. D. H. Buie (1979): Aloneness and borderline psychopathology: the possible relevance of child development issues. *Int. J. Psa.*, 60, S. 83–96.

Alexander, F. (1925): A metapsychological description of the process of

cure. *Int. J. Psa.*, 6, S. 13–34 – Metapsychologische Darstellung des Heilungsvorganges. *Int. Z. Psa.*, 11, S. 157–178.
- (1948): *Fundamentals of Psychoanalysis*, New York, W. W. Norton & Co.
- (1950): Analysis of the therapeutic factors in psychoanalytic treatment. *Psychoanalytic Quarterly*, 19, S. 482–500 – Analyse der therapeutischen Faktoren in der psychoanalytischen Behandlung. *Psyche*, 1950, 4, S. 401–416.
- u. T. M. French (1946): *Psychoanalytic Therapy*, New York, Ronald Press.

Anastasopoulos, D. (1988): Acting out during adolescence in terms of regression in symbol formation. *Int. Rev. Psa.*, 15, S. 177–185.

Arkin, F. S. (1960): Discussion of L. Salzmann, The negative therapeutic reaction. In: J. H. Masserman (Hrsg.): *Science and Psychoanalysis, 3*, S. 314–317.

Arlow, J. A. (1985): Some technical problems of countertransference. *Psychoanalytic Quarterly*, 54, S. 164–174.
- (1987): The dynamics of interpretation. *Psychoanalytic Quarterly*, 56, S. 68–87.
- u. C. Brenner (1964): *Psychoanalytic Concepts and the Structural Theory*, New York, International Universities Press.
- u. C. Brenner (1969): The psychopathology of the psychoses: a proposed revision. *Int. J. Psa.*, 50, Part 1, S. 5–14 – Zur Psychopathologie der Psychosen. *Psyche*, 23, 1969, S. 402–418.

Asch, S. (1976): Varieties of negative therapeutic reaction and problems of technique. *J. Amer. Psa. Assn.*, 24, S. 383–407.

Atkins, N. B. (1967): Comments on severe and psychotic regression in analysis, *J. Am. Psa. Ass.*, 15, S. 584–625.
- (1970): Action, Acting out and the symptomatic act. *J. Amer. Psa. Assn.*, 18, S. 631–643.

Auchincloss, E. L. (Berichterstatter) (1989): Panel: The opening phase of psycho-analysis. *J. Amer. Psa. Assn.*, 37, S. 199–214.

Balint, M. (1933): On transference of emotions. In: *Primary Love and Psycho-Analytic Technique*, London, Tavistock Publications Ltd., 1965 – *Urformen der Liebe und die Technik der Psychoanalyse*, Bern, Huber, 1965.
- (1934): Charakteranalyse und Neubeginn. *Int. Z. Psa.*, 20, S. 54–65.
- (1949): Changing therapeutical aims and techniques in psychoanalysis. In: *Primary Love and Psycho-Analytic Technique*, London, Tavistock Publications Ltd., 1965 – *Urformen der Liebe und die Technik der Psychoanalyse*, Bern, Huber, 1965.

- (1965): The benign and malignant forms of regression. In: G. E. Daniel (Hrsg.): *New Perspectives in Psychoanalysis*, New York, Grune & Stratton Inc.
- (1968): *The Basic Fault. Therapeutic Aspects of Regression*, London, Tavistock Publications Ltd. – *Therapeutische Aspekte der Regression*, Stuttgart, Klett, 1970.
- u. E. Balint (1939): On transference and countertransference. In: *Primary Love and Psycho-Analytic Technique*, London, Tavistock Publications Ltd., 1965 – *Urformen der Liebe und die Technik der Psychoanalyse*, Bern, Huber, 1965.

Barande, R. (1982): "Hard work" or "working through". *Revue Française de Psychanalyse*, 46, S. 301–305.

Baranger, W. (1974): A discussion of the paper by Helena Besserman Vianna on "A peculiar from of resistance to psychoanalytical treatment". *Int. J. Psa.*, 55, S. 445–447.

Barnett, J. (1978): Insight and therapeutic change. *Contemporary Psychoanalysis*, 14, S. 534–544.

Bateson, G., D. D. Jackson, J. Haley u. J. Wearland (1956): Towards a theory of schizophrenia. In: *Behavioral Science*, 1, S. 251–264 – Auf dem Weg zu einer Schizophrenie-Theorie. In: G. Bateson, D. D. Jackson u. a., *Schizophrenie und Familie*, Frankfurt a. M., Suhrkamp, 1969.

Bégoin, J. u. F. Bégoin (1979): Negative therapeutic reaction: envy and catastrophic anxiety. *Paper to 3rd Conference of the European Psycho-Analytical Federation. London.*

Bellak, L. (1965): The concept of acting out: theoretical considerations. In: *Acting Out. Theoretical and Clinical Aspects*, hrsg. von L. Abt u. S. Weissman, New York, Grune & Stratton Inc.

Beres, D. u. J. A. Arlow (1974): Fantasy and identification in empathy. *Psychoanalytic Quarterly*, 43, S. 26–50.

Berg, M. D. (1977): The externalizing transference. *Int. J. Psa.*, 58, S. 235–244.

Bernstein, I. u. J. Glenn (1988): The child and adolescent analyst's reaction to his patients and their parents. *Int. Rev. Psa.*, 15, S. 225–241.

Bibring, E. (1954): Psychoanalysis and the dynamic psychotherapies. *J. Am. Psa. Assn.*, 2, S. 745–770.

Bibring-Lehner, G. (1936): A contribution to the subject of transference-resistance. *Int. J. Psa.*, 17, S. 181–189.

Bilger, A. (1986): Agieren: Problem und Chance. *Forum der Psychoanalyse*, 2, S. 294–308.

Bion, W. R. (1959): Attacks on linking. *Int. J. Psa.*, 40, S. 308–315.
- (1961): *Experiences in Groups*, New York, Basic Books – *Erfahrungen in Gruppen*, Stuttgart, Klett, 1971; Frankfurt, Fischer TB, 1990.
- (1962): *Learning from Experience*, London, Heinemann – *Lernen durch Erfahrung*, Frankfurt/M., Suhrkamp, 1990.

Blacker, K. H. (Berichterstatter) (1981): Panel: Insight: clinical conceptualizations. *J. Amer. Psa. Assn.*, 29, S. 659–671.

Bleger, J. (1967): Psychoanalysis of the psychoanalytic frame. *Int. J. Psa.*, 48, S. 511–519.
- (1981): *Symbiose et Ambiguité*, Paris, Presses Universitaires de France.

Bleuler, E. (1911): *Dementia praecox oder Gruppe der Schizophrenien*, Leipzig.

Blos, P. (1963): The concept of acting out in relation to the adolescent process. *Journal of the American Academy of Child Psychiatry*, 2, S. 118–143.
- (1966): Discussion remarks. In: E. Rexford (Hrsg.): *Developmental Approach to problems of Acting Out*. Monographs of the J. of the American Academy of Child Psychiatry, No. 1.

Blum, H. P. (1971): On the conception and development of the transference neurosis. *J. Amer. Psa. Assn.*, 19, S. 41–53.
- (1973): The concept of erotized transference. *J. Amer. Psa. Assn.*, 21, S. 61–76.
- (1976): Acting out, the psychoanalytic process, and interpretation. *The Annual of Psychoanalysis*, 4, S. 163–184.
- (1981): The forbidden quest and the analytical ideal: the superego and insight. *Psychoanalytic Quarterly*, 50, S. 535–556.
- (1983): The position and value of extratransference interpretation. *J. Amer. Psa. Assn.*, 33, S. 587–617.
- (1985): Foreword. In: H. P. Blum (Hrsg.): *Defense and Resistance.* New York, International Universities Press.
- (1986): Countertransference and the theory of technique: discussion. *J. Am. Psa. Assn.*, 34, S. 309–328.

Boesky, D. (1982): Acting out: a reconsideration of the concept. *Int. J. Psa.*, 63, S. 39–55.
- (1985): Resistance and character theory. In: H. P. Blum (Hrsg.): *Defense and Resistance*. New York, International Universities Press.

Bollas, C. (1987): *The Shadow of the Object*, London, Free Association Books.

Boschán, P. J. (1987): Dependence and narcissistic resistances in the psychoanalytic process. *Int. J. Psa.*, 68, S. 109–118.

Brandschaft, B. (1983): The negativism of the negative therapeutic reaction and the psychology of the self. In: A. Goldberg (Hrsg.): *The Future of Psychoanalysis.* New York, Guilford Press.
Brenner, C. (1959): The masochistic character: genesis and treatment. *J. Amer. Psa. Assn.,* 7, S. 197–226.
- (1976): *Psychoanalytic Technique and Psychic Conflict,* New York, International Universities Press.
- (1979): Working alliance, therapeutic alliance, and transference. *J. Amer. Psa. Assn.,* 27 (supplement), S. 137–157.
- (1981): Defense and defense mechanisms. *Psychoanalytic Quarterly,* 50, S. 557–569.
- (1982): *The Mind in Conflict,* New York, International Universities Press.
- (1985): Countertransference as compromise formation. *Psychoanalytic Quarterly,* 50, S. 155–163.
- (1987): Working through: 1914–1984. *Psychoanalytic Quarterly,* 56, S. 88–108.
Brown, G. W., M. Bone, B. Dalison u. J. R. Wing (1966): *Schizophrenia and Social Care: A Comparative Follow-up Study of 339 Schizophrenic Patients,* Oxford, University Press.
Buie, D. H. u. G. Adler (1982–1983): Definitive treatment of the borderline personality. *Int. Journal of Psychoanalytic Psychotherapy,* 9, S. 51–87.
Bush, M. (1978): Preliminary considerations for a psychoanalytic theory of insight: historical perspective. *Int. Rev. Psa.,* 5, S. 1–13.
Calogeras, R. u. T. Alston (1985): Family pathology and the infantile neurosis. *Int. J. Psa.,* 66, S. 359–374.
Cesio, F. R. (1956): Un caso de reacción terapeutica negativa. *Revista de psicoanálisis,* 13, S. 522–526.
- (1985): La reacción terapeutica negativa. *Revista de psicoanálisis,* 15, S. 293–299.
- (1960 a): El letargo, un contribución al estudio de la reacciòn terapeutica negativa. *Revista de psicoanálisis,* 17, S. 10–26.
- (1960 b): Contribución al estudio de la reacción terapeutica negativa. *Revista de psicoanálisis,* 17, S. 289–298.
Chediak, C. (1979): Counter-reactions and countertransference. *Int. J. Psa.,* 60, S. 117–129.
Coen, S. J. (1981): Sexualization as a predominant mode of defense. *J. Amer. Psa. Assn.,* 29, S. 893–920.
Cohen, M. B. (1952): Countertransference and anxiety. In: *Psychiatry,* 15, S. 231–243.

Colarusso, C. A. u. R. A. Nemiroff (1979): Some observations and hypotheses about the psycho-analytic theory of adult development. *Int. J. Psa.*, 60, S. 59–71.

Compton, A. (Berichterstatter) (1977): Panel: Psychic change in psychoanalysis. *J. Amer. Psa. Assn.*, 25, S. 669–678.

Cooper, A. M. (1987 a): Changes in psychoanalytic ideas: transference interpretation. *J. Amer. Psa. Assn.*, 35, S. 77–98.

– (1987 b): The transference neurosis: a concept ready for retirement. *Psychoanalytic Inquiry*, 7, S. 569–585.

Curtis, H. C. (1979): The concept of therapeutic alliance: implications for the "widening scope". *J. Amer. Psa. Assn.*, 27 (Supplement), S. 159 bis 192.

Davies, S. (1990): Whose treatment alliance is it anyhow? *Paper to Weekend Conference for English-speaking Members of European Societies. London.*

Deutsch, H. (1939): A discussion of certain forms of resistance. *Int. J. Psa.*, 20, S. 72–83 – Über bestimmte Widerstandsformen. *Int. Z. Psa.* 24, S. 10–20.

– (1966): Discussion remarks. In: E. Rexford (Hrsg.): *Developmental Approach to Problems of Acting Out.* Monographs of the American Academy of Child Psychiatry, Nr. 1.

Dewald, P. A. (1980): The handling of resistances in adult psychoanalysis. *International Journal of Psycho-Analysis*, 61, S. 61–69.

– (1982): Serious illness in the analyst: transference, countertransference, and reality responses. *J. Amer. Psa. Assn.*, 30, S. 347–364.

Dickes, R. (1967): Severe regressive disruptions of the therapeutic alliance. *J. Amer. Psa. Ass.*, 15, S. 508–533.

– (1975): Technical considerations for the therapeutic and working alliances. *Int. J. Psychoanalytic Psychotherapy*, 4, S. 1–24.

Eagle, M. N. u. D. L. Wolitzky (1989): The idea of progress in psychoanalysis. *Psychoanalysis and Contemporary Thought*, 12, S. 27–72.

Eidelberg, L. (1948): A contribution to the study of masochism. In: *Studies in Psychoanalysis*, New York, Int. Univ. Press. Inc.

– (Hrsg.) (1968): *Encyclopedia of Psychoanalysis*, New York, The Free Press.

Eissler, K. R. (1953): The effect of the structure of the ego on psychoanalytic technique. *J. Amer. Psa. Assn.*, 1, S. 104–143.

Ekstein, R. (1966): Termination of analysis and working through. In: R. E. Litman (Hrsg.), *Psychoanalysis in the Americas: Original Contributions from the First Pan-American Congress for Psychoanalysis*, New York, International Universities Press.

English, O. S. u. G. H. Pearson (1937): *Common Neuroses of Children and Adults,* New York, W. W. Norton & Co. Inc.

Erard, R. E. (1983): New wine in old skins: a reappraisal of the concept "acting out". *Int. Rev. Psa.,* 10, S. 63–73.

Erikson, E. H. (1950): *Childhood and Society,* New York, W. W. Norton & Co. Inc. – *Kindheit und Gesellschaft,* Stuttgart, Klett, ³1968.

– (1956): The problem of ego identity. *J. Amer. Psa. Assn.,* 4, S. 56 bis 121.

– (1968): *Identity, Youth and Crisis.* New York, Norton.

Escoll, P. J. (Berichterstatter) (1983): Panel: The changing vistas of transference: the effect of developmental concepts on the understanding of transference. *J. Amer. Psa. Assn.,* 31, S. 699–711.

Evans, R. (1976): Development of the treatment alliance in the analysis of an adolescent boy. *The Psychoanalytic Study of the Child,* 31, S. 193–224.

Fairbairn, W. R. D. (1958): On the nature and aims of psychoanalytical treatment. *Int. J. Psa.,* 39, S. 374–385.

Federn, P. (1943): Psychoanalysis of psychoses. *Psychiatric Quarterly,* 17, S. 3–19, 246–257 u. 470–487.

Feigenbaum, D. (1934): Clinical fragments. *Psychoanalytic Quarterly, 3,* S. 363–390.

Fenichel, O. (1937): Symposium on the therapeutic results of psychoanalysis. In: *Collected Papers,* Bd. 2, S. 19–24, London, Routledge & Kegan Paul, 1954.

– (1941): *Problems of Psychoanalytic Technique,* New York, The Psychoanalytic Quarterly Inc.

– (1945 a): *The Psychoanalytic Theory of Neurosis,* London, Routledge & Kegan Paul.

– (1945 b): Neurotic acting out. *Psychoanalytic Reviews,* 32, S. 197–206.

– (1954): Symposium on the therapeutic results of psychoanalysis. In: *Collected Papers,* Vol. 2, London, Routledge & Kegan Paul.

Ferenczi, S. (1912): Über passagère Symptombildungen während der Analyse (passagère Konversion, Substitution, Illusion, Halluzination, „Charakterregression" und Ausdrucksverschiebung). In: *Bausteine zur Psychoanalyse,* Bd. 2, S. 9–26, Bern, Huber, 1964.

– (1914): Einschlafen des Patienten während der Analyse. *Int. Z. Psa.,* 2, S. 274.

– u. O. Rank (1925): *The Development of Psycho-Analysis,* New York/ Washington, Nervous and Mental Diseases Publishing Company.

Fischer, N. (1971): An interracial analysis: transference and countertransference significance. *J. Amer. Psa. Assn.,* 19, S. 736–745.

Fliess, R. (1942): The metapsychology of the analyst. *Psychoanalytic Quarterly*, 11, S. 211–227.
- (1953): Countertransference and counteridentification. *J. Am. Psa. Ass.*, 1, S. 268–284.

Fonagy, P. (1990): Discussion of Kit Bollas's paper, "The origins of the therapeutic alliance". *Paper to the Weekend Conference for English-speaking Members of European Societies. London.*

Frank, A. (1985): Id resistance and strength of the instincts. In: H. P. Blum (Hrsg.): *Defense and Resistance,* New York, International Universities Press.

French, T. M. (1939): Insight and distortion in dreams. *Int. J. Psa.* 20, S. 287–298.

Freud, A. (1928): *Introduction to the Technique of Child Analysis,* New York und Washington, Nervous and Mental Disease Publishing Co. – *Einführung in die Technik der Kinderanalyse,* Wien, Int. Verl. Psa., ²1929.
- (1936): *The Ego and the Mechanisms of Defence,* London, Hogarth Press – *Das Ich und die Abwehrmechanismen,* London, Imago, 1952 und München, Kindler, 1968 (Geist und Psyche).
- (1954): The widening scope of indications for psychoanalysis: discussion. *J. Amer. Psa. Assn.,* 2, 607–620.
- (1965): *Normality and Pathology in Childhood.* New York, Int. Univ. Press Inc. – *Wege und Irrwege in der Kinderentwicklung,* Bern, Stuttgart, Huber u. Klett, 1968.
- (1968): Acting Out, *Int. J. Psa.,* 49, S. 165–170.
- (1969): *Difficulties in the Path of Psychoanalysis,* New York, International Universities Press.
- (1971): The infantile neurosis. *The Psychoanalytic Study of the Child,* 26, S. 79–90.
- (1981): Insight, its presence and absence as a factor in normal development. *The Psychoanalytic Study of the Child,* 36, S. 241–249.

Freud, S. (1887–1902): *Aus den Anfängen der Psychoanalyse,* Frankfurt a. M., S. Fischer, 1962.
- (1895 d): *Studien über Hysterie.* Gesammelte Werke I, Frankfurt a. M., S. Fischer, 1962.
- (1896 b): Weitere Bemerkungen über die Abwehr-Neuropsychosen, GW I.
- (1897): Brief an Wilhelm Fliess vom 21. September 1897. In: *Aus den Anfängen der Psychoanalyse.* Frankfurt a. M., S. Fischer.
- (1900 a): *Die Traumdeutung,* GW II–III.
- (1901 b): *Zur Psychopathologie des Alltagslebens,* GW IV.

- (1904 a): Die Freudsche psychoanalytische Methode, GW V.
- (1905 d): Drei Abhandlungen zur Sexualtheorie, GW V.
- (1905 e [1901]): Bruchstück einer Hysterie-Analyse, GW V.
- (1910 a [1909]): Über Psychoanalyse, GW VIII.
- (1909 b): Analyse der Phobie eines fünfjährigen Knaben, GW VII.
- (1909 d): Bemerkungen über einen Fall von Zwangsneurose, GW VII.
- (1910 b): Brief an Ferenczi vom 6. Oktober 1910, zitiert in: E. Jones: *Sigmund Freud: Life and Work*, vol. 2, New York, Basic Books, 1955.
- *Das Leben und Werk von Sigmund Freud*, Bd. 2, Bern u. Stuttgart, Huber, 1962.
- (1910 d): Die zukünftigen Chancen der psychoanalytischen Therapie, GW VIII.
- (1911 c): Psychoanalytische Bemerkungen über einen autobiographisch beschriebenen Fall von Paranoia (dementia paranoides), GW VIII.
- (1911 e): Die Handhabung der Traumdeutung in der Psychoanalyse GW VIII.
- (1912 b): Zur Dynamik der Übertragung, GW VIII.
- (1912 e): Ratschläge für den Arzt bei der psychoanalytischen Behandlung, GW VIII.
- (1913 c): Zur Einleitung der Behandlung, GW VIII.
- (1913 i): Die Disposition zur Zwangsneurose, GW VIII.
- (1914 c): Zur Einführung des Narzißmus, GW X.
- (1914 g): Erinnern, Wiederholen und Durcharbeiten, GW X.
- (1915 a): Bemerkungen über die Übertragungsliebe, GW X.
- (1915 c): Triebe und Triebschicksale, GW X.
- (1915 f): Mitteilung eines der psychoanalytischen Theorie widersprechenden Falles von Paranoia, GW X.
- (1916 d): Einige Charaktertypen aus der psychoanalytischen Arbeit, GW X.
- (1916/17): *Vorlesungen zur Einführung in die Psychoanalyse*, GW XII.
- (1918 b [1914]): Aus der Geschichte einer infantilen Neurose, GW XI.
- (1920 g): *Jenseits des Lustprinzips*, GW XIII.
- (1921 c): *Massenpsychologie und Ich-Analyse*, GW XIII.
- (1923 b): *Das Ich und das Es*, GW XIII.
- (1924 c): Das ökonomische Problem des Masochismus, GW XIII.
- (1925 d): „Selbstdarstellung", GW XIV.
- (1926 d): *Hemmung, Symptom und Angst*, GW XIV.
- (1926 e): *Die Frage der Laienanalyse*, GW XIV.
- (1931 b): Über die weibliche Sexualität, GW XIV.

- (1933 a): *Neue Folge der Vorlesungen zur Einführung in die Psychoanalyse*, GW XV.
- (1937 c): Die endliche und die unendliche Analyse, GW XVI.
- (1937 d): Konstruktion in der Analyse, GW XVI.
- (1939): *Der Mann Moses und die monotheistische Religion*, GW XVI.
- (1940 a [1938]): *Abriß der Psychoanalyse*, GW XVII.

Friedman, L. (1969): The therapeutic alliance. *Int. J. Psa.*, 50, S. 139 bis 153.

Fromm-Reichmann, F. (1950): *Principles of Intensive Psychotherapy*, Chicago, University of Chicago Press – *Intensive Psychotherapie. Grundzüge und Technik*, Stuttgart, Hippokrates, 1959.

Frosch, J. (1967): Severe regressive states during analysis, *J. Amer. Psa. Assn.*, 15, S. 491–507 und 606–625.

- (1983): *The Psychotic Process*, New York, International Universities Press.

Gabbard, G. O., L. Horwitz, S. Frieswyk, J. G. Allen, D. B. Colson, G. Newsom u. L. Coyne (1988): The effect of therapist interventions on the therapeutic alliance with borderline patients. *J. Amer. Psa. Assn.*, 36, S. 657–727.

Gedo, J. E. (1979): *Beyond Interpretation*, New York, International Universities Press.

Gerö, G. (1936): The construction of depression, *Int. J. Psa.*, 17, S. 423 bis 461.

- (1951): The concept of defense. *Psa. Quart.* 17, S. 565–578.

Gerstley, L., A. T. McLellan, A. I. Alterman, G. E. Woody, L. Luborsky u. M. Prout (1989): Ability to form an alliance with the therapist: a possible marker of prognosis for patients with antisocial personality disorder. *Amer. J. Psychiatry*, 146, S. 508–512.

Gill, H. S. (1988): Working through resistances of intrapsychic and environmental origins. *Int. J. Psa.*, 69, S. 535–550.

Gill, M. M. (1954): Psychoanalysis and exploratory psychotherapy. *J. Amer. Psa. Assn.*, 2, S. 771–797.

- (1982): *Analysis of Transference*, Bd. 1. *Theory and Technique*, New York, International Universities Press.

Gillman, R. D. (1987): A child analyzes a dream. *Psychoanalytic Study of the Child*, 42, S. 263–273.

Giovacchini, P. (1987 a): Treatment, holding environment and transitional space. *Modern Psychoanalysis*, 12, S. 151–162.

Gitelson, M. (1952): The emotional position of the analyst in the psychoanalytic situation. *Int. J. Psa.*, 33, S. 1–10.

- (1954): Therapeutic problems in the analysis of the 'normal' candidate. *Int. J. Psa.*, 35, S. 174–183.
- (1962): The curative factors in psychoanalysis. *Int. J. Psa.* 43, S. 194 bis 205.

Glover, E. (1931): The therapeutic effect of inexact interpretation. *Int. J. Psa.* 12, S. 397–411.
- (1937): The theory of the therapeutic results of psychoanalysis. *Int. J. Psa.* 18, S. 125–132.
- (1945): Examination of the Klein system of child psychology. *Psychoanalytic study of the child*, 1, S. 75–118.
- (1955): *The Technique of Psycho-Analysis*, London, Baillière, Tindall & Cox.

Gray, P. (1990): The nature of therapeutic action in psychoanalysis. *J. Amer. Psa. Assn.*, 38, S. 1083–1097.

Greenacre, Ph. (1950): General problems of acting out. *Psychoanalytic Quarterly*, 19, S. 455–467.
- (1956): Re-evaluation of the process of working through. *Int. J. Psa.*, 37, S. 439–445.
- (1968): The psychoanalytic process, transference, and acting out. In: *Emotional Growth*. New York, International Universities Press, 1971.

Greenbaum, H. (1956): Combined psychoanalytic therapy with negative therapeutic reactions. In: A. H. Rifkin (Hrsg.): *Schizophrenia in Psychoanalytic Office Practice*, New York, Grune & Stratton, S. 56 bis 65.

Greenson, R. R. (1965 a): The working alliance and the transference neurosis. *Psychoanalytic Quarterly*, 34, S. 155–181 – Das Arbeitsbündnis und die Übertragungsneurose. *Psyche*, 20, 1966, S. 81–103.
- (1965 b): The problem of working through. In: M. Schur (Hrsg.): *Drives, Affects, Behavior*, New York, Int. Univ. Press.
- (1966): Comment on Dr. Limentani's paper. *Int. J. Psa.*, 47, S. 282 bis 285.
- (1967): *The Technique and Practice of Psychoanalysis*, vol. 1, New York, Int. Univ. Press (^{2}1968). – *Technik und Praxis der Psychoanalyse*, Bd. 1, Stuttgart, Klett, 1973.
- u. M. Wexler (1969): The non-transference relationship in the psychoanalytic situation, *Int. J. Psa.*, 50, S. 27–39.

Grinberg, L. (1962): On a specific aspect of countertransference due to the patient's projective identification. *Int. J. Psa.*, 43, S. 436–440.
- (1968): On acting out and its role in the psychoanalytic process. *Int. J. Psa.*, 49, S. 171–178.

- (1987): Dreams and acting out. *Psychoanalytic Quarterly*, 56, S. 155 bis 176.
Grunert, U. (1979): Die negative therapeutische Reaktion als Ausdruck einer Störung im Loslösungs- und Individuationsprozeß. *Psyche*, 33, S. 1–29.
Gunderson, J. G. (1977): Characteristics of borderlines. In: P. Hartocollis (Hrsg.): *Borderline Personality Disorders: The Concept, the Symptom, the Patient*, New York, International Universities Press.
- (1984): *Borderline Personality Disorder*, Washington, DC, American Psychiatric Press.
Gutheil, T. G. u. L. L. Havens (1979): The therapeutic alliance: contemporary meanings and confusions. *Int. Rev. Psa.*, 6, S. 467–481.
Halpert, E. (Berichterstatter) (1984): Panel: The value of extratransference interpretation. *J. Amer. Psa. Assn.*, 32, S. 137–146.
Hammett, van Buren O. (1961): Delusional transference. *Am. J. of Psychotherapy*, 15, S. 574–581.
Hanly, C. (1982): Narcissism, defence and the positive transference. *Int. J. Psa.*, 63, S. 427–444.
Harley, M. (1971): The current status of transference neurosis in children. *J. Amer. Psa. Assn.*, 19, S. 26–40.
Hartmann, H. (1939): *Ego Psychology and the Problem of Adaptation*, London, Imago, 1958 – *Ich-Psychologie und Anpassungsproblem*, Stuttgart, Klett, ²1970 und *Psyche*, 14, 1960, S. 81–164.
- (1944): Psychoanalysis and sociology. In: *Essays on Ego Psychology*, London, Hogarth Press, 1964 – Psychoanalyse und Soziologie. In: *Ich-Psychologie. Studien zur psychoanalytischen Theorie*, Stuttgart, Klett, 1972.
- (1951): Technical implications of ego psychology. *Psychoanalytic Quarterly*, 20, S. 31–43 – Die Bedeutung der Ich-Psychologie für die Technik der Psychoanalyse. *Psyche*, 22, 1968, S. 161–172.
- (1956): The development of the ego concept in Freud's work. *Int. J. Psa.*, 37, S. 425–438 – Die Entwicklung des Ich-Begriffs bei Freud, *Psyche*, 18, 1964, S. 420–444.
- (1964): Essays on Ego Psychology, London, Hogarth Press – Ich-Psychologie. Studien zur psychoanalytischen Theorie, Stuttgart, Klett, 1972.
Hatcher, R. L. (1973): Insight and self-observation. *J. Amer. Psa. Assn.* 21, S. 377–398.
Heimann, P. (1950): On counter-transference. *Int. J. Psa.*, 31, S. 81–84.
- (1960): Countertransference, *Brit. J. of Medical Psychology*, 33, S. 9 bis 15 – Bemerkungen zur Gegenübertragung. *Psyche*, 18, 1964, S. 483 bis 493.

Hill, D. (1956): Psychiatry. In: J. S. Richardson (Hrsg.): *The Practice of Medicine*, London, J. & A. Churchill Ltd.
- (1968): Depression: disease, reaction or posture? *Am. J. of Psychiatry*, 125, S. 445–457.
- (1969): Psychiatric education during a period of social change. *Brit. Med. J.*, 1, S. 205–209.

Hinshelwood, R. D. (1989): *A Dictionary of Kleinian Thought*. London, Free Association Books – *Wörterbuch der kleinianischen Psychoanalyse*, Stuttgart, Verlag Internationale Psychoanalyse, 1993.

Hinsie, L. E. u. R. J. Campbell (1970): *Psychiatric Dictionary* (4. Auflage), London, Oxford Univ. Press.

Hoffer, W. (1956): Transference and transference neurosis. *Int. J. Psa.*, 37, S. 377–379.

Holder, A. (1970): Conceptual problems of acting out in children. *J. of Child Psychotherapy*, 2, S. 5–22.

Horney, K. (1936): The problem of the negative therapeutic reaction. *Psychoanalytic Quarterly*, 5, S. 29–44.

Horowitz, M. H. (1987): Some notes on insight and its failures. *Psychoanalytic Quarterly*, 56, S. 177–198.

Infante, J. A. (1976): Acting out: a clinical reappraisal. *Bulletin of the Menninger Clinic*, 40, S. 315–324.

Isaacs, S. (1939): Criteria for interpretation. *Int. J. Psa.*, 20, S. 148–160.

Ivimey, M. (1948): Negative therapeutic reaction. *Am. J. Psa.*, 8, S. 24 bis 33.

Jacobs, T. J. (1973): Posture, gesture and movement in the analysis: cues to interpretation and countertransference. *J. Amer. Psa. Assn.*, 21, S. 77–92.
- (1983): The analyst and the patient's object world: notes on an aspect of countertransference. *J. Amer. Psa. Assn.*, 31, S. 619–642.
- (1986): On countertransference enactments. *J. Amer. Psa. Assn.*, 34, S. 289–307.
- (1987): Notes on the unknowable: analytic secrets and the transference neurosis. *Psychoanalytic Inquiry*, 7, S. 485–509.

Jaspers, K. (1913): *Allgemeine Psychopathologie*, Berlin, Springer, ⁷1959.

Joffe, W. G. (1969): A critical review of the status of the envy concept. *Int. J. Psa.*, 50, S. 533–545.
- u. J. Sandler (1965): Notes on pain, depression and individuation, *Psychoanalytic Study of the Child*, 20, S. 394–424.
- u. J. Sandler (1967): On the concept of pain, with special reference to depression and psychogenic pain. *J. of Psychosomatic Research*, 11, S. 69–75.

Jones, E. (1954): *The Life and Work of Sigmund Freud*, Vol. 1, London, Hogarth Press – *Leben und Werk von Sigmund Freud*, Bd. 1, Bern, Huber, 1960.
– (1955): *The Life and Work of Sigmund Freud*, Vol. 2, London, Hogarth Press – *Leben und Werk von Sigmund Freud*, Bd. 2. Bern, Huber, 1962.
Joseph, B. (1985): Transference: the total situation. *Int. J. Psa.*, 66, S. 447–454.
– (1987): Projective identification: clinical aspects. In: J. Sandler (Hrsg.): *Projection, Identification, Projective Identification*, Madison CT, International Universities Press.
Jung, C. G. (1907): Über die Psychologie der dementia praecox. Ein Versuch, Halle a. S., Marhold.
Kanzer, M. (1981): Freud's "analytic pact": the standard therapeutic alliance. *J. Amer. Psa. Assn.*, 29, S. 69–87.
Kaplan, A. (1964): *The conduct of Inquiry*, San Francisco, Chandler Publishing Co.
Kemper, W. W. (1966): Transference and counter-transference as a functional unit. In: *Official Report on Pan-American Congress for Psychoanalysis*, August 1966.
Kennedy, H. (1979): The role of insight in child analysis: a developmental viewpoint. *J. Amer. Psa. Assn.*, 27 (Supplement), S. 9–28.
Kepecs, J. G. (1966): Theories of transference neurosis, *Psychoanalytic Quarterly*, 35, S. 497–521.
Kernberg, O. F. (1965): Notes on counter-transference. *J. Amer. Psa. Assn.*, 13, S. 38–56.
– (1967): Borderline personality organisation. *J. Amer. Psa. Assn.*, 15, S. 641–685.
– (1975): *Borderline Conditions and Pathological Narcissism*, New York, Jason Aronson – *Borderline-Störungen und pathologischer Narzißmus*. Frankfurt, Suhrkamp, 1978.
– (1976 a): *Object Relations Theory and Clinical Psychoanalysis*, New York, Jason Aronson – *Objektbeziehungen und Praxis der Psychoanalyse*. Stuttgart, Klett-Cotta, 5. Aufl. 1992.
– (1976 b): Technical considerations in the treatment of borderline personality organisation. *J. Amer. Psa. Assn.*, 24, S. 795–829.
– (1980 a): Character structure and analyzabiliy. *Bulletin of the Association of Psychoanalytic Medicine*, 19, S. 87–96.
– (1980 b): *Internal World and External Reality*, New York, Jason Aronson – *Innere Welt und äußere Realität*. Stuttgart, Verlag Internationale Psychoanalyse, 2. Aufl. 1994.

- (1985): Object relations theory and character analysis. In: H. P. Blum (Hrsg.): *Defense and Resistance,* New York, International Universities Press.
- (1987): An ego psychology-object relations theory approach to the transference. *Psychoanalytic Quarterly,* 56, S. 197–221.
- (1988): Object relations theory in clinical practice. *Psychoanalytic Quarterly,* 57, S. 481–504.

Kerz-Rühling, I. (1986): Freuds Theorie der Einsicht. *Psyche,* 40, S. 97 bis 123.

Khan, M. M. R. (1960): Regression and integration in the analytic setting. *Int. J. Psa.,* 41, S. 130–146.
- (1963): Silence as communication. *Bull. of the Menninger Clinic,* 27, S. 300–317.
- (1972): Dread of surrender to resourceless dependence in the analytic situation. *Int. J. Psa.,* 53, S. 225–230.

King, P. (1974): Notes on the psychoanalysis of older patients. Reappraisal of the potentialities for change during the second half of life. *J. Analytical Psychology,* 19, S. 22–37.

Klauber, J. (1972): On the relationship of transference and interpretation in psychoanalytic therapy. *Int. J. Psa.,* 53, S. 385–391.
- (1980): Formulating interpretations in clinical psychoanalysis. *Int. J. Psa.,* 61, S. 195–202.
- (1981): *Difficulties in the Analytic Encounter,* New York, Jason Aronson – *Schwierigkeiten in der analytischen Begegnung,* Frankfurt, Suhrkamp, 1982.

Klein, M. (1932): *The Psycho-Analysis of Children,* London, Hogarth Press – *Die Psychoanalyse des Kindes,* Wien, Int. Psa. Vlg., 1932.
- (1946): Notes on some schizoid mechanisms. In: M. Klein, P. Heimann, S. Isaacs u. J. Riviere (Hrsg.): *Developments in Psycho-Analysis,* New York, Jason Aronson (Ndr. London, Karnac Books, 1989) – Bemerkungen über einige schizoide Mechanismen. In: M. Klein, *Das Seelenleben des Kleinkindes,* Stuttgart, Klett-Cotta, 1983.
- (1948): *Contributions to Psycho-Analysis,* London, Hogarth Press.
- (1957): Envy and gratitude. In: *Envy and Gratitude and Other Works,* 1946–1963. London, Hogarth Press, 1975 – Neid und Dankbarkeit. In: M. Klein: *Das Seelenleben des Kleinkindes,* Stuttgart, Klett-Cotta. 1983.

Klüwer, R. (1983): Agieren und Mitagieren. *Psyche,* 37, S. 828–840.

Knight, R. P. (1940): Introjection, projection and identification. *Psychoanalytic Quarterly,* 9, S. 334–341.
- (1953): Borderline states. *Bulletin of the Menninger Clinic,* 17, S. 1–12.

Köhler, W. (1925): *The Mentality of Apes*, New York, Harcourt, Brace & World Inc. – *Intelligenzprüfungen an Anthropoiden*, Berlin, Akad. d. Wiss., 1917.
Kohut, H. (1966): Forms and transformations of narcissism. In: P. Ornstein (Hrsg.): *The Search For the Self*, New York, International Universities Press, 1978.
– (1968): The psychoanalytic treatment of narcissistic personality disorders. Outline of a systematic approach. *Psa. Study of the Child*, 23, S. 86–113.
– (1971): *The Analysis of the Self*, New York, International Universities Press – *Narzißmus*, Frankfurt, Suhrkamp, 1973.
– (1977): *The Restoration of the Self*, New York, International Universities Press – *Die Heilung des Selbst*, Frankfurt, Suhrkamp, 1979.
– (1984): *How Does Analysis Cure?* Chicago, University of Chicago Press – *Wie heilt die Psychoanalyse?* Frankfurt, Suhrkamp, 1987.
Kraepelin, E. (1906): *Lectures on Clinical Psychiatry*, London, Baillière, Tindall & Co. – *Einführung in die psychiatrische Klinik*, 32 Vorlesungen, Leipzig, Barth, ²1906.
Kramer, M. K. (1959): On the continuation of the analytic process after psychoanalysis. *Int. J. Psa.*, 40, S. 17–25.
Kris, E. (1951): Ego psychology and interpretation in psychoanalytic therapy. *Psychoanalytic Quarterley*, 20, S. 15–29.
– (1952): *Explorations in Art*, New York, Univ. Press.
– (1956 a): The Recovery of childhood memories in psychoanalysis. *Psychoanalytic Study of the Child*, 11, S. 54–88.
– (1956 b): On some vicissitudes of insight in psychoanalysis. *Int. J. Psa*, 37, S. 445–455.
Kubie, L. S. (1950): *Practical and theoretical Aspects of Psychoanalysis*, New York, Int. Univ. Press.
Lampl-De Groot, J. (1967): On obstacles standing in the way of psychoanalytic cure. *Psa. Study of the Child*, 22, S. 20–35.
Langs, R. J. (1975): The therapeutic relationship and deviations in technique. *Int. J. Psychoanalytic Psychotherapy*, 4, S. 106–141.
– (1976): *The Therapeutic Interaction*. Bd. 1 und 2, New York, Jason Aronson.
– (1978): The adaptational-interactional dimension of counter-transference. *Contemporary Psychoanalysis*, 14, S. 502–533.
Laplanche, J. u. J. B. Pontalis (1967): *Vocabulaire de la Psychanalyse*, Paris, Presses Universitaires de France – *Das Vokabular der Psychoanalyse*, Frankfurt a. M., Suhrkamp, 1971.
Lasky, R. (1989): Some derterminants of the male analyst's capacity to identify with female patients. *Int. J. Psa.*, 70, S. 405–418.

Leider, R. J. (Berichterstatter) (1984): Panel: the neutrality of the analyst in the analytic situation. *J. Amer. Psa. Assn.*, 32, S. 573–585.
Leites, N. (1977): Transference interpretations only? *Int. J. Psa.*, 58, S. 275–287.
Lester, E. P. (1985): The female analyst and the erotized transference. *Int. J. Psa.*, 66, S. 283–293.
Levy, J. (1982): A particular kind of negative therapeutic reaction based on Freud's "borrowed guilt". *Int. J. Psa.*, 63, S. 361–368.
Lewin, B. (1950): *The Psychoanalysis of Elation*, New York, W. W. Norton & Co. Inc.
- (1961): Reflections on depression, *Psychoanalytic Study of the child*, 16, S. 321–331.
Lidz, T., S. Fleck u. A. Cornelison (Hrsg.) (1965): *Schizophrenia and the family*, New York, Int. Univ. Press.
Limentani, A. (1966): A re-evaluation of acting out in relation to working through. *Int. J. Psa.*, 47, S. 274–282 – *Zwischen Anna Freud und Melanie Klein*. Stuttgart, Klett-Cotta 1993, S. 50–65.
- (1981): On some positive aspects of the negative therapeutic reaction. *Int. J. Psa.*, 62, S. 379–390 – a. a. O. S. 177–195.
Lipton, S. D. (1977): Clinical observations on resistance in the transference. *Int. J. Psa.*, 58, S. 463–472.
Little, M. (1951): Countertransference and the patient's response to it. *Int. J. Psa.* 32, S. 32–40.
- (1958): On delusional transference (transference psychosis). *Int. J. Psa.*, 39, S. 134–138 – Über wahnhafte Übertragung (Übertragungspsychose). *Psyche*, 12, 1958, S. 258–269.
- (1960 a): On basic unity. *Int. J. Psa.*, 41, S. 377–384.
- (1960 b): Countertransference. *Brit. J. Med. Psychology*, 33, S. 29–31.
- (1966): Transference in borderline states. *Int. J. Psa.*, 47, S. 476–485.
Loewald, H. W. (1960): On the therapeutic action of psychoanalysis. *Int. J. Psa.*, 41, S. 16–33 – *Psychoanalyse. Aufsätze aus den Jahren 1951–1979*. Stuttgart, Klett-Cotta 1986, S. 209–247.
- (1972): Freud's conception of the negative therapeutic reaction with comments on instinct theory. *J. Amer. Psa. Assn.*, 20, S. 235–245.
- (1974): Current status of the concept of infantile neurosis: discussion. *Psa. Study of the Child*, 29, S. 183–190.
- (1979): Reflections on the psychoanalytic process and its therapeutic potential. *Psa. Study of the Child*, 34, S. 155–168.
- (1986): Transference-countertransference. *J. Amer. Psa. Assn.*, 34, S. 275–287.
Loewenstein, R. M. (1951): The problem of interpretation. *Psa. Quart.* 20, S. 1–14 – Das Problem der Deutung. *Psyche*, 22, 1968, S. 187–198.

- (1954): Some remarks on defences, autonomous ego, and psycho-analytic technique, *Int. J. Psa.*, 35, S. 188–193.
- (1969): Development in the theory of transference in the last fifty years, *Int. J. Psa.*, 50, S. 583–588.

London, N. J. (1987): Discussion: in defence of the transference neurosis concept: a process and interactional defenition. *Psychoanalytic Inquiry*, 7, S. 587–598.

Lorand, S. (1958): Resistance. *Psychoanalytic Quarterly*, 27, S. 462–464.

Mahler, M. S. (1968): *On Human Symbiosis and the Vicissitudes of Individuation*, Vol. 1, New York, International Universities Press. – Symbiose und Individuation. Stuttgart, Klett-Cotta, 3. Aufl. 1983.

- F. Pine u. A. Bergmann (1975): *The Psychological Birth of the Human Infant: Symbiosis and Individuation*, New York, Basic Books (Ndr. London, Karnac Books, 1985) – *Die psychische Geburt des Menschen. Symbiose und Individuation*, Frankfurt, Fischer TB, 1981.

Main, T. F. (1957): The ailment. *Brit. J. Med. Psychology*, 30, S. 129–145.

- (1989): *The Ailment and Other Psychoanalytic Essays*, London. Free Association Books.

Mangham, C. A. (1981): Insight: pleasurable affects associated with insight and their origins in infancy. *Psa. Study of the Child*, 36, S. 271–277.

Martin, A. R. (1952): The dynamics of insight, *Am. J. Psa.*, 12, S. 24–38.

Masterson, J. (1972): *Treatment of the Borderline Adolescent. A Developmental Approach*, New York, Wiley-Interscience.

- (1976): *Psychotherapy of the Borderline Adult. A Developmental Approach*, New York, Brunner/Mazel – *Psychotherapie bei Borderline-Patienten*. Stuttgart, Klett-Cotta, 2. Aufl. 1992.
- (1978): *New Perspectives on Psychotherapy of the Borderline Adult*, New York, Brunner/Mazel.

McDougall, J. (1978): Primitive communication and the use of countertransference. *Contemporary Psychoanalysis*, 14, S. 173–209.

McLaughlin, J. T. (1981): Transference, psychic reality and countertransference. *Psychoanalytic Quarterly*, 50, S. 639–664.

- (1983): Some observations on the application of frame theory to the psychoanalytic situation and process. *Psychoanalytic Quarterly*, 52, S. 167–179.

Meissner, W. W. (1978): Theoretical assumptions of concepts of the borderline personality. *J. Amer. Psa. Assn.*, 26, S. 559–598.

Meltzer, D. (1967): *The Psycho-Analytical Process*, London, Wm. Heinemann Ltd. – *Der psychoanalytische Prozeß*. Stuttgart, Verlag Internationale Psychoanalyse, 1995.

Menninger, R. (1958): *Theory of Psychoanalytic Technique*, New York, Basic Books.
Michels, R. (1986): Oedipus and insight. *Psychoanalytic Quarterly*, 55, S. 599–617.
Mishler, E. G. u. N. E. Waxler (1966): Family interaction patterns and schizophrenia: a review of current theories. *Int. J. of Psychiatry*, 2, S. 375–413.
Mitscherlich-Nielsen, M. (1968): Contribution to symposium on acting out. *Int. J. Psa.*, 49, S. 188–192.
Modell, A. H. (1984): *Psychoanalysis in a New Context*, New York, International Universities Press.
– (1988): The centrality of the psychoanalytic setting and the changing aims of treatment. *Psychoanalytic Quarterly*, 57, S. 577–596.
– (1989): The psychoanalytic setting as a container of multiple levels of reality: a perspective of the theory of psychoanalytic treatment. *Psychoanalytic Inquiry*, 9, S. 67–87.
Moeller, M. L. (1977 a): Zur Theorie der Gegenübertragung. *Psyche*, 31, S. 142–166.
– (1977 b): Self and object in countertransference. *Int. J. Psa.*, 58, S. 365 bis 374.
Money-Kyrle, R. E. (1956): Normal counter-transference and some of its deviations. *Int. J. Psa.*, 37, S. 360–366.
Moore, B. E. u. B. D. Fine (1967): *A Glossary of Psychoanalytic Terms and Concepts*, New York, American Psychoanalytic Association.
– (1990): *Psychoanalytic Terms and Concepts*, New Haven CT, The American Psychoanalytic Association and Yale University Press.
Morgenthaler, F. (1978): *Technik. Zur Dialektik der psychoanalytischen Praxis*, Frankfurt, Syndikat.
Muslin, H. (1986): On working through in self psychology. In: A. Goldberg: *Progress in Self Psychology*, Vol. 2, New York, International Universities Press.
Myerson, P. A. (1960): Awareness and stress: post-psycho-analytic utilization of insight. *Int. J. Psa.*, 41, S. 147–156.
– (1963): Assimilation of unconscious material. *Int. J. Psa.*, 44, S. 317–327.
– (1965): Modes of insight. *J. Amer. Psa. Assn.*, 13, S. 771–792.
Naiman, J. (Berichterstatter) (1976): Panel: The fundamentals of psychic change in clinical practice. *Int. J. Psa.*, 57, S. 411–418.
Neubauer, P. B. (1979): The role of insight in psychoanalysis. *J. Amer. Psa. Assn.*, 27 (Supplement), S. 29–40.

Novey, S. (1962): The principle of "working through" in psychoanalysis, *J. Am. Psa. Assn.*, 10, S. 658–676.
- (1968): *The Second Look*, Baltimore, Johns Hopkins Press.

Novick, J. (1970): The vicissitudes of the "working alliance" in the analysis of a latency girl. *Psa. Study of the Child*, 25, S. 231–256.
- (1980): Negative therapeutic motivation and negative therapeutic alliance. *Psa. Study of the Child*, 35, S. 299–320.

Nunberg, H. (1920): The course of the libidinal conflict in a case of schizophrenia. In: *Practice and Theory of Psychoanalysis*, New York, Int. Univ. Press, 1948 – Der Verlauf des Libido-Konflikts in einem Fall von Schizophrenie. *Int. Z. Psa.*, 7, 1921, S. 301–345.
- (1951): Transference and reality, *Int. J. Psa.*, 32, S. 1–9.

Offenkrantz, W. u. A. Tobin (1978): Problems in the therapeutic alliance: analysis with simultaneous therapeutic and research goals. *Int. Review Psa.*, 5, S. 217–230.

Ogden, T. H. (1983): The concept of internal object relations. *Int. J. Psa.*, 64, S. 227–241.

Olinick, S. L. (1954): Some considerations of the use of questioning as a psychoanalytic technique *J. Amer. Psa. Assn.*, 2, S. 57–66.
- (1964): The negative therapeutic reaction. *Int. J. Psa.*, 45, S. 540–548.
- (Berichterstatter) (1970): Panel: The negative therapeutic reaction. *J. Amer. Psa. Assn.*, 18, S. 655–672.
- (1978): The negative therapeutic reaction: a retrospective fifteen years later. *J. Philadelphia Association for Psa.*, 5, S. 165–176.
- W. S. Poland, K. A. Grigg u. W. L. Granatir (1973): The psychoanalytic work ego: Process and interpretation. *Int. J. Psa.*, 54, S. 143 bis 151.

Ornstein, P. u. A. Ornstein (1980): Formulating interpretations in clinical psychoanalysis. *Int. J. Psa.*, 61, S. 203–211.

Orr, D. W. (1954): Transference and Countertransference: a historical survey. *J. Amer. Psa. Assn.*, 2, S. 621–670.

O'Shaughnessy, E. (1983): Words and working through. *Int. J. Psa.*, 64, S. 281–289.

Parkin, A. (1981): Repetition, mourning and working through. *Int. J. Psa.*, 62, S. 271–281.

Person, E. (1983): Women in therapy: therapist gender as a variable. *Int. Review Psa.*, 10, S. 193–204.
- (1985): The erotic transference in women and men: differences and consequences. *J. Amer. Academy of Psa.*, 13, S. 159–180.

Pick, I. B. (1985): Working through in the countertransference. *Int. J. Psa.*, 66, S. 157–166.

Poland, W. S. (1988): Insight and the analytic dyad. *Psychoanalytic Quarterly*, 57, S. 341–369.
Pressman, M. (1969 a): The cognitive function of the ego in psychoanalysis: I. The search for insight. *Int. J. Psa.*, 50, S. 187–196.
– (1969 b): The cognitive function of the ego in psychoanalysis: II. Repression incognizance and insight formation, *Int. J. Psa.*, 50, S. 343–351.
Racker, H. (1953): A contribution to the problem of countertransference. *Int. J. Psa.*, 34, S. 313–324.
– (1957): The meanings and uses of countertransference. *Psychoanalytic Quarterly*, 26, S. 303–357.
– (1968): *Transference and Countertransference*, New York, International Universities Press (Ndr. London, Karnac Books, 1985) – *Übertragung und Gegenübertragung*, Psychologie und Person, 20, 1978.
Rangell, L. (1955): On the psychoanalytic theory of anxiety. *J. Amer. Psa. Assn.*, 3, S. 389–414.
– (1968): A point of view on acting out. *Int. J. Psa.*, 49, S. 195–201.
– (1981): From insight to change. *J. Amer. Psa. Assn.*, 29, S. 119–141.
– (1985): Defense and resistance in psychoanalysis and life. In: H. P. Blum (Hrsg.): *Defense and Resistance*. New York, International Universities Press.
Rapaport, D. (1959): A historical survey of ego psychology. In: E. H. Erikson (Hrsg.): *Identity and the Life Cycle*, New York, Int. Univ. Press.
Rappaport, E. A. (1956): The management of an erotized transference. *Psychoanalytic Quarterly*, 25, S. 515–529.
Reed, G. S. (1987): Scientific and polemical aspects of the term "transference neurosis" in psychoanalysis. *Psychoanalytic Inquiry*, 7, S. 465 bis 483.
– (1990): A reconsideration of the concept of transference neurosis. *Int. J. Psa.*, 71, S. 205–217.
Reich, A. (1951): On countertransference. *Int. J. Psa.*, 32, S. 25–31.
– (1960): Further remarks on countertransference. *Int. J. Psa.*, 41, S. 389 bis 395.
Reich, W. (1928): On character analysis. In: R. Fliess (Hrsg.): *The Psycho-Analytic Reader*, London, Hogarth Press, 1950, S. 106–123 – Über Charakteranalyse. *Int. Z. Psa.*, 14, S. 180–196.
– (1929): The genital character and the neurotic character. In: R. Fliess (Hrsg.): *The Psycho-Analytic Reader*, London, Hogarth Press, 1950, S. 124–144 – Der genitale und der neurotische Charakter. *Int. Z. Psa.*, 15, S. 435–455.
– (1933): *Charakteranalyse*, Wien, Selbstverlag.

- (1934): *Psychischer Kontakt und vegetative Strömung*, Kopenhagen, Sexpol-Verlag.
Reid, J. R. u. J. E. Finesinger (1952): The role of insight in psychotherapy. *Am. J. Psychiatry*, 108, S. 726-734.
Reider, N. (1957): Transference psychosis. *J. of the Hillside Hospital*, 6, S. 131-149.
Rexford, E. (1966): A survey of the literature. In: E. Rexford (Hrsg.): *A Developmental Approach to Problems of Acting Out*. Monographs of the American Academy of Child Psychiatry, No. 1.
Richfield, J. (1954): An analysis of the concept of insight. *Psychoanalytic Quarterly*, 23, S. 390-408.
Rinsley, D. B. (1977): An object relations view of borderline personality. In: P. Hartocollis (Hrsg.): *Borderline Personality Disorders: The Concept, the Syndrome, the Patient*, New York, International Universities Press.
- (1978): Borderline psychopathology: a review of aetiology, dynamics and treatment. *Int. Review Psa.*, 5, S. 45-54.
Riviere, J. (1936): A contribution to the analysis of the negative therapeutic reaction. *Int. J. Psa.*, 17, S. 304-320.
Romm, M. (1957): Transient psychotic episodes during psychoanalysis. *J. Amer. Psa. Assn.*, 5, S. 325-341.
Rosen, J. (1946): A method of resolving acute catatonic exitement. *Psychiatric Quarterly*, 20, S. 183-198.
- (1965): The concept of "acting-out". In: L. Abt u. S. Weissman (Hrsg.): *Acting Out*, New York, Grune & Stratton.
Rosenfeld, H. A. (1952): Transference phenomena and transference analysis in an acute catatonic schizophrenic patient. *Int. J. Psa.*, 33, S. 457-464.
- (1954): Considerations regarding the psychoanalytic approach to acute and chronic schizophrenia. *Int. J. Psa.*, 35, S. 135-140 - Zur psychoanalytischen Behandlung akuter und chronischer Schizophrenie. *Psyche*, 9, 1955, S. 161-171.
- (1965 a): *Psychotic States: A Psychoanalytic Approach*, London, Hogarth Press.
- (1965 b): An investigation into the need of neurotic and psychotic patients to act out during analysis. In: *Psychotic States*, London, Hogarth Press.
- (1968): Negative therapeutic reaction, unveröffentlicht.
- (1969): On the treatment of psychotic states by psychoanalysis: an historical approach. *Int. J. Psa.*, 50, S. 615-631.
- (1971): A clinical approach to the psychoanalytic theory of the life

and death instincts: an investigation into the aggressive aspects of narcissism. *Int. J. Psa.*, 52, S. 169–178. – Beitrag zur psychoanalytischen Theorie des Lebens- und Todestriebes aus klinischer Sicht. Eine Untersuchung der aggressiven Aspekte des Narzißmus. *Psyche*, 25, 1971, S. 476–493.
- (1972): A critical appreciation of James Strachey's paper on the nature of the therapeutic action in psychoanalysis. *Int. J. Psa.*, 53, S. 455 bis 461.
- (1975): Negative therapeutic reaction. In: P. Giocacchini (Hrsg.): *Tactics and Technique in Psychoanalytic Therapy*, Bd. 2. New York, Jason Aronson.

Rothstein, A. (Berichterstatter) (1983): Panel: Interpretation: Toward a contemporary understanding of the term. *J. Amer. Psa. Assn.*, 31,

Roussillon, R. (1985): La réaction thérapeutique négative du protiste au jeu de construction. *Revue française de psychanalyse*, 49, S. 597–621. S. 237–245.

Rycroft, C. (1958): An enquiry into the function of words in the psychoanalytical situation. *Int. J. Psa.*, 39, S. 408–415.
- (1968): *A Critical Dictionary of Psychoanalysis*, London, Thomas Nelson.
- (1985): *Psychoanalysis and Beyond*, London, Chatto & Windus.

Salzman, L. (1960): The negative therapeutic reaction. In: J. H. Masserman (Hrsg.): *Science and Psychoanalysis*, 3, S. 303–313.

Sandler, J. (1959): On the repetition of early childhood relationships. In: J. Sandler (Hrsg.): *From Safety to Superego*. New York, Guilford, 1987. London, Karnac Books, 1987.
- (1960 a): The background of safety. In: J. Sandler (Hrsg.): *From Safety to Superego*. New York, Guilford, 1987; London, Karnac Books, 1987 – Sicherheitsgefühl und Wahrnehmungsvorgang. *Psyche*, 15, 1961, S. 124–141.
- (1960 b): On the concept of the superego. In: J. Sandler (Hrsg.): *From Safety to Superego*, New York, Guilford, 1987. London, Karnac Books, 1987 – Zum Begriff des Über-Ichs. *Psyche*, 18, 1964, S. 721–743.
- (1968): Psychoanalysis: an introductory survey. In: W. G. Joffe (Hrsg.): *What is Psychoanalysis?* S. 1–14, London, Baillière, Tindall & Cassell.
- (1969): *On the Communication of Psychoanalytic Thought*, Leiden, University Press.
- (1976): Countertransference and role-responsiveness. *Int. Review*

Psa., 3, S. 43–47 – Gegenübertragung und Bereitschaft zur Rollenübernahme. *Psyche*, 30, 1976, S. 297–305.
- (1983): Reflection on some relations between psychoanalytic concepts and psychoanalytic practice. *Int. J. Psa.*, 64, S. 35–45 – Die Beziehung zwischen psychoanalytischen Konzepten und psychoanalytischer Praxis. *Psyche*, 37, 1983, S. 577–595.
- (Hrsg.) (1987): *Projection, Identification, Projective Identification*, Madison CT, International Universities Press – Das Konzept der projektiven Identifizierung. *Z. für psychoanalytische Theorie und Praxis*, III, 1988, S. 147–164.
- (1988): Psychoanalytic technique and "Analysis terminable and interminable". *Int. J. Psa.*, 69, S. 335–345.
- (1990 a): Internal objects and internal object relationships. *Psychoanalytic Inquiry*, 10, S. 163–181 – Über die Struktur innerer Objekte und innerer Objektbeziehungen. *Z. für psychoanalytische Theorie und Praxis*, VI, 1991, S. 135–149.
- (1990 b): Internal object relations. *J. Amer. Psa. Assn.*, 38, S. 859–880.
- , C. Dare u. A. Holder (1970 a): Basic psychoanalytic concepts: I. The extension of clinical concepts outside the psychoanalytic situation, *Brit. J. Psychiatry*, 116, S. 551–554.
- , C. Dare u. A. Holder (1970 b): Basic psychoanalytic concepts: III. Transference, *Brit. J. Psychiatry*, 116, S. 667–672.
- , C. Dare u. A. Holder (1970 c): Basic psychoanalytic concepts: VIII. Special forms of transference, *Brit. J. Psychiatry*, 117, S. 561–568.
- , C. Dare u. A. Holder (1970 d): Basic psychoanalytic concepts: IX. working through, *Brit. J. Psychiatry*, 117, S. 617–621.
- , C. Dare u. A. Holder (1971): Basic psychoanalytic concepts: X. Interpretations and other interventions. *Brit. J. Psychiatry*, 118, S. 53–59.
- , C. Dare u. A. Holder (1973): *The Patient and the Analyst* (first edition), New York, International Universities Press. Ndr. London, Karnac Books, 1979 – *Die Grundbegriffe der psychoanalytischen Therapie*, Stuttgart, Klett, 1973.
- u. Anna Freud (1985): *The Analysis of Defense*, New York, International Universities Press – *Die Analyse der Abwehr*, Stuttgart, Klett-Cotta, 1989.
- , A. Holder u. C. Dare (1970 a): Basic psychoanalytic concepts: II. The treatment alliance, *Brit. J. Psychiatry*, 116, S. 555–558.
- , A. Holder u. C. Dare (1970 b): Basic psychoanalytic concepts: IV. Countertransference, *Brit. J. Psychiatry*, 117, S. 83–88.

–, A. Holder u. C. Dare (1970 c): Basic psychoanalytic concepts: V. Resistance, *Brit. J. Psychiatry*, 117, S. 215–221.

–, A. Holder u. C. Dare (1970 d): Basic psychoanalytic concepts: VI. Acting out, *Brit. J. Psychiatry*, 117, S. 329–334.

–, A. Holder u. C. Dare (1970 e): Basic psychoanalytic concepts: VII. The negative therapeutic reaction. *Brit. J. Psychiatry*, 117, S. 431 bis 435.

–, A. Holder u. D. Meers (1963): The ego ideal and the ideal self. *Psychoanalytic Study of the Child*, 18, S. 139–158.

–, A. Holder, M. Kawenoka, H. E. Kennedy u. L. Neurath (1969), Notes on some theoretical and clinical aspects of transference. *Int. J. Psa.*, 50, S. 633–645 – Einige theoretische und klinische Aspekte der Übertragung. *Psyche*, 21, 1967, S. 804–826.

– u. W. G. Joffe (1968): Psychoanalytic psychology and learning theory. In: J. Sandler (Hrsg.): *From Safety to Superego*, New York, Guilford, 1987. London, Karnac Books, 1987.

– u. W. G. Joffe (1969): Towards a basic psychoanalytic model. *Int. J. Psa.*, 50, S. 79–90 – Auf dem Weg zu einem Grundmodell der Psychoanalyse. *Psyche*, 23, 1969, S. 461–480.

– u. W. G. Joffe (1970): Discussion of "Towards a basic psychoanalytic model", *Int. J. Psa.*, 51, S. 183–193.

–, H. Kennedy, u. R. L. Tyson (1980): *The Technique of Child analysis: Discussions with Anna Freud*, Cambridge MA, Harvard University Press (Ndr. London, Karnac Books, 1990). – *Kinderanalyse. Gespräche mit Anna Freud*, Frankfurt, S. Fischer, 1982.

– u. A.-M. Sandler (1984): The past unconscious, the present unconscious, and interpretation of the transference. *Psychoanalytic Inquiry*, 4, S. 367–399 – Vergangenheitsunbewußtes, Gegenwartsunbewußtes und die Deutung der Übertragung. *Psyche*, 39, 1985, S. 800–829.

Saul, L. J. (1962): The erotic transference. *Psychoanalytic Quarterly*, 31, S. 54–61.

Saussure, J. de (1979): Narcissistic elements in the negative therapeutic reaction. *Paper to 3rd Conference of the European Psycho-Analytical Federation, London*.

Schafer, R. (1976): *A New Language for Psychoanalysis*, New Haven, CT / London, Yale University Press – *Eine neue Sprache für die Psychoanalyse*, Stuttgart, Klett-Cotta, 1982.

– (1977): The interpretation of transference and the conditions for loving. *J. Amer. Psa. Assn.*, 25, S. 335–362.

– (1979): The appreciative analytic attitude and the construction of multiple histories. *Psychoanalysis and Contemporary Thought*, 2, S. 13–24.

- (1980): Narration in the psychoanalytic dialogue. *Critical Inquiry*, 7, S. 29–53.
- (1983): *The Analytic Attitude*, New York, Basic Books.

Schmale, H. T. (1966): Working through (Panel-Bericht). *J. Amer. Psa. Assn.*, 14, S. 172–182.

Schon, D. A. (1963): *The Displacement of Concepts*, London, Tavistock Publications Ltd.

Schowalter, J. E. (1976): Therapeutic alliance and the role of speech in child analysis. *Psa. Study of the Child*, 31, S. 415–436.

Searles, H. F. (1961): Phases of patient-therapist interaction in the psychotherapy of chronic schizophrenia. *Brit. J. Med. Psychology*, 34, S. 160–193.
- (1963): Transference psychosis in the psychotherapy of chronic schizophrenia. *Int. J. Psa.*, 44, S. 249–281.

Sedler, M. J. (1983): Freud's concept of working through. *Psychoanalitic Quarterly*, 52, S. 73–98.

Segal, H. (1962): The curative factors in psycho-analysis. *Int. J. Psa.*, 43, S. 212–217 – *Wahnvorstellung und künstlerische Kreativität*, Stuttgart, Klett-Cotta 1992, S. 95–110.
- (1964): *Introduction to the Work of Melanie Klein*, London, Heinemann. (Ndr. London, Karnac Books, 1988) – *Melanie Klein. Eine Einführung in ihr Werk*, Frankfurt, Fischer TB, 1983.
- (1981): Melanie Klein's Technique. In: *The Work of Hanna Segal. A Kleinian Approach to Clinical Practice*, New York, Jason Aronson. (Ndr. London, Karnac Books, 1986) – *Wahnvorstellung und künstlerische Kreativität*. Stuttgart, Klett-Cotta, 1992, S. 17–44.
- (1977): Countertransference. *Int. J. Psychoanalytic Psychotherapy*, 6, S. 31–37 – a. a. O. S. 111–118.
- (1983): Some clinical implications of Melanie Klein's work. *Int. J. Psa.*, 64, S. 269–280.
- u. R. Britton (1981): Interpretation and primitive psychic processes: a Kleinian view. *Psychoanalytic Inquiry*, 1, S. 267–277.

Shane, M. (1979): The developmental approach to "working through" in the analytic process. *Int. J. Psa.*, 60, S. 375–382.

Shapiro, E. R., R. L. Shapiro, J. Zinner u. D. A. Berkowitz (1977): The borderline ego and the working alliance: indications for family and individual treatment in adolescence. *Int. J. Psa.*, 58, S. 77–87.

Sharpe, E. F. (1947): The psycho-analyst. *Int. J. Psa.*, 28, S. 1–6.

Silverberg, W. V. (1955): Acting out versus insight: a problem in psychoanalytic technique. *Psychoanalytic Quarterly*, 24, S. 527–544.

Silverman, M. A. (1985): Countertransference and the myth of the perfectly analyzed analyst. *Psychoanalytic Quarterly,* 54, S. 175–199.

Sodré, I. (1990): Treatment alliances: therapeutic and antitherapeutic. *Paper to Weekend Conference for English-speaking Members of European Societies, London.*

Spence, D. P. (1982): *Narrative Truth and Historical Truth,* New York, Norton.

– (1986): When interpretation masquerades as explanation. *J. Amer. Psa. Assn.,* 34, S. 3–22.

Spillius, E. (1979): Clinical reflections on the negative therapeutic reaction. *Paper to 3rd Conference of the European Psycho-Analytical Federation, London.*

– (1983): Some developments from the work of Melanie Klein. *Int. J. Psa.,* 64, S. 321–332.

– E. B. (Hrsg.) (1988): *Melanie Klein Today:* Vol. 2, *Mainly Practice,* London, Routledge.

Spitz, R. (1956): Countertransference: comments on its varying role in the analytic situation, *J. Am. Psa. Ass.,* 4, S. 256–265.

Spruiell, V. (1983): The rules and frames of the psychoanalytic situation. *Psychoanalytic Quarterly,* 52, S. 1–33.

Sterba, R. (1934): Das Schicksal des Ichs im therapeutischen Verfahren. *Int. Z. Psa.,* 20, S. 66–73.

– (1940): The dynamics of the dissolution of the transference resistance. *Psychoanalytic Quarterly,* 9, S. 363–379.

– R. F. (1953): Clinical and therapeutic aspects of character resistance. *Psychoanalytic Quarterly,* 22, S. 1–20.

Stern, A. (1924): On the counter-transference in psychoanalysis. *Psychoanalytic Review,* 11, S. 166–174.

Stern, D. (1985): *The Interpersonal World of the Infant,* New York, Basic Books – *Die Lebenserfahrung des Säuglings.* Stuttgart, Klett-Cotta, 1992.

Stewart, W. A. (1963): An inquiry into the concept of working through. *J. Amer. Psa. Assn.,* 11, S. 474–499.

Stone, L. (1961): *The Psychoanalytic Situation,* New York, Int. Univ. Press.

– (1967): The psychoanalytic situation and transference: postscript to an earlier communication. *J. Amer. Psa. Assn.,* 15, S. 3–58.

– (1973): On resistance to the psychoanalytic process; some thoughts on its nature and motivation. In: B. B. Rubenstein (Hrsg.): *Psychoanalysis and Contemporary Science,* Vol. 2, New York, Macmillan.

Stone, M. (1980): *The Borderline Syndromes,* New York, McGraw-Hill.

Strachey, J. (1934): The nature of the therapeutic action of psychoanalysis. *Int. J. Psa.*, 15, S. 127–159.

Strupp, H. H. (1960): *Psychotherapists in Action,* New York, Grune & Stratton.

Sullivan, H. S. (1931): The modified psychoanalytic treatment of schizophrenia. *Am. J. Psychiatry,* 11, S. 519–540.

Swartz, J. (1967): The erotized transference and other transference problems. *Psychoanalytic Forum,* 3, S. 307–318.

Szaz, T. S. (1963): The concept of transference. *Int. J. Psa.,* 44, S. 432 bis 443.

Tarachow, S. (1963): *An Introduction to Psychotherapy,* New York, Int. Univ. Press – Einführung in die Psychotherapie, Stuttgart, Klett-Cotta, 1979.

Tartakoff, H. H. (1956): Recent books on psychoanalytic technique: a comparative study. *J. Amer. Psa. Assn.,* 4, S. 318–343.

Thomä, H. (1984): Der Beitrag des Psychoanalytikers zur Übertragung. *Psyche,* 38, S. 29–62.

– u. H. Kächele: *Lehrbuch der psychoanalytischen Therapie.* Bd. 1: *Grundlagen* (1985); Bd. 2: *Praxis* (1988), Berlin u. a., Springer.

– u. H. Kächele (1986): *Psychoanalytic Practice,* New York, Springer.

Tower, L. E. (1956): Countertransference, *J. Amer. Psa. Assn.,* 4, S. 224 bis 255.

Tylim, I. (1978): Narcissistic transference and countertransference in adolescent treatment. *Psa. Study of the Child,* 33, S. 279–292.

Tyson, P. (1980): The gender of the analyst in relation to transference and countertransference manifestations in prelatency children. *Psa. Study of the Child,* 35, S. 321–338.

Tyson, R. L. (1986): Countertransference evolution in theory and practice. *J. Amer. Psa. Assn.,* 34, S. 251–274.

– u. J. Sandler (1971): On the selection of patients for psychoanalysis, *Brit. J. Med. Psychology,* 44, S. 211–228.

Valenstein, A. F. (1962): The psychoanalytic situation: affects, emotional reliving and insight in the psycho-analytic process. *Int. J. Psa.,* 43, S. 315–324.

– (1973): On attachment to painful feelings and the negative therapeutic reaction. *Psa. Study of the Child,* 28, S. 365–392.

– (Berichterstatter) (1974): Panel: Transference. *Int. J. Psa.,* 55, S. 311 bis 321.

– (1983): Working through and resistance to change: insight and the action system. *J. Amer. Psa. Assn.,* 31 (Supplement 3), S. 353–373.

Van Dam, H. (1987): Countertransference during an analyst's brief illness. *J. Amer. Psa. Assn.,* 35, S. 647–655.

Van der Leeuw, P. J. (1979): Some additional remarks on problems of transference. *J. Amer. Psa. Assn.*, 27, S. 315–326.

Vianna, H. B. (1974): A peculiar form of resistance to psychoanalytical treatment. *Int. J. Psa.*, 55, S. 439–444.

– (1975): A peculiar form of resistance to psychoanalytical treatment: a reply to the discussion by Willy Baranger. *Int. J. Psa.*, 56, S. 263.

Waelder, R. (1956): Introduction to the discussion on problems of transference, *Int. J. Psa.*, 37, S. 367–368.

Wallerstein, R. S. (1967): Reconstruction and mastery in the transference psychosis, *J. Amer. Psa. Assn.*, 15, S. 551–583.

– (1983): Self psychology and "classical" psychoanalytic psychology: the nature of their relationship. *Psychoanalysis and Contemporary Thought*, 6, S. 553–595.

– (1988): One psychoanalysis or many? *Int. J. Psa.*, 69, S. 5–21.

Wexler, M. (1960): Hypotheses concerning ego deficiency in schizophrenia. In: *The Out-Patient Treatment of Schizophrenia*, New York, Grune & Stratton Inc.

Winnicott, D. W. (1949): Hate in the countertransference. *Int. J. Psa.*, 30, S. 69–74.

– (1951): Transitional objects and transitional phenomena. In: *Collected Papers: Through Paediatrics to Psycho-Analysis*, London, Tavistock Publications, 1958. (Ndr. London, Karnac Books) – Übergangsobjekte und Übergangsphänomene. In: *Von der Kinderheilkunde zur Psychoanalyse*, Frankfurt, Fischer TB, 1983.

– (1954): Metapsychological and clinical aspects of regression within the psychoanalytical set-up. In: *Collected Papers: Through Paediatrics to Psycho-Analysis*, London, Tavistock Publications, 1958. (Ndr. London, Karnac Books) – Metapsychologische und klinische Aspekte der Regression im Rahmen der Psychoanalyse. In: *Von der Kinderheilkunde zur Psychoanalyse*, Frankfurt, Fischer TB, 1983.

– (1955): Clinical varieties of transference. In: *Collected Papers: Through Paediatrics to Psycho-Analysis*, London, Tavistock Publications (Ndr. London, Karnac Books) – Klinische Varianten der Übertragung. In: *Von der Kinderheilkunde zur Psychoanalyse*, Frankfurt, Fischer TB, 1983.

– (1960): Countertransference. *Brit. J. Med. Psychology*, 33, S. 17–21.

– (1965): *The Maturational Processes and the Facilitating Environment*, London, Hogarth Press. (Ndr. London, Karnac Books) – *Reifungsprozesse und fördernde Umwelt*, München, Kindler, 1974.

– (1971): *Playing and Reality*, London, Tavistock Publications – *Vom Spiel zur Kreativität*, Stuttgart, Klett-Cotta, 7. Aufl. 1993.

Wolf, E. (1979): Countertransference in disorders of the self. In: L. Epstein u. A. Feiner (Hrsg.): *Countertransference,* New York, Jason Aronson.

Wrye, H. K. und J. K. Welles (1989): The maternal erotic transference. *Int. J. Psa.,* 70, S. 673–684.

Wylie, H. W. u. M. L. Wylie (1987): The older analysand: countertransference issues in psychoanalysis. *Int. J. Psa.,* 68, S. 343–352.

Wynne, L. u. M. Singer (1963): Thought disorder and family relations of schizophrenics. *Archives of General Psychiatry,* 9, S. 191–198 und 199–206.

Zeligs, M. (1957): Acting in. *J. Amer. Psa. Assn.,* 5, S. 685–706.

Zetzel, E. R. (1956): Current concepts of transference. *Int. J. Psa.,* 37, S. 369–376.

– (1958): Therapeutic alliance in the analysis of hysteria. In: *The Capacity For Emotional Growth,* London, Hogarth Press. (Ndr. London, Karnac Books, 1987) – Das therapeutische Bündnis bei der Hysterie-Analyse. In: *Die Fähigkeit zu emotionalem Wachstum,* Stuttgart, Klett, 1974.

Zilboorg, G. (1952): The emotional problem and the therapeutic role of insight. *Psychoanalytic Quarterly,* 21, S. 1–24.

Register

Abend, S. M. 89, 110 f., 113, 192
Abraham, Karl 84, 91, 132
Abreaktion 15, 162, 188, 195, 197 f., 205
  s. a. Katharsis
Abstinenz, Rolle der 26
Abt, L. 159
Abwehr 32
– Mechanismen der 19 f., 199
– und Widerstand 125 f., 128
– Übertragung von 54, 70
Abwehrdeutung 178
Aberwehrwiderstand 128
acting in 156, 164
Adler, G. 30, 39, 90, 112 f.
Agieren 153–166
– in der Übertragung 54
Aggressionsenergie 17
Agieren 139, 153–166, 198
– in der Übertragung 54
– als Anpassung 163
– Verhalten als 162
– Bedeutungsveränderung 153
– als Kommunikation 164
– Begriff 164 f.
– und Gegenübertragung 162 f., 166
– und fragiles Ich 159
– nach Freud 154 f.
– und Versagungen in der Kindheit 158
– unklare Verwendung des Begriffs 160
– und Widerstand 157, 162, 164
– Erinnern ersetzt durch 155, 165
– und Übertragung 158
– und Übertragungswiderstand 158

Aktion
– Begriff 161
– Formen der 161
Aktualisierung, Begriff 161
Alexander, F. 55, 78, 89
Allmacht, narzißtische 147
Alston, T. 60
Alter und Analysierbarkeit 196
Alter-Ego-Übertragung 92
Ambivalenz der Wünsche 18
Analyse
– der Abwehr 178
– als erzählende Transaktion 183
– und strukturelle Veränderungen 199
– der Übertragung 49
  s. a. Therapie
Analysierbarkeit
– und Alter 196 f.
– und Borderline-Störungen 42
– und Fähigkeit zum Behandlungsbündnis 42
– und Charakterstörungen 48
– und schwere Persönlichkeitsstörungen 48
– und spezifischer psychobiologischer Fels 134 f.
Analytiker
– und Analysand: realistisches Bündnis 33
– – Beziehung 33, 171, 192 f.
– analytische Distanz 114
– Gegenwiderstand 130
– und Empathie s. dort
– als Phantasieobjekt 55
– Geschlecht des, und Übertragung 58
– Halten 31

- als Person 65
- und Rolle beim Behandlungsbündnis 44 f.
- Arbeits-Ich des 114
s. a. Gegenübertragung, Behandlungsbündnis
analytische Arbeit, Grenzen der 124
analytische Behandlungssituation 23–32
analytische Beziehung 32
analytisches Setting, Bedeutung des 32
analytisches Taktgefühl 170
Anastasopoulos, D. 159, 163
Angst, Theorie der 119
Anna, O. 14
Anpassung, als Agieren 163
antitherapeutisches Bündnis, unbewußtes 38
Antwortbereitschaft, gleichschwebende 108
Arbeitsbündnis 65
s. a. Behandlungsbündnis
Arbeits-Ich des Analytikers 114
Arkin, F. S. 145
Arlow, J. A. 21, 68, 76 f., 111, 114, 167, 175
Asch, S. 146 f., 149
Atkins, N. B. 87, 153
Auchincloss, E. L. 45
Ausagieren 81, 90
Außerübertragungsdeutung 179

Balint, E. 101, 113
Balint, Michael 21, 30 f., 84, 89, 101 f., 113, 163, 182, 184
Barande, R. 202
Baranger, W. 149
Barnett, J. 186, 189 f.
Basisübertragung 33

Bateson, G. 86, 95
Bégoin, Florence 148
Bégoin, Jean 148
Behandlungsbündnis 27, 36–48, 94, 97, 116, 195
- Grundlage des 39
- und Borderline-Störungen 42
- Fähigkeit zum 41 f.
- Definition 46
- irrationale Motive zum 42 f.
- negatives 46
- und andere Übertragungsaspekte 39 f.
- und positive Übertragung 52
- und psychotische Patienten 48
- und Widerstand 38
- Rolle des 31
- Rolle der Eltern im 47
- und Übertragung 37 f., 49, 70
- und Heilungswunsch 41
s. a. Setting
Behandlungssituation, psychoanalytische 23–32
Bellak, L. 154, 159
Beres, D. 111
Berg, M. D. 67
Bergmann, Anni 147
Berkowitz, D. A. 42
Bernstein, I. 109
Besetzung (cathexis) 17, 41
Bewußt, System 17 f.
Beziehung, analytische 32
Bibring, Edward 167, 174 f.
Bibring-Lehner, Grete 83
Bilger, A. 161, 163
Bion, Wilfred R. 21, 39, 43, 67, 106, 113, 159, 202
bipersonales Feld 107
Blacker, K. H. 189, 193
Bleger, J. 32
Bleuler, E. 186

Blos, Peter 153, 163
Blum, H. P. 60, 81 f., 111, 125, 159, 161, 171, 179, 192
Boesky, D. 128, 134, 153, 162
Bollas, C. 67
Borderline-Patient 105, 180
Borderline-Störungen, Übertragung bei 75, 83–90
Boschán, P. J. 128, 133
Brandschaft, B. 147 f.
Brenner, C. 21, 37, 60 f., 76 f., 112, 125, 145, 149, 171, 176, 204
Breuer, Josef 14 f.
Britton, R. 192
Brown, G. W. 85
Buie, D. H. 90
Bush, M. 189 f.

Calogeras, R. 60
Campbell, R. J. 186
Cesio, F. R. 145
Charakter
– -panzerung 124
– -störung und Therapie 48
Charakteranalyse 127
Charakterübertragung 57, 61
Charakterwiderstände 134 ff.
Charcot, Jean Martin 14, 23
Chediak, C. 108
Coen, S. J. 78
Cohen, M. B. 113
Colarusso, C. A. 69
Compton, A. 183
Containment 31, 202
– Störung des 106
Cooper, A. M. 58 ff.
Cornelison, A. 86
Curtis, H. C. 33, 37

Davies, S. 46

Definitionen psychoanalytischer Begriffe 13
Depression und negative therapeutische Reaktion 148
Deutsch, Helene 124, 160
Deutung 26, 32, 38, 167–185, 195, 197, 206
– und Patient-Analytiker-Beziehung 171
– Kunst der 169 ff.
– entscheidende Rolle der 167 f.
– und Klarifizierung 174
– und Konfrontation 174
– und Konstruktionen in der Analyse 170
– richtige 181–185, 200, 202
– Definition 167
– und Empathie des Analytikers 180 f.
– Form der 171
– nach Freud 168–171
– gute, und Wirkung 143 f.
– Bedeutungen des Begriffs 174 ff.
– mutative 178, 203
– nichtverbale Faktoren 171
– rekonstruktive 180
– und Widerstand 169
– und Behandlungsbündnis 44
– Zeitpunkt der 169, 171
– und Durcharbeiten 197 ff.
Dewald, P. A. 110, 113, 127 f.
Dickes, R. 37, 45
Dissoziation, aktive 14
Distanz des Analytikers 114
Dora 153 f.
Durcharbeiten 167, 174, 195–206
– Kindheitstrauma 198
– Definition 27 f.
– entwicklungsbezogener Zugang zu 201 f.

- nach Freud 195 f.
- Es-Widerstand 121, 200, 206
- und Einsicht 197, 200 ff.
- als Deutung 197 f.
- und Trauer 197 f.
- mutatives 203
- Wiederholungszwang 196

Eagle, M. N. 33, 38
Eidelberg, L. 13, 145, 156
Einleitungsphase in der Kinderanalyse 42 f.
Einsicht 38, 186–194, 195
- analytische 193
- Fähigkeit zur 169 f.
- und Kinderanalyse 190 f.
- und Heilung 189
- dynamische 189 f.
- wirksame 189, 194
- emotionelle 188 ff.
- durch Erleben erworbene 192
- Ideal der 192
- intellektuelle 189 f., 194
- – Durcharbeiten 197
- und Mutter-Kind-Beziehung 192
- neutrale 190
- Rolle der, in der Patient-Analytiker-Beziehung 192 f.
- Strukturen der 193
- Begriff, Bedeutungen der 27, 186–190
- echte 189
- und Durcharbeiten 200 ff.
Eissler, K. R. 26, 28, 173
Ekstein, R. 198
Emde, Robert 22
Empathie 92, 103, 105, 109, 111, 180
- und Gegenübertragung 111
englische Schule der Psychoanalyse 55

English, O. S. 101
Entwicklungspsychologie 21 f.
Erard, R. E. 153, 161 f.
Erikson, Erik H. 40, 90, 134
Erinnern und Agieren 165
erotische Übertragung 52, 75, 78, 80
erotisierte Übertragung 75, 77–83, 94, 130
- Definition 80
- und Feindseligkeit 80
- als Widerstand 79
- Rolle prägenitaler Faktoren bei 81
erzählende Transaktion 183
Es 66, 172
- Definition 19 f.
- und Lustprinzip 19
- Rolle des 36
Es-Anteile im Behandlungsbündnis 46
Escoll, P. J. 65, 68 f.
Es-Widerstand 121 f., 134
- Durcharbeiten 196, 200, 206
Evans, R. 38
expressive Psychotherapie 90
Externalisierung 54 f.
- und Übertragung 66, 70

Fairbairn, Ronald 21, 131
fälschliche negative therapeutische Reaktionen 146
Familientheorie der Schizophrenie 86
Federn, P. 84
Feigenbaum, D. 142, 145
Feindseligkeit und erotisierte Übertragung 80
Fenichel, O. 33, 36, 127, 134, 157–160, 170 ff., 197 f., 202
Ferenczi, Sandor 87, 126, 197

Fine, B. D. 13, 60 f., 92
Finesinger, J. E. 189 f.
Fischer, N. 58
Fleck, S. 86
Fliess, R. 100, 111, 114
Flucht in die Gesundheit
– und Heilung 41
– und Widerstand 137
– und Übertragungsheilung 51
Fonagy, P. 37
Frank, A. 128, 134
Frau P. J. 23
freie Assoziation 98, 171
– Analyse der 24 ff.
– Grundregel der 173
– nach Freud 16, 25 f., 98, 116, 195
– und unbewußte Wünsche 16
– Anwendung der 23 f.
French, T. M. 89, 188
Freud, Anna 20, 29, 31, 36, 42, 53 ff., 60, 64, 70, 124, 129 f., 135, 156 f., 161, 171, 178, 189, 191
Freud, Sigmund
– über Agieren 154 f.
– Fall Dora 154 f.
– Fall Frau P. J. 23
– über Gegenübertragung 97–100
– über Entwicklung der Psychoanalyse 13–21
– und Setting 23–26
– über freie Assoziation 16, 25 f., 98, 116, 195
– über Deutung 168–171
– über negative therapeutische Reaktionen 139–142
– über Wiederholungszwang 53
– über Widerstand 116–119
– Abänderung der Begriffe 13
– über Übertragungsneurose 52, 59
– über Übertragung 49–52, 58 f.
– Traumatheorie der Hysterie 169
– und Durcharbeiten 195 ff.
freundliche Übertragung 36
Friedman, L. 33, 37
Fromm-Reichmann, Frieda 85, 198
Frosch, J. 88

Gabbard, G. O. 42
Gedo, J. E. 171
Gegen-Reaktionen des Analytikers, Arten der 108 ff.
Gegenübertragung 64, 97–115, 161
– und Agieren 162 f., 166
– Begriff 100–106
– Definition 27
– Etymologie 100
– nach Freud 97–100
– Bedeutungen des Begriffs 113 f.
– und negative therapeutische Reaktion 149 f.
– als Hindernis 97–100
– archaische Grandiosität 112
– Reaktion auf die projektive Identifizierung des Patienten 103 f.
– – Übertragung 107
Gegenwiderstand des Analytikers 130
Gerö, G. 125, 148
Gerstley, L. 42
Geschlecht des Analytikers, Rolle in der Übertragung 58
Gestaltpsychologie 188
Gesundheit s. Flucht in die G.
Gewissen

– und Schuldgefühl 140
– und Überich 20
Gill, H. S. 128, 132
Gill, M. M. 129, 167, 179
Gillman, R. D. 123, 128
Giovacchini, P. 30
Gitelson, M. 33, 41, 101, 113
gleichschwebende Antwortbereitschaft 108
Glenn, J. 109
Glover, Edward 43, 56, 124, 126, 131, 181, 202
Granatir, W. L. 114
Gray, P. 180, 192
Greenacre, Phyllis 33, 154, 158 f., 198 f.
Greenbaum, H. 145
Greenson, Ralph R. 8, 33 f., 37, 56, 65, 78, 80 f., 83, 100, 126, 131, 159, 161 f., 171, 173 ff., 200
Grigg, K. A. 114
Grinberg, L. 105, 114, 159
Grundmodell der Psychoanalyse 26
Grunert, U. 147
Gunderson, J. G. 89
Gutheil, T. G. 33, 37

Haley, J. 86
Halpert, E. 171, 179
Halten
– Umwelt und Regression 30
– Funktion des Analytikers 31
haltgebendes Introjekt 90
Hamilton, Victoria 10
Hammett, V. B. O. 88
Hanly, C. 93
Harley, M. 60
Hartmann, Heinz 11, 20 f., 36, 123, 157, 164, 171

Hatcher, R. L. 189, 193
Havens, L. L. 33, 37
Hazen, Lita 8
Heilung
– Gefahr der, und Widerstand 132
– und Einsicht 189
– Wunsch nach 46
– – und Behandlungsbündnis 41
Heimann, Paula 102 f., 113
Hernandez, Max 8
Hill, Sir Denis 7, 88
Hinshelwood, R. D. 13, 106
Hinsie, L. E. 186
Hoffer, W. 43, 101, 104
Holder, Alex 10, 153
Horney, Karen 142–145, 148
Horowitz, M. H. 189, 193
Hypnose 195
– frühere Behandlung mit 23 f.
Hypochondrie, wahnhafte 87
Hysterie
– und Übertragungsneurosen 91
– Traumatheorie der 169

Ibsen, Henrik 142
Ich 66, 172
– konfliktfreie Sphäre des 20
– Definition 19
– Entwicklung des 203
– als Vermittler 19 f.
– verschiedene Bedeutungen 11
– und Psychosen 77
– Widerstände des 197
– Rolle des 36
Ich-Anteile im Behandlungsbündnis 47
ich-fremde Widerstände 127
Ich-Funktionen, autonome 36
ich-gerechte Widerstände 127
Ich-Psychologie 21, 36

Ich-Spaltung, therapeutische 36
Idealisierung des Analytikers 39
Identifizierung
– komplementäre, und Gegenübertragung 103
– konkordante 103
– verschiedene Bedeutungen des Begriffs 11
  s. a. introjektive, projektive I.
Identitätsdiffusion 90
Identitätswiderstand 134
Illusion, spezifische, Übertragung als 75
Imagines, primitive, introjizierte 55 f.
Infante, J. A. 153
Inhalts-Deutung 177
innerseelischer Widerstand 126
intellektueller Widerstand 124
Intervention
– therapeutische 26, 167–185
– verbale 172 ff., 195
Introjektion, verschiedene Bedeutungen des Begriffs 11
introjektive Identifizierung und projektive Identifizierung 64
irrationale Aspekte der Analyse 38
Isaacs, Susan 181 f.
Ivimey, M. 145

Jackson, D. D. 86
Jacobs, T. J. 60, 109, 111
Jacobson, Edith 21
Janet, P. M. F. 14
Jaspers, Karl 186
Joffe, W. G. 44, 88, 128, 136, 148
Jones, Ernest 98
Joseph, Betty 39, 63, 106, 179, 192
Jung, C, G. 12, 186, 196

Kächele, Horst 37, 130, 134, 153, 162 f., 198
Kanzer, M. 33
Kaplan, A. 11
Kastrationsangst 18
Katharsis 15, 195
  s. a. Abreaktion
Kemper, W. W. 97, 113
Kennedy, Hansi 46, 135, 190 f.
Kepecs, J. G. 59
Kernberg, Otto F. 21, 66, 89 f., 93, 104 f., 113, 133 f., 147 ff.
Kerz-Rühling, I. 189
Khan, Masud, M. R. 31, 89, 126, 161
Kind
– Analyse
– – und Einsicht 190 f.
– – Widerstand in der 135
  s. a. Mutter-Kind-Beziehung
Kindheitserlebnis, traumatisches, und Durcharbeiten 198 f.
King, P. 110
Klarifizierung 174, 176
Klauber, John 162, 171, 175
„Klebrigkeit" der Libido 122, 196
Klein, Melanie 21, 39, 43, 56, 61 ff., 67, 76, 103, 106 f., 133, 148 f., 159, 184, 202
Klüwer, R. 163
Knight, R. P. 89, 111
kognitives Wissen 188
Köhler, W. 188
Kohut, Heinz 21, 32 f., 91 ff., 112 f., 133, 147, 180, 203 f.
Kommunikation, verschiedene Arten 161
Kompensationsneurosen 121
komplementäre Identifizierung und Gegenübertragung 103
konfliktfreie Sphäre des Ich 20

Konfrontation 26, 174, 176
konkordante Identifizierung und Gegenübertragung 103
Konstruktionen in der Analyse und der Deutung 170
Kontrakt, Vertrag
– klinischer 47 f.
– therapeutischer 33 f., 44
Kraepelin, E. 186
Kramer, M. K. 114
Krankheit, sekundärer Gewinn aus, Widerstand als 120 f.
Kreativität, künstlerische, und Regression 30
Kris, Ernst 30, 171, 182, 189, 192, 199
Kubie, L. S. 189
künstlerische Kreativität und Regression 30

Lacan, Jacques 21
Lampl-De Groot, J. 146
Langs, Robert J. 45, 102, 107, 149, 153, 162
Laplanche, J. 13, 26, 65, 125, 161, 167
Lasky, R. 58
Lehranalyse 99 f.
Leider, R. J. 32
leistungsfähige Übertragung 36
Leites, N. 64, 180
Lester, E. P. 58, 81, 83
Levy, J. 141
Lewin, B. 145, 148
libidinöse Regungen, Übertragung der 54
Libido 53
– Klebrigkeit der 196
– und Ich-Widerstand 121
– Definition 17
– verschiedene Bedeutungen des Begriffs 12
Lidz, Theodore 86
Limentani, Adam 146, 149, 161, 163
Lipton, S. D. 129
Little, Margaret 84, 88 f., 102 f., 113
Loewald, Hans 21, 33, 60, 66, 107, 140, 147, 149, 167, 175, 199 f.
Loewenstein, R. M. 57 f., 125, 171 ff.
London, N. J. 60
Lorand, S. 125
Lustprinzip 17
– und Es 19

Mahler, Margaret 21, 147
Main, T. F. 115
Mangham, C. A. 192
Martin, A. R. 189
Masochismus
– und narzißtische Gewinne 147
– und negative therapeutische Reaktion 140, 151
Masterson, James F. 89 f.
McDougall, Joyce 110
McLaughlin, J. T. 32, 107, 114
Meissner, W. W. 89
Melancholie (Lady Macbeth, Rebekka West) 142
Meltzer, Donald 39, 43, 159
Menninger, Karl 34, 47, 80, 168, 176
Meynert, T. H. 14
Michels, R. 183, 189, 191
Mishler, E. G. 86
mitagieren 163

Mitscherlich-Nielsen, Margarete 161, 164
Modell, A. H. 31 f.
Moeller, A. H. 108
Money-Kyrle, R. E. 103, 113
Moore, B. E. 13, 60 f., 92
Morgenthaler, F. 43
Motive für ein Behandlungsbündnis 43
Muslin, H. 204
Mutter-Kind-Beziehung 31, 68, 88
– und Einsicht 192
– Reverie 202
– Rolle der 29 f.
Myerson, P. A. 189

Naiman, J. 193
narzißtische Allmacht 147
narzißtische Gewinne und Masochismus 147
narzißtische Neurosen 52
narzißtische Übertragung 75, 91 ff.
narzißtischer Patient 180
– Widerstand beim 132 f.
negative therapeutische Reaktion 46, 139–152
– und Gegenübertragung 149
– Definition 28, 141
– und Depression 148
– und Neid 148 f.
– nach Freud 139–142
– und Schuldgefühl 139–142, 145
– und Masochismus 140, 151
– und Mißverständnisse über 146 f.
– und Widerstand 151 f.
– und Über-Ich-Widerstand 122
– und traumatische Kindheitserlebnisse 147
negatives Behandlungsbündnis 46

Neid und negative therapeutische Reaktion 148 f.
Nemiroff, R. A. 69
Neubauer, P. B. 191 f.
Neuropsychosen und Behandlung der 23 f.
Neurose 69
– und Dissoziation früherer Erlebnisse 49
– infantile und Übertragungsneurose 59 f.
– Traumatheorie der 14 f.
Neurosen
– narzißtische 52
neurotischer Patient und Abwehrdeutung 178
Novey, S. 183, 200, 205
Novick, J. 38, 46
Nunberg, H. 79 f., 84

Objekt 17 f.
– libidinöses 53
Objektbeziehungen
– Externalisierung von 65–68
– – und Übertragung 75 f.
– Bedeutung der 68 f.
– innere, Externalisierung von 39
– Theorie 20 ff.
Ödipuskomplex 18, 60
Offenkrantz, W. 45
offenkundiger Widerstand 126
Ogden, T. H. 134
Olinick, S. L. 114, 146, 148 f., 173
Ornstein, A. 180
Ornstein, P. 180
Orr, Douglass W. 104
O'Shaughnessy, E. 202

Pakt, therapeutischer 35
Paranoia und negative Übertragung 51

pathologischer Narzißmus 91
Pearson, G. H. 101
Person, Ethel 58, 83
Persönlichkeitsstörungen, schwere, und Analysierbarkeit 48
Pettit, Jane 9
Phantasieobjekt, Analytiker als 55
Pick, I. B. 202
Pine, Fred 147
Poland, W. S. 114, 186, 189, 193
Pontalis, J. B. 13, 26, 65, 125, 161, 167
Porder, M. 89
post-ödipale Entwicklungsprozesse, Bedeutung der 69
prä-ödipale Konflikte 68
Pressman, M. 189
Primärobjekt, Beziehung des Säuglings zum 40
Primärvorgang 17, 19
primitive introjizierte Imagines 55
Probe-Identifizierung 111
„Probezeit" der Analyse 42 f.
Projektion 31
projektive Identifizierung 31, 62, 103, 112
– und Gegenübertragung 105 ff.
– und Übertragung 70
Psychoanalyse
– Grundmodell der 26
– und Freud 13–20
– Entwicklungsstadien der 15–22
– Strukturmodell der 15
psychoanalytische Begriffe 11 ff.
– verschiedene Bedeutungen von 11 ff.
psychopathische Patienten und Behandlungsbündnis 48
Psychose

– und fehlendes Urvertrauen 40
– und Analysierbarkeit 42
– infantile, und fehlendes Urvertrauen 41
– und Behandlungsbündnis 47 f.
Psychotherapie, expressive 90
psychotische Übertragung 89 f., 94
psychotischer Patient 105
– und Einsicht 186

Racker, Heinrich 103, 109, 113
Rangell, L. 125, 161, 189, 193
Rank, O. 197
Rapaport, David 13
Rappaport, E. A. 78 ff., 83
Rassenzugehörigkeit und Analyse 58
rationale Übertragung 33, 36
realistisches Bündnis zwischen Patient und Analytiker 33
Realität und Übertragung 65
realitätsbezogene Elemente 36
Realitätsprinzip 17
Reed, G. S. 60
Regression 28–31
– und künstlerische Kreativität 30
– schädliche Aspekte der 29
– Definition 28 f.
– Furcht vor 44
– formale 30
– zeitliche 30
– und Übertragung 76
Reich, A. 101, 103, 112
Reich, Wilhelm 91, 123 f., 127, 134, 142, 171
Reid, J. R. 189 f.
Reider, N. 87
reife Übertragung 33
Rekonstruktion 26

rekonstruktive Deutung 180
Reverie, mütterliche 202
Rexford, E. 154
Richfield, J. 189
Rinsley, D. B. 90
Riviere, Joan 142 f., 145, 148
Rollenbeziehung 108
Rollenübernahme, Bereitschaft zur 108
Romm, M. 87
Rosen, J. 84, 156
Rosenfeld, Herbert, A. 83–88, 111, 133, 148, 159, 161, 171
Rothstein, A. 45, 167, 171, 176
Roussillon, R. 147, 151
Rycroft, C. 13, 32, 176 f., 182

Salzman, L. 145
Sandler, Anne-Marie 8, 45
Sandler, Joseph 11 f., 40, 45, 54, 57, 64, 67, 71, 88, 103, 108, 113, 123, 128, 131, 135 f., 145, 148, 163, 193
Säugling, Beziehung des zum Primärobjekt 40
Saul, L. J. 80
Saussure, J. de 147
Schafer, Roy 11, 45, 66 f., 73, 183 f.
Scham und Behandlungsbündnis 45
Scheinbündnis 46, 48
schizoide Persönlichkeit, erwachsene und Urvertrauen 40
schizophrenes Übertragungsphänomen 84
Schizophrenie, Familientheorie zur 86
Schmale, H. T. 198, 205
Schon, D. A. 11
Schowalter, J. A. 44
Schuldgefühl
– und negative therapeutische Reaktion 139–142, 145
– unbewußtes, Rolle des 19
Searles, H. F. 83–88
Sedler, M. J. 203, 205
Segal, Hanna 39, 43, 61, 106, 113, 148, 189, 192
sekundärer Krankheitsgewinn, Widerstand aus dem 130
Sekundärvorgang 17
Selbst
– Komponenten des 91
– Begriffsbedeutungen 12
Selbstobjekt 203 f.
– Analytiker als 112
– Beziehungen 91 ff.
– Übertragung 91 f.
Selbstpsychologie 21, 180 f., 203 f.
Selbstwertgefühl, Verlust des, und Behandlungsbündnis 45
Separation-Individuation und negative therapeutische Reaktion 147
Setting, analytisches 23–32
Seu, Bruna 10
Shane, M. 201
Shapiro, E. R. 42
Shapiro, R. L. 42
Sharpe, Ela Freeman 103
Shop, Paula 9 f.
Silverberg, W. V. 189
Silverman, M. A. 109
Singer, M. 86
Sitzung, psychoanalytische, Dauer der 26
Slater, Eliot 7
Sodré, I. 38, 46
Spence, D. P. 183 f.
Spiegel-Übertragung 91, 112
Spillius, Elizabeth Bott 39, 61–64, 148 f.

Spitz, René 31, 103
Spruiell, Vann 32
Sterba, R. 36, 124
Stern, A. 100
Stern, Daniel 22, 40
Stewart, W. A. 200, 203
Stone, Leo 26, 33, 45, 58, 125 f., 129 f., 132 ff., 179
Stone, Michael 89
Strachey, James 55 f., 129, 178
Strafbedürfnis 141
strategischer Widerstand 127
strukturelle Theorie 60, 172
Strukturmodell des seelischen Apparates 19 ff., 36
Strupp, Hans H. 109
Sullivan, H. S. 84
Swartz, J. 80 f.
Symboldeutung 177
Szasz, T. S. 65

Taktgefühl, analytisches 170
taktischer Widerstand 127
Tarachow, S. 33
technische Parameter 28, 173
Terminologie, Veränderung in der 11 f.
Therapeut s. Analytiker
therapeutische Ich-Spaltung 36
therapeutische Mesalliance 45 f.
therapeutisches Bündnis
 s. Behandlungsbündnis
therapeutisches Setting
 s. Setting
Therapie
– Einleitungsphase der 42, 45
– irrationale Aspekte der 38
– Probezeit 42
 s. a. Analyse
Thomä, Helmut 37, 65, 130, 134, 153, 162, 198

Tobin, A. 45
topische Auffassung 171
topisches Modell des seelischen Apparates 17 ff., 21
Tower, L. E. 101
Trägheit, psychische 196
Trauerarbeit 197 f.
Traumatheorie der Neurose 14 f.
Traumdeutung 16, 169, 188
Träume 94
– Analyse von 24, 123
– und Symboldeutung 177
– und freie Assoziationen 16
– und unbewußte Wünsche 16
Trauminhalt, manifester 16
Triebe 17 f., 53
– sexuelle, wechselnde 18
Triebenergie 17
Triebwünsche, unbewußte 16
Tylim, I. 92
Tyson, P. 110
Tyson, Robert L. 8, 46, 114, 135

Übergangsphänomene 30
Übergangsraum 30
Über-Ich 66, 172
– und Gewissen 19 f., 36
– Definition 19 f.
– Externalisierung des 55
– und Psychosen 77
– Widerstand des, gegen Veränderung 197
– Rolle des 36
Über-Ich-Widerstand 130 f.
– und Schuldgefühl 122
– und negative therapeutische Reaktion 122
Übertragung 29, 33, 49–96, 97, 116, 139, 161, 195
– Agieren und 54, 158
– Analyse der 24, 188

- grundlegende 34
- bei Borderline-Störungen 75, 83–90
- Begriff und Grenzen der 64
- und Gegenübertragungsinteraktionen 107
- von Abwehr 54
- Definition 27
- wahnhafte 75, 88 f.
- nach Freud 49–53, 55–59
- und Entwicklung 68–74
- leistungsfähige 36
- historische Auffassungen der 59
- Illusion und Realität bei der 93 f.
- und infantile Phantasie 38
- und Selbstpsychologie 180 f.
- Kleinsche Theorie der 61–65
- libidinöser Regungen 54
- reife 33
- moderne Lehrmeinungen über 58 f.
- negative 51
- neurotische 90, 93 f.
- positive 35, 51
- Schwierigkeiten mit der 30
- Elemente der 58 f.
- und Realität 65
- und Regression 73, 76
- Wiederholung in der 206
- Geschlecht des Analytikers in der 58
- bei Schizophrenen 84
- soziokulturelle Faktoren in der 58
- als spezifische Illusion 72, 75
- und Behandlungsbündnis 38
- Formen der 95 f.
- Allgegenwart der 56
- Gebrauch des Begriffs 70 f.

Übertragungsdeutung 178 f.
Übertragungsheilung 51
Übertragungsliebe 77
Übertragungsneurose 52, 59 ff., 68, 179
- nach Freud 52, 59
- und Wiederholungszwang 53
- Varianten der 85 f.
Übertragungspsychose 75
Übertragungswiderstand 24, 90, 118 ff., 124, 129, 188
- und Agieren 158
- Analyse des 24
umwandelnde Verinnerlichung 92
unauffälliger Widerstand 126
Unbewußte, das, und Es 19
- System 17, 19
Urvertrauen 40 f.

Valenstein, A. F. 66, 68, 147, 189, 200, 203
Van Dam, H. 110, 113
Van der Leeuw, P. J. 93
Vater-Bild 67
Verdrängung 122
Verdrängungswiderstand 119 f., 128
- und primärer Krankheitsgewinn 120
Verführungstheorie zur Entstehung der Neurose 82
Verhalten als Agieren 162 f.
Vianna, H. B. 130, 133
vorbewußtes System 16 ff.

Waelder, Robert 57 f., 76
wahnhafte Hypochondrie 87
Wallerstein, R. S. 87, 181, 184 f.
Waxler, N. E. 86
Wearland, J. 86
Weissman, S. 159

Welles, J. K. 58, 81, 83
Wexler, M. 34, 37, 65, 81
Widerstand 25 ff., 32, 37 f.,
 116–138, 161
– und Agieren 162 ff.
– Analyse des 123, 195
– – und Abwehr-Deutung 178
– in der Kinderanalyse 135 f.
– Klassifizierung 124 f.
– Definition 125
– Begriff des 126 f.
– beständiger 118
– und Furcht vor Heilung 132
– und Abwehr 124 f.
– aus dem sekundären Krankheitsgewinn 130
– als Entstellung 117 f.
– ich-fremder 127
– ich-gerechter 127
– erotisierte Übertragung als 80
– und Flucht in die Gesundheit 137
– Formen des 119–123, 206
– nach Freud 116–119
– sekundärer Krankheitsgewinn 120 f.
– intellektualisierender 124
– innerseelischer 126
– und Deutung 169
– Begriffsbedeutungen 12 f.
– und Abwehrmechanismen 123 f.
– Motive des 117 f.
– bei narzißtischen Patienten 132 f.
– und negative therapeutische Reaktion 151

– beobachtbare Zeichen des 126
– offenkundiger 126
– Quellen des 119, 128–136, 206
– als nützliche Informationsquellen 137 f.
– strategischer 127
– taktischer 127
– Übertragung und 35, 90, 118
– und Behandlungsbündnis 38, 44
– unauffälliger 126
– Durcharbeiten 196
Widerstandsanalyse 123, 178
Widerstandträume 123, 127
Wiederholung 196
– in der Übertragung 206
Wiederholungszwang 53, 196
– nach Freud 53, 196
– und Durcharbeiten 196 f.
Willick, M. S. 89
Winnicott, Donald W. 21, 30 f., 89, 101, 105, 161
Wissen, kognitives 188
Wolf, E. 111
Wolitzky, D. L. 33, 38
Wrye, H. K. 58, 81, 83
Wünsche, unbewußte, und Träume 16
Wylie, H. W. 110
Wylie, M. L. 110
Wynne, L. 86

Zeligs, M. 156
Zetzel, Elisabeth R. 33, 37, 56
Zilboorg, G. 186, 189
Zinner, J. 42

Psychoanalyse
Eine Auswahl

James F. Masterson
Psychotherapie bei Borderline-Patienten
2. Aufl. 1992. 335 Seiten, Leinen, ISBN 3-608-95874-6

Tilmann Moser/Albert Pesso
Strukturen des Unbewußten
Protokolle und Kommentare
1991. 171 Seiten, Leinen, ISBN 3-608-95765-0

Wolf-Detlef Rost
Psychoanalyse des Alkoholismus
Theorie, Diagnostik, Behandlung
4. Aufl. 1992. 276 Seiten, broschiert, ISBN 3-608-95459-7

Joseph Sandler/Anna Freud
Die Analyse der Abwehr
1989. 395 Seiten, Leinen, ISBN 3-608-95604-2

Hanna Segal
Wahnvorstellung und künstlerische Kreativität
Ausgewählte Aufsätze
1992. 286 Seiten, Leinen, ISBN 3-608-95730-8

Psychoanalyse
Eine Auswahl

Peter Fürstenau
Zur Theorie psychoanalytischer Praxis
Psychoanalytisch-sozialwissenschaftliche Studien
2. Aufl. 1992. 239 Seiten, Leinen, ISBN 3-608-95895-9

Paul J. Janssen
Psychotherapie in der Klinik
1987. 268 Seiten, broschiert, ISBN 3-608-95516-X

Otto F. Kernberg
Objektbeziehungen und Praxis der Psychoanalyse
5. Aufl. 1993. 316 Seiten, Leinen, ISBN 3-608-95936-X

Otto F. Kernberg
Schwere Persönlichkeitsstörungen
Theorie, Diagnose und Behandlungstrategien
4. Aufl. 1993. 539 Seiten, Leinen, ISBN 3-608-95369-8

Moses Laufer/M. Eglé Laufer
Adoleszenz und Entwicklungskrise
2. Aufl. 1994. 284 Seiten, Leinen, ISBN 3-608-91684-9

Adam Limentani
Zwischen Anna Freud und Melanie Klein
Für eine Integration zweier kontroverser Ansätze
1993. 310 Seiten, Leinen, ISBN 3-608-95769-3